AF453766

# LES JEUNES FILLES
## DE PARIS

PAR

JULES ROUQUETTE

PARIS

LIBRAIRIE DES CÉLÉBRITÉS CONTEMPORAINES

11, RUE JACOB, 11

# LES JEUNES FILLES

# DE PARIS

## I

### LE SOIR DU 31 DÉCEMBRE.

L'année mil huit cent soixante allait expirer.

A Paris se préparait la fête du nouvel an.

Le 31 décembre est un beau jour pour les portiers, les enfants et les femmes.

Les boulevards, de la Bastille à la Madeleine, bordés de boutiques en plein vent, chargés de promeneurs, de curieux et d'acheteurs qui s'étouffaient le long des trottoirs, présentaient un spectacle aussi bruyant qu'animé.

Des voix rauques criaient à quinze centimes la joie des enfants et la tranquillité des parents.

Les ballons à musique dominaient de leur chant aigre, aigu, prolongé, le bruissement de la foule et le roulement des voitures.

Des marchands improvisés promenaient de petits bonshommes articulés qui, pressés sur le ventre, saluaient les passants et battaient des mains où l'on avait cloué de petites cymbales retentissantes. Aux toits des baraques, enfilés côte à côte, se balançaient une foule de jouets étranges qu'admiraient les gamins, tandis que leurs mères ou leurs sœurs examinaient les bijoux faux ou marchandaient les oripeaux fanés qui formaient l'étalage des vendeurs forains.

Il avait neigé le matin.

Une bise glaciale secouait les branches nues des arbres qui végétaient le long des trottoirs, étouffés sous l'asphalte, empoisonnés par le gaz.

La nuit était venue, avec son ciel sombre, son froid plus lugubre, ses brouillards plus pénétrants.

La foule des promeneurs devenait plus compacte.

Beaucoup de curieux; peu d'acheteurs.

Les ouvriers endimanchés, les mains dans leurs poches, ébauchaient en frissonnant un pâle sourire au spectacle de toutes les merveilles de la petite industrie parisienne, étalée sous leurs yeux.

Les gros bourgeois regardaient dédaigneusement tous ces produits, qui ne sortaient ni de chez Susse ni de chez Giroux, et les gommeux souriaient de pitié, en narguant la curiosité empressée des pauvres gens.

Les mille becs de gaz étincelaient dans les magasins, les nombreuses lampes de pétrole fumaient sous les petites baraques, jetaient sur les promeneurs un double flot de lumière, et augmentaient l'étrangeté, la féerie de ce tableau où se jouaient tous les contrastes.

Huit heures avaient sonné.

Tous les travailleurs avaient quitté l'atelier.

Tous les restaurants commençaient à être déserts.

Un homme d'une quarantaine d'années, tenant à son bras une jeune fille de treize à quatorze ans, presque une enfant, déboucha en ce moment de la rue du Faubourg-Saint-Denis, et prit à droite le boulevard de ce nom.

Notre individu portait de forts souliers, un pantalon de travail, une blouse blanche, sur laquelle il avait passé un large paletot. Son front un peu dégarni était couvert d'un chapeau de feutre. Il avait les mains encore noircies des débris de son ouvrage.

Son visage était pâle, une résignation mêlée de tristesse se lisait sur ses traits, qui parfois s'animaient d'une soudaine et sombre énergie.

Ses grands yeux, tantôt éteints, tantôt brillants, devenaient humides de tendresse, lorsqu'ils s'arrêtaient sur la jeune enfant qui l'accompagnait.

C'était un sentiment tout paternel qui se manifestait aussi dans le regard de l'ouvrier.

L'enfant qui commençait à se développer et à devenir jeune fille était admirablement belle, et cette beauté éclatait malgré ou plutôt à cause de la simplicité de sa toilette. Une petite robe défraichie et trop courte, car l'enfant avait grandi, un caraco fripé et parsemé çà et là de bouts de fils cueillis à l'atelier, un bonnet de linge, de petites bottines en veau ciré : telle était l'enveloppe de ce charmant trésor qui eût mérité pour écrin les plus belles parures.

Mais elle portait d'une si coquette façon ces vêtements plus que modestes; ses formes fines, sa distinction innée, sa complexion délicate et svelte se révélaient si bien en l'absence de toute espèce d'ornements, qu'on ne regrettait ni fleurs sur ce front paré d'admirables cheveux noirs, ni diamants sur cette tête étoilée de deux grands yeux bleus chatoyants, ni manteau de velours sur ces belles épaules, sur cette taille flexible, ni robe à queue qui eût caché ces deux petits pieds mignons, certes peu flattés déjà par des brodequins de fatigue.

Et sa petite robe trop courte, comme elle laissait voir les fines attaches de sa cheville et la naissance d'une jambe qui serait un jour délicieusement galbée!

Le père de cet enfant se nommait Vernier.

La jeune fille avait pour prénom Elisa.

Mais il y avait en elle tant de fraîcheur, de jeunesse, de simplicité, qu'on la comparait volontiers à une précoce fleur des champs éclose aux premiers rayons d'avril.

Et comme elle était gaie et souriante par les plus sombres jours, par les plus sinistres misères, ses amies de l'atelier la nommaient Lisa Pâquerette.


— Dis donc, Lisa, lui demanda son père, as-tu fait ton choix?

— Oh! laisse-moi d'abord admirer toutes ces jolies choses, répondit l'enfant en l'entraînant vers une étalage.

— Contemple, admire, choisis; nous ne sommes pas pressés.

— Choisir!... nous sommes donc riches aujourd'hui?

— Pas plus que d'habitude, répondit Jacques, dont le front se rembrunit subitement... mais pour t'offrir ce soir tes étrennes, je me priverai volontiers de quelque chose toute la semaine.

— Et de quoi vous priveriez-vous, bon petit père? D'abord vous ne fumez pas... ensuite vous ne prenez pas votre goutte le matin, comme tous les autres.

— C'est que les autres n'ont peut-être pas pour charmer leurs fatigues et leurs ennuis une bonne et jolie petite fille comme j'en ai une, moi. Boire, fumer! Belle distraction! Le matin, je t'embrasse avant de partir; et me voilà de la joie au cœur pour toute la journée; le soir je pose mes lèvres sur ton front jeune et riant; et voilà toute ma lassitude partie... Tiens, sais-tu : je me priverai de vin... huit jours, ce n'est rien, et tu pourras t'acheter de jolies étrennes.

Lisa n'osa sauter au cou de son père au milieu de la foule, mais elle le regarda avec des yeux pleins de larmes et elle lui étreignit le bras plus fortement, muet témoignage de toute sa reconnaissance et de tout son amour filial.

Le père et la fille étaient arrivés devant un grand déballage de cols, de rubans, de chaussures.

— Petit père, demanda Elisa, veux-tu m'acheter ce col et ces manches plates; cela me fera une jolie parure?

— Cela n'irait guère avec ta mise plus que simple, mon enfant, dit Jacques avec bonté ; et nous ne sommes pas assez riches pour avoir une toilette complète.

La jeune fille jeta un dernier regard à ces colifichets dont elle enviait la possession, et elle entraîna son père vers une autre baraque.

Celui-ci venait de sentir tressaillir le bras de sa fille.

— Qu'as-tu donc? lui demanda-t-il avec sollicitude.

— Moi? rien, petit père.

— J'ai senti trembler ton bras sur le mien.

— Je ne sais... un homme... une mauvaise figure, sur qui mes yeux se sont arrêtés... et j'ai eu un involontaire frisson.

L'ouvrier regarda autour de lui.

Il ne vit que des visages indifférents, des curieux, rien d'étrange.

— Il y a comme ça des figures qui ne vous reviennent pas, dit la jeune fille.

— Enfant! fit le père en souriant et en haussant les épaules.

Un assez joli magasin de bijouterie attira en ce moment l'attention de nos deux promeneurs.

— Voici peut-être où tu pourras satisfaire tes goûts de luxe, coquette, fit alors observer Jacques Vernier.

— Ça, mais c'est trop riche pour nous.

— Bah! tu trouveras bien une paire de boucles d'oreilles qui iront à ton visage ?

— Je crois bien; tenez, ces petites-là, avec de jolis pendants de corail.

— Eh bien! demande.

— Mais c'est de l'or.

— Je le sais bien.

— De l'or !... y pensez-vous? du doublé... cela suffit et c'est aussi beau.

— Du faux ! jamais; vois-tu, fillette, le faux bijou c'est l'hypocrisie du luxe, et je n'aime l'hypocrisie nulle part.

— Mais nous n'aurons jamais assez d'argent.

— Demande le prix, mon enfant.

— Combien vos boucles d'oreilles? dit Lisa en s'adressant au marchand.

En formulant cette question, elle sentit son cœur battre, sa voix trembler.

Il lui semblait qu'on allait lui demander des sommes folles.

Un immense désir de posséder ce bijou s'était emparé d'elle, désir d'autant plus grand qu'elle désespérait de pouvoir l'acheter.

— Dix francs, ma mignonne, cria le marchand.

— Dix francs! répéta Lisa Pâquerette d'une voix triste et découragée en retirant la main qui se tendait vers les deux scintillants objets de sa convoitise.

— Dix francs? fit à son tour l'ouvrier, c'est dans nos moyens.

— Vrai? quel bonheur! s'écria la jeune

fille, qui sauta et battit des mains, subitement surprise par la joie la plus naïve.

En ce moment une sinistre figure, celle dont la vue avait tout à l'heure si étrangement impressionné Elisa, s'approcha de notre heureux couple.

Le sombre visage se pencha vers Jacques Vernier.

— Numéro 921 ! murmura soudain une voix qui, si bas qu'elle parlât, sonna à l'oreille de l'ouvrier comme la trompette du jugement dernier.

Jacques pâlit affreusement ; il retint à grand'peine un cri d'épouvante, et la face bouleversée, l'œil hagard, le corps secoué par une trépidation terrible, il se retourna vers celui qui venait de prononcer ces mystérieuses paroles.

Jacques et l'inconnu se regardèrent un moment, muets, immobiles : celui-ci ironique et railleur ; celui-là effaré, terrifié.

— Que me veux-tu ? fit enfin l'ouvrier d'une voix qui parut expirer sur ses lèvres.

— T'as de la braise, paraît ? répondit cyniquement le nouveau venu.

— Quoi ! encore ?...

— T'as un jaunet... je l'ai vu... A un ami, on ne refuse pas un service... j'ai besoin de vingt balles.

— Mais ce matin ?

— Pas un radis, ma vieille... histoire de trinquer avec les camarades... Mais à ce soir, Titine m'attend... c'est le 31 décembre... il lui faut ses étrennes... Tu connais Titine... implacable... Pas moyen de refuser, mon vieux.

Une lutte violente se livrait en ce moment dans l'esprit de Jacques Vernier.

Son visage devenait tour à tour pâle comme celui d'un cadavre ou rouge comme celui d'un apoplectique.

Il crispait ses poings à s'enfoncer les ongles dans la paume de la main.

— Dépêche ! commanda impérieusement l'inconnu. La rousse peut nous remarquer et te reconnaître... tu sais, c'est le cas de dire, je connais ton numéro... si je le disais tant seulement un peu haut... Allons v'là un sergent de ville là-bas qui nous remarque, tu veux pas que j'aille lui manger le morceau.

— Tiens, pars, misérable ! murmura Jacques presque hors de lui, en laissant tomber dans la main de l'inconnu une pièce de vingt francs, toute sa fortune.

— Des mots, à un ami ! c'est pas bien !... Dis donc, elle n'est pas du doublé celle-là comme disait tout à l'heure ta petite.

— Va-t'en, bandit, tu as tout ce que je possède... c'est assez, je pense ?...

— Pour aujourd'hui, oui... Que veux-tu ? faut pas m'en vouloir ; j'aime pas chanter, mais j'aime à faire chanter les autres.

Et sur ces paroles cyniques l'inconnu fit tourner en l'air la pièce qu'il venait de recevoir, et la reçut dans la main où elle rendit un bruit sec en tombant.

C'était comme un dernier défi, comme un dernier sarcasme envoyé à Jacques Vernier.

Le trait du Parthe.

— Oh ! cet homme-là, il faudra que je le tue ! murmura sourdement Jacques Vernier.

— Eh bien ! petit père, viens donc payer ! dit tout à coup Lisa Pâquerette, qui était demeurée étrangère à cet étrange colloque et qui avait fait mettre dans un petit écrin les boucles d'oreilles tant désirées.

Jacques reçut cette parole comme un coup de poignard dans le cœur.

Les muscles de son visage eurent un tressaillement convulsif, et il dévora à grand'peine les larmes qui lui crevaient les yeux.

— Mon Dieu, comme je suis étourdi ! répondit-il enfin, en ayant l'air de fouiller dans toutes ses poches... figure-toi que j'ai oublié mon porte-monnaie.

Elisa demeura tout interdite.

Le marchand haussa les épaules, ne répondit rien, retira les boucles d'oreilles de l'écrin où il les avait enfermées, les accrocha à l'étalage et continua son boniment en vantant sa marchandise et son bon marché aux promeneurs qui s'arrêtaient devant sa baraque.

## II

### SINGULIÈRE FAÇON DE DONNER DES ÉTRENNES.

La fête s'était évanouie pour Jacques Vernier et pour Lisa Pâquerette.

Tous ces acheteurs turbulents qui se pressaient aux abords des magasins, tous ces visages joyeux, ces cris, ce mouvement naivraient le cœur de la jeune fille, et causaient à son père une sourde irritation.

Jacques chercha à entraîner sa fille loin de ce tumulte.

Ils ne se parlaient pas.

L'une avait le cœur gros et les larmes aux yeux.

L'autre, fou d'impuissance, de rage et de désespoir, se mordait les lèvres, s'enfonçait les ongles dans la poitrine, murmurait contre la fatalité mille imprécations.

Maudire dans le malheur, cela soulage.

C'est ce qui arriva à Jacques Vernier.

Un profond soupir s'échappa de sa poitrine, et sa fureur parut se dissiper.

Du moins le calme se montra sur son visage.

Dans leur marche incohérente, au lieu de gagner leur logis ils s'en étaient éloignés. Plus ils avançaient, plus le trottoir était encombré de monde.

Mais ce n'était plus le même tableau que présentaient les abords du boulevard Saint-Denis. Les promeneurs étaient plus élégants, les magasins plus riches et les maisons plus somptueuses.

Au lieu de fuir le spectacle des heureux, ils s'étaient enfoncés davantage dans le milieu du luxe et des plaisirs.

Les superbes étalages, les brillants cafés, les grands restaurants toujours entourés d'équipages, les femmes à la mode, les filles du monde interlope promenant leurs longues traînes et faisant tapage de leur beauté et de leurs toilettes, les riches oisifs au sourire moqueur, au regard suffisant, tout cela vint tourbillonner autour de nos deux malheureux et éblouir leurs regards.

Le destin semblait les avoir entraînés là pour railler leurs peines et se moquer de leur misère.

Le père et la fille se trouvèrent comme perdus au milieu de ce monde dont la position contrastait d'une façon si insolente avec leur dénûment.

Jacques Vernier jeta sur tout ce luxe un regard éperdu.

Une extrême agitation convulsionna tous ses traits.

Il regarda sa fille, il se regarda lui, et on eût dit qu'il avait honte, car une rougeur subite envahit son visage.

Pourquoi ce sentiment?

N'était-il pas habitué à ses vêtements grossiers, à sa gêne, à sa misère?

D'où vient qu'il se crut ridicule parmi cette foule élégante?

Ses sourcils s'étaient contractés et ses yeux étaient traversés d'éclairs sombres.

Cet homme était un mystère.

Ce n'était pas là l'ouvrier qui admire les somptuosités sans les envier, que n'exaspèrent jamais les richesses des autres, et qui surtout ne rougit pas de sa blouse.

— Fuyons d'ici! dit Jacques Vernier à sa fille.

Et en remontant vers la rue Saint-Denis il jetait de singuliers regards sur les vitrines derrière lesquelles ruisselaient les diamants, dans ces salons dorés où des convives joyeux se livraient au plaisir des festins, sur ces rapides voitures qui pour les privilégiés accélèrent le bonheur et multiplient la vie.

Une cruelle amertume contractait la bouche de Jacques Vernier.

Est-ce qu'il enviait tout cela?

Peut-être le regrettait-il; cet homme avait dû vivre autrefois d'une autre vie, car il comprenait cette existence d'opulence et de prodigalité.

Était-ce un homme déchu, victime de quelque terrible passion?

Nos lecteurs connaîtront bientôt les mystères du passé de cet homme.

Il était alors neuf heures et demie.

Un jeune homme de vingt-deux à vingt-quatre ans suivait, lui aussi, la ligne des boulevards, l'œil hardi et ennuyé, la lèvre dédaigneuse, la démarche aisée et élégante. Je ne dirai rien de ses vêtements, sinon qu'ils étaient de la meilleure coupe et de la mode la plus simple, quoique la plus récente. Il les ▬▬▬▬ gracieusement. Sa taille, quoique un peu au-dessus de la moyenne, était bien prise. Il était beau, ce qui ne déplaira pas à nos lectrices ; il fumait d'excellents cigares, ce qui ne déplaira à personne. De petites moustaches brunes relevaient l'expression de son visage un peu pâle. Ses yeux, toutefois, étaient pleins de feu et d'intelligence. Sa main, fine et petite pouvait ganter la pointure d'une jolie femme.

Ce n'était ni un gommeux, ni un petit crevé ; c'était un jeune homme du monde dans la plus simple et la plus élégante expression du mot.

Tout ce qui le distinguait de la foule de jeunes gens qui le coudoyaient, c'était sa beauté d'abord, ensuite l'expression d'ennui et d'indifférence qui se lisait sur son visage.

Parfois un sourire fugitif errait sur sa lèvre.

Une pointe de raillerie venait de naître dans son esprit contre cette multitude empressée à acquérir les témoignages menteurs des faux sentiments qu'elle devait manifester le lendemain.

Le jour des étrennes n'est-il pas en effet celui ou les mensonges abondent, où les faux semblants s'étalent avec le plus d'impudence, où l'hypocrisie met son masque le plus souriant et le plus affectueux?

Pourtant notre jeune promeneur avait jeté un regard moins défavorable sur Jacques Vernier et Lisa Pâquerette.

La physionomie étrange du père l'avait frappé autant qu'il s'était laissé impressionner par la beauté adorablement ingénue de la fille.

Il reçut dans l'esprit et dans le cœur un double choc dont il ne sut démêler la cause.

Sceptique et blasé, Octave Cléry, notre jeune homme, n'eût certes reçu aucune atteinte à la vue de la plus jolie femme ou de la plus délicieuse jeune fille du monde auquel il appartenait, c'est-à-dire le plus grand monde : il s'était cuirassé le cœur pour cela.

Mais allait-il prendre garde au charme imprévu d'une petite ouvrière de quatorze ans?

Octave se crut d'abord entraîné par la curiosité.

Il assista, muet, inaperçu, à cette naïve scène de l'achat des boucles d'oreilles.

Il vit, sans la comprendre, l'intervention de l'inconnu au sinistre visage, le désespoir de Jacques, forcé de se dépouiller du peu d'argent qu'il possédait en faveur d'un misérable, le douloureux désappointement de Lisa Pâquerette, et tout cela l'intéressa et l'émut à son insu, sans qu'il pût se rendre compte du sentiment qui l'envahissait.

— Pauvre enfant! se dit-il, en regardant la jeune fille ; elle n'aura pas ses étrennes! lorsque tout le monde se fait un devoir d'en offrir et une joie d'en accepter. Elle a à peine quatorze ans ! Qu'elle est jolie !... Un bijou de dix francs, une misère!... Elle ne l'aura pas lorsque tant de drôlesses qui ont trois fois son âge, qui n'ont jamais eu le quart de sa beauté et qui n'ont jamais connu l'ingénuité qui se manifeste dans toutes ses manières, dédaigneront un cadeau cent fois supérieur, et seront demain comblées d'offrandes par une vingtaine d'imbéciles aussi naïfs qu'ils se croient roués... Je voudrais que cette jolie enfant me fût quelque chose pour pouvoir lui offrir les petites boucles en corail qu'elle n'a pu emporter... Mais moi, à qui donnerai-je des étrennes? ces étrennes, dons du cœur, souvenir de l'âme, témoignage d'une sincère affection!

Ma mère !... Pauvre mère... je l'ai à peine connue. Elle est morte... Une larme et des fleurs toujours nouvelles sur sa tombe... Mon frère!... Il a une femme qui ne peut pas me souffrir... Mes amis!... Ils n'aiment que leurs vices.

Ma maitresse!... Elle m'a trompé avec tous mes amis.

Décidément cette petite fille est bien jolie, et je voudrais bien lui témoigner tout l'intérêt que je lui porte.

Jacques bondit vers elle.

Octave Cléry avait suivi, tout en se livrant à ce monologue, Jacques Vernier et Lisa Pâquerette.

Ils les avait suivis jusqu'au boulevard Poissonnière, jusqu'au boulevard Saint-Denis; il avait même pris avec eux le faubourg et une petite rue qu'ils gagnèrent.

Cette rue était déserte.

Octave n'avait encore pris aucune résolution.

Mais c'était une nature aventureuse, un esprit décidé.

Soudain une idée folle lui passa par la tête.

Sans réfléchir à la bizarrerie de sa démarche, à l'étrangeté de son action, qui pouvait être fort mal interprétée par un père soupçonneux et peu commode, il s'avança vers Jacques Vernier.

— Veuillez m'excuser, monsieur, et surtout ne prenez pas en mauvaise part ce que je vais vous dire.

— Que voulez-vous? demanda Jacques d'assez mauvaise humeur.

— Que vous me rendiez un service.

— Parlez, monsieur, je me mets à votre disposition, répondit l'ouvrier d'un ton radouci.

— C'est demain le premier jour de l'année.

— Oui, monsieur.

— La plupart des gens ont une famille, un ami, une femme, quelqu'un qu'ils aiment. Moi, je n'ai personne.

En disant cette dernière phrase, la voix du jeune homme fut singulièrement émue.

Jacques, qui d'abord avait cru avoir affaire à un mauvais plaisant, se sentit tout remué.

— En quoi puis-je vous être utile en cette circonstance? demanda-t-il avec bonté.

— Voici... Je suis riche... très-riche... le hasard est si bête!.. D'autres sont pauvres qui, certes, ne le méritent pas et qui feraient de la fortune, j'en suis sûr, un excellent usage.

Et en disant cela, Octave regarda Pâquerette, qui rougit.

Élisa comprit l'usage que son père pourrait faire de la fortune.

Elle songea à ses boucles d'oreilles de corail.

— Je voudrais, reprit le jeune homme, me donner la satisfaction de faire plaisir à quelqu'un. C'est si bon de donner des étrennes à une personne qui vous est sympathique et qui vous en sait gré! Je vous ai vu sur le boulevard tantôt... Votre physionomie m'a plu... On dit que je suis un original, et vous allez voir qu'on dit vrai... Tous les ans, à pareille époque, je choisis au hasard un ami dans la foule.... parmi les moins heureux de ce monde... Une sorte de sympathie m'attire vers vous... Voulez-vous me serrer la main comme à un ami, et accepter pour cette jolie enfant un cadeau d'étrennes?

Jacques Vernier rougit, puis pâlit à cette proposition.

Malgré la délicatesse d'Octave, qui lui tendait une main d'ami avant de lui offrir une aumône déguisée, il ne se sentit pas moins humilié.

Il fut sur le point de s'emporter et de châtier cette insolente proposition.

Mais le regard du jeune homme était si franc, sa parole si sincère, sa démarche romanesque si bien excusée, qu'il hésita.

Octave lui tendait un petit portefeuille gonflé de quelques billets de banque.

Jacques regarda sa fille.

Un souvenir terrible lui vint à l'esprit.

Il n'hésita plus.

— J'accepte votre offre, dit-il au jeune homme, mais à trois conditions.

— Comme il vous plaira.

— Vous ne me forcerez pas à vous serrer la main.

— Ah bah!

— Vous me donnerez votre adresse.

— Et ensuite?

— Vous ne chercherez jamais à nous revoir.

— Vous donner mon adresse, ne plus vous revoir, je comprends cela,... mais refuser de me serrer la main, là, en ami,...

— Je ne puis être l'ami de personne, répondit Jacques d'une voix sombre.

— Étrange! murmura Octave en abandonnant à l'ouvrier sa carte et le petit portefeuille qu'il lui avait offert.

Il ne pressa pas la main de Jacques; mais il rencontra les petits doigts d'Élisa, qu'il étreignit avec ardeur.

Vernier entraîna sa fille qui, plusieurs fois, tourna la tête vers Octave, demeuré immobile et songeur.

Jacques pourtant ne rentra pas chez lui.

Il revint par la rue du Faubourg-Saint-Martin vers le marchand à l'étalage de qui sa fille avait laissé ses jolis pendants de corail.

— Prends tes étrennes, fillette, lui dit Jacques; demain, tu auras des bottines, une robe neuve, toute une belle toilette!

— Vraiment! Il y avait donc beaucoup d'argent dans le portefeuille que vous a remis ce beau jeune homme?

— Oui; tout une fortune pour nous... Mais nous n'avons pas à rougir... ce n'est pas une aumône.

— Puisque ce sont mes étrennes.

— Enfant... ce serait pis... c'est un simple prêt... du moins je veux le considérer ainsi... Je lui rendrai tout cela... J'ai jadis prêté beaucoup plus que cela à son père.

— Vous avez connu le père de ce monlieur? dit Élisa avec un profond étonnement.

— Moi!... son père, non!... Qu'est-ce que j'ai dit?... Je suis fou!... Je suis tellement content que je ne sais ni ce que je fais, ni ce que je dis, se hâta de dire Jacques Vernier, visiblement troublé par les paroles qui paraissaient lui être involontairement échappées.

— Oh! je comprends cela, fit Élisa, qui serrait dans ses mains frémissantes le petit écrin que le marchand venait de lui remettre. Nous étions si tristes, si misérables, et nous voilà si heureux!

— Tu vas m'en vouloir, fillette, reprit Jacques après un moment de marche silencieuse, pendant lequel Élisa avait été toute à la pensée du bel inconnu aux riches étrennes, et l'ouvrier à de sombres préoccupations.

— Pourquoi donc, petit père?

— C'est que tu vas rentrer seule au logis.

— Toute seule, moi qui étais si contente; nous aurions tant causé!

— Je ne puis.

— Vous rentrerez bientôt? Il est tard.

— Je ne rentrerai pas.

— De la nuit?

— De toute la nuit.

— Mais, grand Dieu! que voulez-vous que je devienne?

— Bah! tu dormiras et tu rêveras à tes pendants d'oreilles, fit le père avec un pâle sourire.

— Je ne pourrai pas dormir. Que c'est ennuyeux! Que voulez-vous que je fasse?

Puis tout à coup une pensée lui vint.

Elle rougit.

Elle se sentit tout agitée.

Eh bien! au revoir, petit père... Mais venez de bonne heure au moins demain matin.

Et elle tendit son front à l'ouvrier, qui fit semblant de l'effleurer de ses lèvres,

Et elle s'enfuit.

Le sommeil ne devait pas clore ses paupières.

Mais elle avait besoin d'être seule.

L'image d'Octave Cléry s'était présentée subitement à son esprit.

Toute la nuit sa pensée fut occupée du beau jeune homme.

Jacques Vernier n'avait pas touché de ses lèvres le front de sa fille.

Pourtant il adorait cette enfant.

Pourquoi cette répugnance?

C'était peut-être un scrupule.

L'homme qui va exécuter un fatal dessein n'ose pas donner le baiser d'adieu à l'innocence.

Ce baiser peut être maudit.

Qu'allait donc faire Jacques Vernier durant cette nuit du 31 décembre?

### III

#### L'ABIME APPELLE L'ABIME

L'ouvrier boutonna son paletot qui cacha sa blouse; il entra chez un armurier et acheta une paire de pistolets avec une boîte de cartouches.

Le marchand crut que ces armes étaient destinées à devenir un cadeau d'étrennes.

Jacques choisit aussi un long couteau damasquiné à lame aiguë.

Un beau couteau peut s'offrir au jour de l'an.

L'armurier vendit le tout sans songer à mal.

Jacques, du reste, avait l'air honnête; il avait le sourire sur les lèvres, et il déposa sur le comptoir un billet de mille francs.

Le marchand rendit six cent vingt francs et offrit de faire porter, le lendemain matin, les armes chez l'acheteur.

Mais Jacques désira se charger de prendre le tout lui-même.

Il sortit donc du magasin, prit une voiture place de la Bourse, et se fit conduire rue d'Allemagne.

La neige était tombée dans la journée et jonchait le sol des rues excentriques où la circulation est moins active que dans le centre de Paris.

Cette circonstance paraissait vivement contrarier notre nocturne promeneur.

La neige est une terrible révélatrice.

Elle garde fidèlement l'empreinte des pas.

Mais la température s'était subitement adoucie; une pluie fine et serrée avait fondu cette couche blanche et lavé le sol.

Jacques parut fort heureux de ce changement de physionomie apporté au pavé de Paris.

Un peu avant d'être arrivé à la hauteur de l'emplacement du marché de la Villette, il descendit de son fiacre, qu'il renvoya.

Une impasse sombre, étroite débouchait en cet endroit sur la rue.

Au fond de l'impasse s'élevait une chétive maison, aux murs délabrés, aux ouvertures mal closes.

Jacques, après avoir exploré les abords, s'engagea sur un sol boueux, semé de flaques d'eau, et arriva au pied de la masure.

La porte de l'allée était simplement poussée, ce qui prouvait une incurie ou bien une complète sécurité de la part des habitants.

Une lueur rougeâtre tremblotait au premier étage.

Jacques fixa longtemps, pensif, indécis, cette lueur vacillante.

Hésitait-il à accomplir la résolution qu'il avait prise, écoutait-il les bruits d'alentour, pour éviter toute surprise, mûrissait-il enfin un projet mal conçu?

Tout était tranquille, silencieux.

On n'entendait par intervalles que le sifflement de quelque locomotive ululant au lointain, le roulement d'une voiture attardée, ou le craquement des bateaux amarrés à quelque distance de là, le long du canal de la Villette.

La pluie tombait plus pénétrante et plus serrée.

Jacques secoua sa rêveuse torpeur, et se mit à quelque distance de la fenêtre éclairée, de façon à être en dehors des rayons lumineux.

Il fit entendre un léger sifflement qu'il répéta trois fois.

Rien ne bougea dans la maison.

L'ouvrier répéta une deuxième fois son appel, auquel personne ne répondit.

Un mouvement d'impatience traduisit le désappointement de Jacques Vernier.

Il renouvela une troisième fois son signal sans être plus heureux.

Tout paraissait, dans la maison, enseveli dans le plus profond sommeil.

Et comme preuve de l'entier assoupissement de tous les habitants, la chandelle qu'on voyait briller au premier étage pâlissait et menaçait de s'éteindre :

Un seul parti restait à prendre.

Pénétrer dans le logis ouvert.

C'est ce que notre homme se décida à faire.

Il poussa doucement la porte de l'allée, et comme il faisait noir comme dans une tombe, il étendit les bras en avant pour reconnaître les êtres. Il avança quelques pas ainsi en tâtonnant.

Son pied heurta enfin la première marche d'un escalier.

Le long d'un mur humide et visqueux sa main sentit les nodosités d'une corde graisseuse.

Ce fut son fil d'Ariane, qui le guida jusqu'au premier étage.

Au juger, il pensa que la chambre où il avait aperçu de la lumière devait avoir sa porte d'entrée immédiatement après la dernière marche.

La chandelle, qui du reste jetait ses dernières flammes, filtrant à travers ces ais mal joints, guida ses recherches.

Pas plus que celle de l'allée, la porte du logement qui se présentait n'était fermée.

Jacques n'eut donc qu'à tourner la clef laissée en dehors à la serrure, et il pénétra de plain-pied dans une chambre où un hideux spectacle s'offrit à sa vue.

Dans une pièce étroite, nauséabonde, où la lumière expirante faisait flotter des ombres fantastiques, deux personnes gisaient à terre.

La chambre présentait l'aspect du désordre et de la misère la plus repoussante.

Dans un des angles, une paillasse éventrée était jetée sur des planches. Des draps sales, une couverture immonde, roulée, tordue, aux pieds de ce grabat, semblaient vouloir cacher les trous dont ils étaient percés. Une petite table à pliant chargée de débris de pain et de charcuterie, tachée de vin, six bouteilles vides, un verre sans pied, ce qui prouve qu'on devait le vider d'un trait, une vieille carafe dont le seul emploi était de servir de chandelier, deux chaises qui répandaient leur paille, le tout encadré par des murs noirs où pendaient quelques restes de papier poudreux et décoloré, tel était ce lieu dont les habitants, étendus au centre, couvraient le sol au milieu d'un liquide abominable.

De ces deux êtres ainsi ivres-morts, l'un était une femme, douée d'attraits robustes, mais sur lesquels de basses passions avaient jeté leur flétrissure. Nous ne dépeindrons pas son costume aussi étrange que souillé.

A côté d'elle, un homme, qu'on nous permette une expression mieux appropriée, le mâle de cette femelle, car ces deux êtres ne peuvent être assimilés qu'aux brutes, à côté d'elle un homme, disons-nous, était étendu, livide, terrassé par l'ivresse.

Des traits durs et à peine ébauchés, des membres solides, un pantalon de cotonnade bleue effiloquée dans le bas et qui laisse passer un genou par une large déchirure, voilà l'esquisse de ce personnage.

Jacques Vernier contempla cet homme avec une sombre rage.

— Et je suis l'esclave de ce misérable! murmura-t-il enfin en grinçant des dents.

En effet, l'individu étendu à ses pieds était bien celui qui l'avait abordé le soir même sur le boulevard et qui lui avait arraché sa dernière obole, sous la menace de le livrer à la police.

Coupable de quelque crime, contumax, ou condamné non libéré, ce que nous saurons bientôt du reste, Jacques était devenu la proie d'un bandit, qui avait surpris le secret de sa vie et qui le soumettait à une permanente contribution.

Tout ce qu'il gagnait, le malheureux ouvrier était forcé de le donner pour acheter le silence et l'oubli.

Depuis longtemps il subissait ce honteux tribut.

Mais les exigences toujours grossissantes de celui qui connaissait les terribles mystères de son passé avaient comblé la mesure de sa soumission.

Jacques, dans cette vie où tout était peut-être perdu pour lui, avait conservé un amour immense pour sa fille.

Lisa Pâquerette était tout pour lui.

Il ne tolérait l'existence impossible qui lui était faite qu'à cause de cette enfant.

Cent fois il lui était venu à l'esprit la résolution de se tuer; mais il fallait vivre pour sa fille.

Et il abandonnait son fatal projet, et il travaillait jour et nuit.

Le 31 décembre 1860 il avait amassé sou à sou une petite somme, toute une fortune pour lui, car le principal de ce qu'il gagnait était dévoré par le vampire maître de sa destinée.

Il avait promis à Lisa de gentilles étrennes.

L'enfant était toute joyeuse.

Depuis dix ans, Jacques n'avait jamais été si heureux.

Tout à coup cet homme qu'il voyait là était venu lui arracher cette joie.

C'en était trop.

Il fallait se débarrasser de cet homme, à tout prix, dût-il lui-même être forcé de sacrifier sa vie.

Un crime pouvait lui procurer le repos.

Il se résolut à ce crime.

Il avait là en sa possession, inerte, insensible, impuissant, celui qui tous les jours menaçait de le perdre.

D'un seul coup de ce couteau effilé dont il pressait le manche dans la main, il pouvait à jamais rendre muette cette bouche crispée par l'ivresse.

— Du sang! encore du sang! fit Jacques avec un horrible désespoir qui contractait les muscles livides de son visage! O fatalité du meurtre! L'abîme appelle l'abîme; le crime appelle le crime. Allons, allons! je suis maudit... ma main est déjà souillée... je n'ai pas osé embrasser ma fille... je puis tout commettre... Allons va, serf du meurtre, esclave de l'assassinat, tue cet homme, tue pour cacher ton crime... efface le sang sous le sang... étouffe la mort sous la mort, et les témoignages accusateurs de ta première victime sous le cadavre de la seconde.

Une sorte d'égarement poussait en ce moment Jacques Vernier; il avait tiré son couteau dont la lame neuve et polie avait de clairs reflets.

Il s'avança au milieu de la chambre.

Mais il hésita avant de frapper.

Une chaise était près de lui.

Il s'y laissa tomber, s'accouda sur la table et plongea dans ses mains son front chargé de désespoir et suant de souffrance et d'angoisses.

— Le sang me fait peur !... reprit Jacques. Non, je n'oserai pas frapper. Si peu digne de pitié que soit cet homme, ma main mal assurée ne saurait lui plonger ce couteau dans la gorge... Et pourtant il faut qu'il meure... ou que je périsse... Mais que deviendra mon enfant, ma pauvre enfant?... Elle n'a pas quatorze ans encore... nous sommes si pauvres, je ne lui laisserai que la misère... Une jeune fille seule, sans expérience avec la misère... au milieu de Paris, grand Dieu ! c'est le vice, c'est la prostitution qui l'attend et qui la dévorera. Non, non... il faut que je vive... Qu'est-ce que cet homme?... Un outrage perpétuel à Dieu et aux hommes... Le faire disparaître n'est pas une bonne action... Non !... Dieu seul est maître de la vie... Mais, mon Dieu, il faut pourtant que je me défende, moi... Je ne puis pas être toujours vil, soumis, tremblant devant ce hideux bandit... Il m'a menacé, je me défends... qu'il périsse !

Et d'un coup furieux il plongea jusqu'au manche son couteau dans la poitrine de l'homme étendu à ses pieds.

Celui-ci ouvrit soudain ses yeux tout grands, effarés, fixes ; il eut un cri rauque, un sourire cruel crispa sa lèvre, il expira.

Il était mort.

Jacques fut bouleversé, épouvanté par le sourire de sa victime.

Dans ce rictus suprême il y avait un défi, une menace.

La maîtresse du misérable, tirée de sa léthargie par le cri de son amant, souleva lourdement sa tête et regarda avec un vague effroi le meurtrier et la victime.

Elle chassa de devant ses yeux les derniers brouillards qu'y avait laissés l'ivresse et fixa ensuite avec stupeur la scène sanglante qui s'offrait à ses regards.

Un cri terrible partit de son gosier aride.

Mais Jacques bondit vers elle, la saisit par ses longs et opulents cheveux qu'il noua autour de son cou pour l'étrangler, tandis qu'il lui plongeait à plusieurs reprises dans le sein son couteau encore tiède et rouge du sang de son amant.

Elle eut un râle.

Jacques s'enfuit sanglant, les cheveux hérissés, écumant, glacé de sueur.

Le crime appelle le crime.

## IV

### DOUZE HOMMES ET UNE FEMME.

Elle était bien froide, cette soirée du 31 décembre 1860.

Et pourtant, en quittant Jacques Vernier, Octave Cléry crut que la température avait changé.

Il lui semblait que le printemps venait de naître et qu'il soufflait des vents attiédis.

Dans son cœur s'était allumé tout à coup un feu pénétrant qui circulait avec son sang dans tous ses membres.

Son front s'était éclairé d'une flamme intérieure.

Ce jeune homme, transi de doute, glacé de septicisme, blasé, ennuyé, éteint, le hasard venait de lui inoculer la vie.

Il aimait.

Etait-ce la première fois ?

Il ne le croyait pas.

Dix fois il s'était déjà senti saisi de passions d'autant plus violentes et impérieuses qu'elles étaient moins profondes.

Il s'était figuré qu'il aimait.

Et comme dix fois il avait été trompé par les coquettes ou les coquines à qui il s'était trop légèrement attaché, il ne croyait plus à l'amour, il ne croyait plus à la femme.

Un soir de fin d'année, il flâne sur les boulevards, et une enfant de quatorze ans, encore sans ruse et mal vêtue, a raison de la rouerie et de la précoce expérience de ce viveur.

Donc Octave Cléry aimait, sincèrement, comme s'il sortait du lycée et qu'il n'eût que dix-huit ans.

Rappelez-vous le Lion amoureux, cette ravissante histoire de cœur que Frédéric Soulié écrivit avec toute son âme et avec tout son esprit.

Octave Cléry était comme ce lion du boulevard de Gand.

Il enveloppait toutes les femmes d'un mépris amer.

« Je suis maître de moi, » disait-il avec orgueil.

Une petite ouvrière fut maîtresse de sa destinée.

Octave, le cœur plein de sentiments inconnus, regagnait la rue Montmartre.

Il était à pied.

La pluie qui tombait le trouvait insensible.

Arrivé près du restaurant Vachette, trois voix sorties de trois coupés différents, qui arrivaient à l'instant même, l'interpellèrent en même temps.

— Tiens ! voilà Octave !

— Ah ! c'est monsieur Cléry !

— Eh bien ! est-ce que vous n'êtes pas des nôtres, ce soir ?

Ces diverses questions étaient adressées à notre jeune homme par les trois personnes amenées par les voitures dont nous venons de parler.

— Bonsoir, chers, répondit Octave d'un air distrait.

— Comme te voilà fait ! s'écria tout à coup le comte de Cavan, un de nos trois personnages, en contemplant la mine piteuse de Cléry.

— Regardez donc, renchérit Bressac, il est crotté comme un poète.

— Comme un mauvais poète, alors, car les bons vivent très-bien et se font habiller chez le tailleur à la mode. —

— Vrai, s'écria Turlier, tu es mouillé comme un parapluie.

— Cet engin protecteur, ton père en vendait.

— Messieurs, reprit le comte de Cavan, il pleut ici. Vous dites des niaiseries. Allons souper.

— Aussi bien nous sommes attendus, fit observer Bressac.

Et les quatre amis montèrent chez Vachette.

Ils n'étaient pas à la dixième marche qu'un cab, une des rares voitures de ce genre exotique que l'on voit circuler à Paris, vint à son tour border le trottoir. Une de ces longues et flegmatiques figures anglaises en sortit gravement.

Un individu de mine suspecte s'était précipité pour lui ouvrir la portière.

— Ah ! c'est toi, Bob ! dit le noble fils d'Albion, visiblement satisfait.

— Oui, milord, à votre service.

— Je suis bien aise de te voir.

— Tout radieux, Sa Seigneurie.

— Je soupe là ; je ne sortirai pas avant minuit ou une heure. Promène-toi aux abords de cette maison en m'attendant. J'aurai besoin de toi cette nuit.

Et l'étranger fit mine de se diriger vers le restaurant où nous avons déjà conduit quatre personnes.

— C'est tout ce que vous avez à me dire ? demanda Bob d'humeur moins respectueuse.

— Oui.

— Pendant que vous souperez, je voudrais bien casser une croûte et écraser un grain quelque part.

On voit que maître Bob connaissait les finesses de la langue française :

Casser une croûte ! Écraser un grain !

Ce devait être un faux fils d'Albion, quelque Anglais des Batignolles ou de la Courtille.

Nous verrons bien.

— Va, mon ami Bob, répondit lord Wigmore avec bienveillance, va, soupe; mais sois là dans une heure.

— Et de la braise ? — croyez-vous pas que j'aie dans mes poches la réserve de la Banque?

— Je le voudrais ; cependant elle serait fort mal placée ; mais si tu veux de l'argent, fais comme moi.

— Et que faites-vous ?

— Je vais en chercher.

— Où donc ?

— Dans les poches de mes amis.

— Eh bien, et moi ?

— Cherches-en.

— Où ça, malheur ?

— Dans les poches des promeneurs ; ils sont nombreux ce soir sur les boulevards.

Et après avoir donné ce singulier conseil à maître Bob, sans le moindre accent britannique, lord Wigmore pénétra chez Vachette.

C'est la soirée aux voitures.

Comme Bob s'éloigne, une élégante victoria s'arrête à l'entrée de la rue du Faubourg-Montmartre.

Cette victoria porte deux personnes.

L'une est un homme d'une trentaine d'années, l'œil fier et étincelant, le front haut. D'abondants cheveux noirs, naturellement bouclés, ombragent une figure un peu maigre, un peu osseuse, mais singulièrement énergique. Il caresse du bout des doigts une épaisse et soyeuse moustache.

C'est un peintre déjà célèbre.

Il n'a pourtant aucune décoration à son habit, qu'il porte du reste avec beaucoup de distinction.

Ce n'est pas qu'il n'ait obtenu, grâce à son mérite incontesté, des marques de faveur de plusieurs gouvernements. Il pourrait même pendre à sa boutonnière toute une brochette de croix de formes et de couleurs différentes.

Mais il a assez de talent pour pouvoir se passer de cet étalage, et assez d'esprit pour se faire remarquer sans le secours d'une rosette multicolore.

A côté de lui, nonchalamment accotée dans le fond de la voiture, est une jeune femme.

Quelle éblouissante créature !

Une divine statue, animée par Prométhée et sculptée par Phidias.

Supposez la beauté plastique de Laïs tant admirée des Athéniens, le charme de Laure qui faisait le désespoir de Pétrarque, ce pur, inexorable et fatal regard de l'amante de Werther, et vous aurez le portrait de cette femme.

Type redoutable ! Malheur à qui s'éprend de cette beauté étrange !

Ses yeux reflètent le ciel et allument l'enfer dans le cœur des infortunés qu'ils ont touchés.

Pourtant tout en elle est douceur, suavité ! Ses cheveux blonds et soyeux semblent attirer sur leurs boucles abondantes la main caressante d'un amant. Un sang frais et rose teint à peine d'un léger incarnat la blancheur éblouissante de sa peau. Sa bouche semble taillée dans du corail. Un sourire engageant l'entr'ouvre à peine ; son front pur paraît être le siége des plus nobles pensées.

Ah ! si vous aviez connu l'âme de cette femme, ô terrible sceptique, et toi poëte désespéré, Byron, Musset, quel rire cruel eût contracté votre lèvre !

Elle avait vingt-cinq ans et elle était dans toute la splendeur de la beauté.

— Vous êtes donc bien décidée à paraître à ce souper ? demanda le peintre à la jeune femme.

— Hésitez-vous à m'y conduire ?

— Non, mais connaissez-vous ces hommes?

— Quelques-uns, oui ; les autres, que m'importe !

— Ah ! Félicia, je sais que vous êtes une femme intrépide, que vous avez le cœur sûr, autant que l'esprit aventureux. Mais si l'âme allait vous faillir au milieu de ces hommes qui ont fait vœu de mépriser et de fouler aux pieds sentiment, foi, amour? Ils se croient roués parce qu'ils sont corrompus; ils se disent forts parce qu'ils n'ont pas d'âme; ils ont l'expérience du vice. Parce qu'ils ont trompé tous les cœurs avec des drôlesses qui les ont trompés avec d'autres, ils ne croient pas à la femme, eux qui pourtant ont eu une mère. Ah ! Félicia, n'allez pas à ce souper,

La jeune femme eut un sourire et un regard qui firent tressaillir le peintre.

ous en sortirez le front pâle et le cœur navré.

— Ils ne croient pas à la femme parce qu'ils n'en ont jamais connu.

En disant ces mots, la jeune femme eut un sourire et un regard qui firent tressaillir le peintre.

Deux minutes après, dans un salon où étaient réunis onze convives, on annonçait :

— Monsieur Léopold Naudier.

— Madame Félicia Gorgozza.

Le nom du peintre avait soulevé un hourra de joyeuse bienvenue.

Celui de la jeune femme fit courir un murmure de curiosité et d'étonnement.

Qu'était-ce que la Félicia Gorgozza?

Ce nom était déjà très-connu à Paris.

Les écrivains des feuilles théâtrales, les lun-distes des grands journaux, les dilettantes, tout ce qui s'occupe d'art avait fait une réputation à cette femme qui pourtant n'avait encore paru sur aucune scène parisienne.

La Gorgozza était une cantatrice applaudie à Milan, à Naples, à Vienne, à Londres.

Paris ne connaissait encore que son nom.

Félicia avait jusqu'alors refusé de donner à sa gloire cette consécration de Paris sans laquelle il n'y a pourtant pas de réputation durable.

Etait-ce crainte d'un échec?

Non ; elle était sûre de son talent.

Il y avait donc un mystère dans ce refus.

Léopold Naudier entra dans la salle du festin, conduisant, appuyée à son bras, la célèbre cantatrice dont tous les convives avaient depuis longtemps entendu citer le nom, mais dont pas un seul ne connaissait le visage.

Aussi une exclamation de désappointement s'éleva-t-elle lorsque parut la jeune femme.

Elle était masquée.

— Messieurs, commença Naudier, nous sommes ici douze hommes qui avons juré guerre à la femme. Nous avons reconnu cet être que Dieu fit d'une de nos côtes comme l'unique agent de la perte des hommes. Elles sont les sirènes qui nous attirent dans l'abime. Au dernier siècle, lorsqu'un crime avait été commis : *Cherchez la femme !* disait M. de Sartines. Et ce lieutenant de police avait étudié la société à tous les étages et dans toutes les profondeurs. Vous tuez en duel votre ami... cherchez la femme ! Cet homme fait banqueroute, cherchez la femme... Celui-ci se suicide... celui-là fait des faux... ce dernier se fait sauter la cervelle... la femme, toujours la femme !

— Bravo ! applaudirent les convives.

— Et votre mère, malheureux ! lui murmura la Gorgozza.

— Oh ! ma mère, ce n'est pas une femme... c'est un ange !

Félicia sourit tristement.

— Nous acceptons avec honneur, dit Bressac, la présence de la diva, bien que notre règlement s'y oppose. Vous êtes artiste, une très-grande artiste... le génie n'a pas de sexe. Nous vous recevons comme le plus illustre de nos amis... toutefois votre masque...

— Messieurs, se hâta de répondre la Gorgozza de sa voix mélodieuse, ce loup sur mon visage est peut-être une bizarrerie. Mais il y a cette nuit tant de déguisements dans Paris que je peux bien me permettre ce masque. Songez, je suis femme, quoique artiste, et je veux que vous parliez librement. Donc, vous ne verrez pas si je rougis ou pâlis à vos propos. Mais vous connaîtrez mon visage à la fin du souper.

A cette promesse, la vive satisfaction des convives se traduisit par d'unanimes bravos.

Pourtant, un de nos personnages ne se livra pas à cette manifestation.

Ce fut un nommé Georges Bora, à qui lord Wigmore avait dit quelques mots à l'oreille en entrant.

Aux premières vibrations de la voix de la Gorgozza, il avait tressailli.

Il dressa la tête avec effarement, et son œil se fixa sur le visage de la cantatrice.

Mais ce visage était protégé par un masque.

Quelques gouttes d'une sueur froide perlèrent au front de Georges.

Par un effort de volonté, il se remit pourtant.

— Je suis un insensé... murmura-t-il, toujours ce souvenir qui me poursuit... Ce ne peut être cette étrangère... Allons, je suis fou.

Et il se mêla à l'enthousiasme général.

Félicia n'avait pas été sans remarquer le trouble de cet homme.

Elle eut un pli indéfinissable au coin des lèvres.

Qu'était-ce que ce sourire ?

De l'étonnement ?

Du mépris ?

De l'ironie ?

De la pitié ?

Du défi ?

Il faut, pour répondre, connaître l'histoire de cette femme.

On se mit à table.

Le salon, rouge et or, était splendidement éclairé.

Un épais tapis couvrait le parquet.

Au milieu, la table était tout étincelante de cristaux, dont les mille facettes scintillaient aux nombreux becs de gaz du lustre et des torchères.

De gros bouquets de fleurs rares brillaient sous ces flots de lumière comme par un soleil de printemps. Des corbeilles de fruits mêlaient leurs savoureuses odeurs aux parfums de ces trésors éclatants fournis par Vaillant.

De riches glaces répétaient ces somptuosités et ces splendeurs.

On se serait cru à un banquet offert par un des heureux de ce monde, si sur ces glaces on n'avait lu çà et là, tracé à l'aide d'un diamant, le nom de quelque vierge folle amenée là pour le plaisir :

Irma la Créole.

— Oreille-de-Chien...

Fanny...

Bouton-d'Or...

Ces noms révélaient le restaurant et le lieu public.

Ainsi gravées sur le verre éclatant, dans une salle de festins, ces inscriptions m'ont paru le *Mane*, — *Thecel*, — *Pharès* du vice.

N'allez pas croire, maintenant, que je vais vous détailler le menu qui fut servi aux treize convives réunis ce soir-là chez Machette.

J'ai lu quelquefois, dans le *Figaro*, la carte des grands dîners officiels.

Cela m'agaçait.

La liste de ces grands vins, de ces plats superbement inconnus, toutes ces perfections de ce que la terre et le génie humain produisent de meilleur, et qui n'ont jamais caressé votre lèvre ni la mienne, éveillaient en mon esprit de singulières réflexions.

Et lorsque j'allais porter l'argent de mes impositions, je songeais que j'allais payer mon écot d'un festin auquel je n'avais pas été convié.

J'aime mieux vous dire ce qui se passa à ce dîner.

D'abord, rapportons un incident qui resta presque inaperçu pour la plupart des convives, mais qui a une grande importance dans notre récit.

On venait d'absorber un potage à la bisque d'écrevisses dont la saveur à la fois forte et délicate avait réveillé les palais les plus engourdis, lorsqu'un garçon du restaurant pénétra dans le salon et vint dire quelques mots à l'oreille de lord Wigmore.

Celui-ci demanda aussitôt la permission de s'absenter quelques minutes.

Il rencontra dans une pièce qui précédait le salon maître Bob et un autre individu fort pâle et qui paraissait tout agité.

— Qu'y a-t-il donc, Sorbier? demanda lord Wigmore en remarquant le trouble de cet individu.

— Quelque chose de bien étrange, répondit celui que le noble Anglais venait d'interpeller.

— Parle vite, lui dit à voix plus basse lord Wigmore en se rapprochant de lui.

— J'arrive de chez le Chanteur...

— Le Chanteur!!...

— Oui, Cossard, surnommé le Chanteur, cette espèce de brute qui nous servait quelquefois dans une grosse besogne, cet ivrogne...

— Ah! oui, je sais; l'amant de cette grosse folle qu'on appelle la Faucheuse.

— C'est cela... Eh bien! je viens de les trouver dans un joli état!

— Tous deux ivres-morts! fit lord Wigmore en haussant de dégoût les épaules. C'est pour cela que tu me déranges?

Et il fit mine de s'éloigner.

— Attendez donc;... c'est pas ça... vous allez voir. Il avait promis de nous procurer un habile graveur, homme sûr, muet comme un cercueil. Après avoir opéré sur la banque d'Angleterre vous voulez rivaliser avec celle de New-York. Je vais ce soir trouver mon homme, route d'Allemagne, au fond d'une horrible impasse, une maison borgne où l'on peut étrangler, poignarder, sans crainte d'être dérangé, attendu que j'ai eu beau cogner, rien ne s'est éveillé dans le voisinage, et lorsque, après avoir pris le parti de m'ouvrir moi-même, j'ai pénétré chez Cossard, j'ai senti, sous mes pieds un liquide gluant. Ça m'a fait quelque chose; j'ai eu froid dans le dos. Avez-vous jamais piétiné dans le sang? J'ai allumé à la hâte un bout de mon rat-de-cave qui ne me quitte jamais. Ah! quel spectacle! Le carreau était inondé de sang et de vin. Le Chanteur était étendu roide, la poitrine ouverte d'un large coup de couteau. Dans une boue sanglante se tordait la Faucheuse, qui donnait sans doute son dernier râle.

Je voulais m'enfuir.

Une idée m'est venue.

Cossard a souvent été en relations avec nous.

Je voulus m'assurer qu'il n'avait rien conservé chez lui qui pût nous compromettre.

Je fouillai en tout sens son taudis.

Il n'y avait rien qui concernât nos opérations.

Mais, chose singulière, en frappant du talon dans tous les recoins, j'ai senti résonner creux sous un carreau, je l'ai soulevé.

Quel bon flair j'avais eu !

C'était une cachette.

Il y avait là divers objets que j'ai cru pouvoir m'adjuger. Le Chanteur n'a pas d'héritier. Ensuite un passe-port de forçat libéré. Il paraît que ce Cossard a fait son temps à Toulon, n° 922.

Au-dessous de tout cela, soigneusement cacheté, un paquet à votre adresse que je vous apporte.

Et Sorbier remit un énorme pli cacheté que lord Wigmore s'empressa d'ouvrir.

La grossière enveloppe contenait une lettre assez volumineuse sur laquelle il jeta les yeux.

Aux premières lignes le visage de notre Anglais prit une expression de joyeux étonnement.

— Parfait ! s'écria-t-il. Ce Cossard était un homme de précaution.

— Ça paraît intéressant ? demanda Bob.

— Oui, désormais nous aurons à notre disposition l'homme qu'il nous faut.

— Oh ! oh ! fit Sorbier ; et vous savez, j'ai pris un sapin pour venir plus vite.

— Et tu as bien fait. Voilà ; allez souper tous les deux.

Et il tendit un billet de banque.

— Ce chiffon ! fit Sorbier, qui se méfiait de la sincérité du papier ; je préférerais un simple louis d'or.

— Imbécile ! s'empressa de dire Bob en s'emparant du billet ; c'est pas du faux celui-là.

Nos deux hommes quittèrent lord Wigmore, qui rentra dans la salle du souper.

V

LES SIX LOUIS DE LA GORGOZZA.

Félicia Gorgozza était assise à côté de Léopold Naudier.

Celui-ci lui faisait la biographie des convives, dont la conversation s'était éparpillée.

— Ces beaux favoris blonds, là-bas, sur ce visage pâle, disait le peintre, c'est Montal, agent de change. Il a la clientèle des joueuses de Bourse ; cela lui a fait prendre la femme en grippe. Cet avorton, le petit baron de Barbanthall, un crevé sans illusions ; oh ! les femmes ! dit-il... Il a fait bien des malheureuses ! Il a méprisé l'amour de trois marquises et de deux duchesses qui lui proposaient de fuir avec lui dans une autre patrie... Mais les femmes !... Il a pourtant une maîtresse qui le bat et qui lui a déjà dévoré deux oncles et trois tantes. Il mange en ce moment un cousin avec elle. Turbier... c'est un banquier... Chut ! il faut que je vous dise cela dans le tube de l'oreille. Madame Turbier et ses deux filles l'ont poussé deux fois à la faillite. Il y a des femmes qui coûtent cher. Le voilà riche maintenant. Il s'est relevé par une troisième banqueroute.

— Ce grand brun, près de vous ?

— Un gentilhomme, ma chère ; le duc de Kermaria ; il épousa une fort jolie personne, sans dot... il voulait être aimé, et il crut allumer l'amour dans le cœur d'une pauvre jeune fille obscure en la faisant riche et duchesse. Il reconnut à la jeune femme, par contrat de mariage, une dot opulente. Six mois après, la duchesse de Kermaria obtenait contre son mari une séparation judiciaire. Elle emportait la dot qu'elle n'avait jamais possédée et obtenait une grosse pension. Elle vit magnifiquement à Bordeaux, où elle reçoit les visites très-assidues d'un cousin qu'elle a fort aimé jadis. Le duc déteste les femmes. Il a une danseuse, par luxe.

— Triste ! murmura Félicia.

— Tenez, ce garçon élégant, presque à votre côté.

— Ce petit brun ?

— Oui, Lucien Monbrun, courtisan par état, sceptique par position : il a le regard caressant, l'esprit caustique, le cœur sec ; on dit qu'il connaît les femmes ; c'est un attaché d'ambassade. Ah ! j'oublie Bressac : c'est un garçon d'esprit, un journaliste d'une verve endiablée. Il baisse pourtant, c'est qu'il a brûlé la bougie par les deux bouts. Les coulisses l'ont usé. Voyez ses gestes hésitants et déjà tremblotants; les pupilles de ses yeux sont parfois étrangement dilatées... La folie est au bout de cette vie brillante de Paris qui use si vite de nos jours les plus belles intelligences. Et maintenant voulez-vous connaître lord Wigmore?

— Je le connais, fit Gorgozza avec une singulière expression de mépris.

— Et Georges Bora?

Félicia frissonna à ce nom.

Naudier la vit pâlir sous son masque.

— Non, dit-elle d'une voix altérée.

— Ah! fit le peintre avec étonnement.

— Je l'ai connu autrefois...

— Ma foi, au dernier les bons. Voyez ce jeune et beau garçon, Octave Cléry; c'est le seul que j'estime ici, et à qui j'ai du plaisir à serrer la main. Il se croit de marbre; il y a un volcan sous sa poitrine. Il ne croit plus, dit-il; et son regard implore le ciel. Son cœur, un de ces jours, fera explosion.

La Gorgozza écoutait Naudier avec une avidité étrange.

Son sein s'agitait à mesure que le peintre décrivait le caractère du jeune homme.

Parfois elle jetait sur Octave un regard de feu.

Un moment elle demeura rêveuse.

— Savez-vous pourquoi j'ai voulu venir à ce souper? demanda-t-elle tout à coup à Naudier.

— Peut-on savoir ce qu'il y a au fond du caprice d'une femme?

— Ceci n'est pas un caprice, je vous jure; j'avais, en venant ici, un projet mûri, arrêté, un désir ardent; et voici mon but. Ces hommes que vous voyez là, froids et blafards, ces roués, ces blasés, trompés et trompeurs, qui méprisent la femme qu'ils ont perdue et maudissent celle qui les a méprisés, oh! je veux les tenir un jour là, à mes pieds, humiliés, rampants, esclaves de mes caprices; ils sont riches, je les ruinerai; ils sont amis, je veux qu'ils s'entr'égorgent. Ils ont toute l'expérience des viveurs; je leur mettrai dans l'âme la plus extravagante des folies.

— Vous, Félicia?

— En doutez-vous? fit la Gorgozza en plongeant son regard chargé de flammes dans les yeux de Naudier, qui sentit dans ses veines courir un étrange frisson.

Le peintre venait d'éprouver l'effet de la puissance de cette femme.

— Ange et démon! murmura-t-il.

— Il y a ici deux hommes que je redoute pourtant, reprit l'artiste.

— Et quels sont ces deux hommes? demanda Naudier avec curiosité.

— Ce Georges Bora, répondit Félicia d'une voix contractée.

— Et pourquoi donc? Il n'a rien de redoutable, ce me semble.

— Ami, lorsqu'un marais fangeux est pénétré par les rayons d'un soleil ardent, il a des émanations qui tuent... L'âme de cet homme est un marais fangeux: qu'un amour le traverse, et malheur à la femme qu'il aimera. Il invoquera pour l'obtenir toutes les lâchetés et toutes les trahisons.

— Mais l'autre? riposta le peintre.

— Tenez, à côté du duc de Kermaria, répondit Félicia en hésitant.

— Lucien Monbrun?

— Non, à la gauche du duc.

— Octave Cléry?

— A ce nom, Gorgozza eut un tressaillement; un profond soupir monta de sa poitrine.

— Oh! celui-là me fait peur!...

— Lui?

— Beaucoup plus que l'autre.

— Et pourquoi donc, grand Dieu!

— Parce que je l'aime!!...

Et Félicia mit toute son âme dans ces mots.

. . . . . . . . . . . . . . . . . . . . . . . . .

Cette conversation avait eu lieu à voix basse, et aucun des convives n'avait pu en saisir le sens.

— Messieurs, s'écria tout à coup Bressac, notre ami Octave Cléry demande à nous faire un aveu; tendez l'oreille; aiguisez vos langues; je taille ma plume.

— C'est donc un aveu... curieux? demanda Turbier.

— Comique? glapit le petit Barbanthall.

— Stupéfiant ! répondit Bressac.

— Messieurs, fit Octave Cléry moitié sérieux, moitié riant, vous êtes tous ici des hommes forts.

— Y compris la Félicia, fit observer Bressac.

— Ce qui ne l'empêche pas d'être une femme charmante, continua Octave.

La Gorgozza rougit à ce compliment plus que banal.

Elle aimait !

Il faut si peu de chose, pour nous enchanter, d'une bouche adorée !

— Nous nous réunissons tous les ans, à pareille époque, pour fêter notre expérience, chèrement achetée pour la plupart. J'en connais à qui cet expérience a coûté l'honneur de leur père, la vie de leur mère, leur cœur à eux, leur âme, tout ce qu'il y a de bon, de saint, de sacré, tout ce qui vivait en eux, tout ce qui vivait pour eux. La femme, cet animal félin aux griffes roses, jouait avec nous comme le chat avec la souris ; les rôles sont changés : nous sommes devenus tigres. Chacun de nous se fait un jeu des sentiments dont nous vivions jadis. Nous rions des victimes éplorées. Nous sommes très-forts... Eh bien ! messieurs, j'étais très-malheureux !

— Ah ! par exemple ! s'écrièrent tous les convives avec une explosion de rires railleurs.

Félicia seule fut émue de cettte conclusion.

— Il est triste comme deux mariées ! fit Montal.

— Il a sans doute perdu au jeu, dit Turbier.

— Ne le dis pas à ta maîtresse, Octave, fit Bressac.

— Pourquoi ? demanda le petit baron de Barbanthal.

— Parce qu'elle irait chez le gagnant faire la cour à ses écus.

— Messieurs, j'étais dégoûté de vivre.

— Le spleen est un mal terrible ! fit observer de Cavan.

— Il y a un remède, dit Bressac : le suicide.

— Eh bien ! vous allez dire que je me suis suicidé.

— Ah bas ! s'écria-t-on de toute part.

— Qu'est-ce que la femme ? reprit Octave.

— Notre ennemie ! répondit le duc Kermaria.

— Platon a défini l'homme : un animal à deux pieds et sans plumes, interrompit Bressac ; moi, je définis la femme : un animal à plumes et deux pieds. A plumes, parce qu'elle est...

— Très-légère, résuma de Cavan.

— Recouverte des dépouilles de tous les pigeons qu'elle a plumés, contredit Bressac.

— La femme a du bon, cependant, elle aime.

— Tout le monde ; elle ne méprise qu'un seul homme.

— Lequel ?

— Celui qui l'aime.

Ces sarcasmes se croisaient d'un convive à l'autre, au-dessus de cette table opulente, autel étrange sur lequel la femme était immolée.

— Enfin, messieurs, acheva Octave Cléry, je devrai désormais m'exclure de vos soupers annuels.

— Oh ! oh !

— Vous connaissez ce vers du vieux Corneille :

Nous sommes invaincus, mais non pas invincibles.

— Il est pincé ! fit Bressac.

Un rire formidable accueillit l'aveu de Cléry et les paroles de Bressac.

— Il aime ! exclama Turbier, pauvre garçon !

— Ce que c'est que de nous ! dit Barbanthall.

— Nomme-nous ton objet ! demanda Bressac.

— C'est une rosière de Nanterre, dit Kermaria.

— Gâteaux tout chauds ! chanta Barbanthall.

— Alors, c'est sa bonne, fit observer Bressac ; les bonnes ont le monopole des prix Montyon.

— Est-ce une marquise, une bourgeoise ou une grisette ?

— C'est la reine de Madagascar, plaisanta Naudier.

— On dit qu'elle épouse l'ex-avoué ex-roi des Patagons, dit Monbrun.

— Et pourquoi pas ? dit Bressac; Louis XIV descendait bien d'un notaire.

— En ligne droite ? demanda Naudier.

— Non, en ligne brisée, répondit le journaliste.

— C'est la Vénus Hottentote.

— C'est la Vénus aux Carottes.

— C'est un modèle de Courbet.

— C'est Thérésa !

Toutes ces plaisanteries assaillaient comme une grêle de traits Octave Cléry, qui demeurait impassible.

— Le nom, le nom de ta divinité ? réclamèrent avec instance tous les convives.

Félicia Gorgozza regarda Octave avec des yeux éperdus.

Qu'allait-il dire ?

Qui allait-il nommer ?

Ce fut un moment de terrible angoisse.

— Messieurs, reprit Octave, je vous dirai son nom lorsque j'aurai le droit de revenir parmi vous.

— Eh bien, alors, à l'année prochaine ! fit cyniquement Bressac.

— Dieu veuille que ce ne soit jamais ! murmura Octave, dont le front rayonnait au souvenir de la suave enfant qu'il avait rencontrée sur le boulevard,

Lisa Pâquerette.

Et pourtant il ne connaissait pas encore son nom.

C'était là une bonne raison pour ne pas le dire.

Un amoureux ne sait pas garder un secret.

Il n'avait gardé dans son cœur que la délicieuse image de la jeune fille.

N'est-ce pas là tout ?

. . . . . . . . . . . . . . . . . . . . . .

Félicia Gorgozza venait d'ôter son masque.

Sa beauté éclata soudain dans toute sa splendeur.

Tous ces hommes qui étaient venus là pour médire de la femme, pour étaler leur indiffé-rence et leur mépris, tous eurent un cri d'admiration.

Ah ! c'est qu'elle avait cette beauté souveraine qui s'impose, ce charme aéré et pénétrant qui envahit et terrasse.

Elle était irrésistible.

Tous les yeux étaient ardemment attachés sur elle.

Elle haussa imperceptiblement les épaules. Naudier souriait.

Mais, dans ce triomphe, elle ne cherchait qu'un seul regard, le regard de celui qu'elle aimait, le regard d'Octave.

Mais les yeux du jeune homme, vagues, rêveurs, poursuivaient dans le souvenir une image adorée.

Il n'avait pas vu la Gorgozza.

Celle-ci devint blanche comme un marbre de statue.

Ses lèvres crispées eurent un convulsif frémissement.

— Oh ! malédiction ! murmura Félicia, ce n'est pas moi qu'il aime !... et cette autre, oh ! malheur à elle !

Elle eut dans les yeux des éclairs sinistres et tranchants comme l'acier.

Cependant le garçon avait apporté la carte du souper.

L'addition s'élevait à quatorze cent soixante quinze francs.

La Gorgozza, malgré son sexe, qu'elle avait, du reste, répudié un moment pour paraître à ce souper, s'empressa de déposer la première son écot dans le plateau d'argent que le garçon avait apporté.

On eut beau protester, elle fut inébranlable.

Après elle, douze mains firent successivement tomber l'or dans ce plateau sonore.

Lord Wigmore mit ostensiblement un billet de la banque de New-York.

Le billet était, du reste, authentique.

Georges Bota glissa six pièces blondes.

Le garçon partit rayonnant.

Le pourboire était magnifique.

Naudier présenta à la Félicia une pelisse richement fourrée de renard bleu, tandis que les gens du restaurant apportaient les pardessus de ces messieurs.

Le garçon qui avait reçu le prix du souper remontait en ce moment.

Il paraissait inquiet.

Turbier était près de la porte du salon.

— A-t-on fait avancer une voiture? demanda-t-il.

— Elle est en bas, monsieur, mais je dois vous prévenir d'une chose, lui dit discrètement le garçon.

— Et de quoi donc, s'il vous plait?

— Monsieur, fit le serviteur en hésitant, dans le plateau, il y avait six pièces fausses.

— Six pièces fausses! s'écria Turbier avec indignation. Qu'est-ce à dire, messieurs, avez-vous entendu?

— Oui, balbutia le garçon, six pièces à l'effigie du roi d'Italie.

Georges Bora était devenu livide comme un déterré, à cette singulière révélation.

La Gorgozza avait jeté sur lui un regard de mépris écrasant.

Elle avait deviné sans doute d'où venaient les pièces fausses.

Du reste, dans le trouble général, elle seule et lord Wigmore avaient remarqué le trouble et la pâleur de Georges Bora.

— Faut-il être maladroit! murmura le noble Anglais, qui sourit de pitié.

Cependant la Félicia s'avança résolûment au milieu du groupe des convives.

— Des pièces à l'effigie de Victor-Emmanuel? fit-elle; messieurs, c'est moi qui les ai données. J'arrive d'Italie, où il circule beaucoup de fausse monnaie. Veuillez m'excuser. On m'a volé. Tenez, garçon, voici un billet de la banque de France; gardez la différence pour vous.

Georges Bora respira.

— Oh! cette femme! murmura-t-il; s'est-elle trompée, ou bien connait-elle mon secret?.. Sa voix... ses traits... Si c'était elle!... Oh! je saurai tout.

Et il s'éloigna sur le boulevard.

Lord Wigmore lui frappa familièrement sur l'épaule.

— Votre monnaie est mal fabriquée, et vous ne savez pas la faire circuler.

— Monsieur! s'écria Bora avec indignation.

— Plus bas, confrère, dans notre intérêt; vous faites de l'or, je fais de faux billets... nous nous entendrons.

Et il lui prit familièrement le bras et l'entraîna en causant dans la foule qui n'avait pas encore déserté le trottoir.

La Gorgozza allait monter en voiture.

Un valet de pied tenait la portière.

— Antoine, dit-elle au domestique, vous êtes un serviteur dévoué et intelligent. Voyez-vous là-bas ce jeune homme qui s'éloigne en société de M. Naudier? Je veux connaître tous les jours la moindre de ses actions. Vous n'aurez pas de livrée. Vous ne pouvez être reconnu. Allez; je vous reverrai demain soir. Voici de l'or.

Le jeune homme qu'elle désignait était Octave Cléry.


## VI

### AVENTURES NOCTURNES.

Jacques Vernier avait fui avec épouvante la sombre masure où il avait assassiné Cossard et la Faucheuse.

Il était comme fou.

Il déboucha comme un furieux rue d'Allemagne, les cheveux épars, les vêtements souillés de sang.

La lueur des becs de gaz qui éclairent cette large voie l'arrêta un moment.

Il eut peur de la lumière.

Cette halte calma un peu l'agitation de ses esprits et le ramena au sentiment de la réalité.

La rue était déserte. Aucun passant ne se montrait ni du côté de Paris ni du côté de la porte de Pantin, dont les huit lanternes brillaient dans l'éloignement.

Quelle direction prendre?

Sortir de Paris?

Il l'entraîna en causant dans la foule qui n'avait pas encore déserté le trottoir.

Mais les douaniers pouvaient remarquer son air troublé, le désordre de ses vêtements, les taches rouges qui le couvraient.

Rentrer à son domicile ?

Il n'était qu'onze heures ; si les quartiers excentriques sont déserts à cette heure, la circulation est encore très-active vers le centre de Paris.

Et Jacques Vernier redoutait les regards des curieux.

D'ailleurs, il fallait faire disparaître les traces sanglantes du double crime qu'il venait de commettre.

Il ne voulut pas aller jusqu'au canal Saint-Martin.

Pour y arriver, il lui fallait traverser la place de la Rotonde, où se croisent plusieurs lignes d'omnibus, où débouchent plusieurs rues et plusieurs boulevards et qui est, par conséquent, très-passante à toute heure.

Le canal de la Villette était plus près ; il pouvait en gagner les bords sans être remarqué. Après avoir descendu jusqu'au pont de Flandre, il tourna à droite, en se croisant avec un individu qui semblait se glisser le long des murs.

Cette rencontre le fit frissonner.

Il se jeta vivement dans l'ombre du pont et s'éloigna dans la direction de la rue qui longe la voie du chemin de fer de Ceinture.

C'était en vain que Jacques s'était effrayé.

L'individu qu'il venait de rencontrer ne cherchait pas à le poursuivre.

Cet homme n'était autre que Sorbier, l'agent de lord Wigmore.

Sorbier se rendait précisément en ce moment à la demeure de Cossard.

Nous savons ce qu'il y vit et ce qu'il y trouva, grâce au récit qu'il en a fait à lord Wigmore.

Ce n'est donc pas sans raison que Jacques avait frissonné.

Peut-être pressentait-il que le passage de cet homme devait lui être bientôt cruellement funeste.

Quoi qu'il en soit, il put arriver sans encombre jusqu'aux rives du canal, non loin de la place de la mairie de la Villette.

Comme la berge n'était pas d'un facile accès, il dut remonter le canal l'espace d'une centaine de mètres.

La nuit était très-noire.

L'eau sombre dormait lugubrement.

Les lanternes de la voix publique, aveuglées par la pluie, ne donnaient au loin qu'une douteuse lueur.

La pluie crevait en tombant la surface de l'eau du canal avec des glauquements sinistres.

Le froid était devenu plus intense. Soit peur, émotion, soit effet de l'atmosphère, Jacques tremblait de tous ses membres et ses dents claquaient.

Il allait pourtant se laisser glisser à l'eau, lorsqu'il entendit au loin le bruit d'une lutte.

C'étaient des piétinements frénétiques, des cris étouffés, des soupirs qui sortaient avec efforts, des râles, des imprécations.

Il écouta.

Le bruit cessa.

Des pas précipités se firent bientôt entendre.

On venait de son côté.

Où se cacher pour observer sans être vu ?

Un abri sûr se présenta naturellement à lui : c'était un bateau à moitié vide amarré au rivage.

D'un bond il gagna le bordage et se laissa glisser dans la cale.

Comme il ne pouvait rien voir, il grimpa sur des sacs de plâtre, qui formaient une portion du chargement du bateau.

Il vit alors une chose singulière.

Deux individus portaient, l'un par les jambes l'autre par la tête, un homme étroitement bâillonné.

Arrivés à quelques mètres du bateau, ils déposèrent à terre celui qui paraissait être leur victime et le fouillèrent rapidement.

Après quoi ils le reprirent chacun par deux membres, le balancèrent un moment dans le vide, puis le lancèrent de toutes leurs forces au milieu du canal.

Et ils s'enfuirent à toutes jambes, en prenant l'un et l'autre une direction différente.

Le corps de leur victime troua l'eau avec un bruit sourd, éclaboussant les deux rives, tournoya et plongea lourdement.

Jacques vit ce drame s'accomplir avec une singulière rapidité.

C'était un de ces crimes vulgaires comme il s'en commet quelquefois dans ces quartiers déserts.

Ce spectacle le glaça.

N'était-il pas assassin, lui aussi, et ne venait-il pas de commettre un crime ?

Pourtant un bon mouvement lui vint.

— Puisque j'ai tué, murmura-t-il, que je sauve au moins une existence.

Et il s'élança dans l'eau, noir et profond abîme que la nuit rendait plus sinistre.

Un froid glacial le saisit et paralysa un instant ses membres.

Il plongea toutefois résolûment.

Comme le canal n'a pas de courant, il lui fut facile de retrouver le corps du noyé qui s'agitait encore entre deux eaux.

Il le saisit par les cheveux et l'amena à la

surface. Il put le débarrasser de son bâillon.

L'homme respira.

Mais il était encore presque inerte.

Le difficile était de le hisser sur la berge.

Il poussa le noyé jusqu'au bateau qu'il venait de quitter, et comme le pont effleurait presque l'eau, il put aisément grimper sur l'embarcation, tout en maintenant l'homme qu'il voulait sauver.

Une fois hors du canal il attira à lui, non sans peine, le corps du noyé et l'étendit sur les sacs de plâtre.

Le malheureux était glacé.

Que faire pour le ranimer?

Il y avait bien un poste de police à trois cents mètres de là, sur la place de la Mairie. Mais il eut garde de songer à y aller demander du secours.

Un cordial eût ranimé le noyé.

Mais tous les cafés, tous les cabarets étaient fermés à cette heure.

Jacques chercha autour de lui.

Il y avait une petite cabine à l'arrière du bateau.

Ma foi, il n'hésita pas à en enfoncer la porte.

En tâtonnant, il découvrit des allumettes et une chandelle.

Il put ainsi obtenir de la lumière et inspecter cet étroit domicile.

C'était un petit ménage complet.

Un lit, quelques ustensiles de cuisine, un petit poêle. Sur une étagère, dans une des encoignures, se trouvaient quelques provisions, entre autres une bouteille d'eau-de-vie entamée.

Jacques n'en demandait pas davantage.

Il alla chercher son noyé et le déposa sur le lit. Puis il lui fit tomber quelques gouttes d'eau-de-vie dont il but lui-même une large gorgée.

Cela le ranima, car il grelottait.

Le petit poêle était tout garni; il n'eut qu'à y mettre le feu.

Au bout de quelques minutes les tuyaux ronflaient joyeusement et la fonte du foyer rougissait à plaisir.

Une douce chaleur se répandit dans la cabine et fit fumer les vêtements de Jacques et de l'homme qu'il venait de sauver.

Celui-ci ouvrit les yeux et regarda avec étonnement autour de lui.

— Où suis-je? que m'est-il arrivé? fit-il en cherchant à fixer ses souvenirs.

— Ce n'est rien... vous êtes sauvé, lui dit Jacques.

— Oh! oui, j'ai été arrêté, frappé, dépouillé, assassiné.

— Remettez-vous, vous voilà tiré de l'eau, il n'en sera rien.

— Oh! mon Dieu! fit l'inconnu en se frappant le front.

Et il fouilla ardemment chacune de ses poches.

— Les misérables! fit-il, ils ne m'ont rien laissé.

— Vous regrettez votre argent, lui dit Jacques; mais ne craignez rien, je ne vous laisserai pas comme ça.

— Ah! ce n'est pas les quelques pièces d'or que j'avais dont je déplore la perte... j'avais un portrait... celui de ma mère.

— Pauvre enfant! fit Jacques avec une douloureuse pitié.

Car il venait de s'apercevoir qu'il avait sauvé un tout jeune homme, paraissant dix-neuf ans à peine.

Ses vêtements étaient fort simples: un pantalon noir, une redingote en ce moment collée sur son corps mince et élancé.

Malgré sa pâleur, bien que ses traits fussent défaits, bien que ses cheveux mouillés, aplatis, tombassent en désordre sur son front, il avait une beauté douce et distinguée dont Jacques Vernier fut frappé.

— Etes-vous mieux? lui demanda-t-il avec sympathie.

— Oui, je me sens tout à fait bien.

— Ce sont des rôdeurs qui vous ont assailli?

— Oui, je suis étranger; arrivé hier seulement à Paris. Je loge dans les environs de ce quartier. Je me suis éloigné et n'osais demander mon chemin. J'espérais toujours me reconnaître. Arrivé sur le bord de ce canal, deux individus m'ont assailli à l'improviste, m'ont frappé, terrassé, bâillonné. Puis je ne sais plus ce qu'il m'est arrivé. Je vois qu'ils m'ont dépouillé, car je n'ai plus rien; qu'ils m'ont jeté à l'eau, car me voilà trempé jusqu'aux os; que vous m'avez sauvé et que je vous dois la vie, puisque me voilà près de vous et que vous me prodiguez vos soins. Croyez à toute ma reconnaissance et à un dévouement éternel.

— Ce que j'ai fait est tout simple et tout naturel; le hasard m'a mis au bord de ce canal au moment où vous veniez de disparaître; personne n'eût hésité à vous secourir.

— N'importe, je vous dois la vie et ma vie vous appartient.

— Que comptez-vous faire maintenant?

— Me sécher ici, chez vous, si vous le permettez... Et puis je ne sais trop; je n'ai plus rien ; je ne puis guère retourner à l'hôtel où je suis descendu, fit le jeune homme avec un pâle sourire de résignation.

— Écoutez; votre physionomie me plaît; votre position m'intéresse; je suis un homme simple et peu fortuné. Mais je serais heureux de vous offrir un gîte. Voulez-vous accepter une bonne et franche hospitalité ?

— Très-volontiers, dit l'inconnu.

— Venez donc, alors.

— Vous ne demeurez donc pas ici?

— Du tout; je ne sais même à qui appartient ce bateau.

— Comment se fait-il donc?

— Bah ! il fallait aller au plus pressé. J'ai enfoncé la porte et vous ai installé ici. Personne ne s'en plaindra, car, tenez, je paye nos dégâts et notre consommation.

Et Jacques Vernier déposa une pièce d'or au bord d'une petite table qui se trouvait dans la cabine.

Deux minutes après, il prenait le chemin de son logis, en société de son jeune inconnu.

---

<h2 style="text-align:center">VII</h2>

ARRESTATION.

Jacques et son jeune compagnon marchaient rapidement.

Bien qu'un peu réchauffés par l'eau-de-vie qu'ils avaient absorbée, ils n'en sentaient pas moins l'influence d'une température glaciale, influence aggravée par l'eau dont leurs vêtements étaient pénétrés.

Vernier avait eu plus d'une fois l'idée de frapper au premier hôtel meublé qu'ils rencontreraient, de se faire donner une chambre et d'y faire allumer un grand feu pour s'y sécher. Mais il avait toujours repoussé cette suggestion tentante de son esprit, attendu qu'il aurait fallu donner à l'hôtelier des explications intempestives sur leur aventure.

Notre individu avait, on le conçoit, des raisons majeures pour ne révéler qu'à bon escient sa présence dans les parages avoisinant la masure où il avait commis un double assassinat.

Peut-être même regrettait-il parfois de s'être laissé aller à un sentiment d'humanité en se jetant à l'eau pour sauver le jeune homme qu'il emmenait avec lui.

Ne s'était-il pas créé volontairement un témoin qui pouvait affirmer qu'à onze heures Jacques Vernier se trouvait, pour une cause qu'il lui serait difficile d'expliquer, sur le quai de la Loire, au bord du canal de la Villette ?

Il ne prévoyait pas sans appréhension les conséquences de son dévouement.

Celui qu'il avait tiré du fond du canal ne serait pas sans raconter l'aventure. Il avait été volé, dépouillé. La Justice peut-être se mêlerait de cette affaire. Le jeune homme lui-même provoquerait sans doute des recherches, une enquête. Lui, Jacques Vernier serait forcé de déposer de ce qu'il savait de la tentative d'assassinat qu'il avait fait avorter. La police est soupçonneuse. Un mot lui donne l'éveil. Et Jacques Vernier avait une foule de raisons pour ne pas attirer sur lui l'attention de la police.

S'il allait être reconnu ! Si on allait découvrir en lui l'auteur du double meurtre commis sur la personne du Chanteur, sur celle de la Faucheuse!

Il était perdu !

Ces réflexions faisaient irruption dans son cerveau en y jetant l'épouvante.

Il suait la peur.

La peur, plus mauvaise conseillère que la faim, qui cependant a fait commettre bien des crimes.

Jacques était devenu sombre et muet.

De temps en temps il jetait sur son jeune compagnon des regards sinistres dont celui-ci ne pouvait comprendre le sens. Plus d'une fois le sauveur eut l'idée et la tentation de tuer le sauvé.

En ce moment ils avaient quitté la rue de Flandres et s'engageaient sur le boulevard de la Chapelle.

Il était trois heures du matin.

Cette large voie, comme la plupart de celles qui ont été établies tout le long de l'ancien mur d'enceinte, sur l'emplacement de ce qu'on appelait, avant l'annexion des communes suburbaines, le chemin de ronde et les boulevards extérieurs, cette large voie, disonsnous, comprend une double chaussée séparée par une grande allée disposée en promenade.

Sur la droite, les maisons sont nombreuses. L'aspect de ces habitations change tous les jours, et certes aujourd'hui elles ne présentent aucune mine suspecte. Mais en 1860 on voyait encore sur tout ce parcours, à de rares exceptions, un cabaret borgne alterner avec un garni où l'on logeait à la nuit ; et celui-ci avec un mauvais lieu.

La chaussée qu'occupe la gauche du boulevard était mieux ou plus mal partagée, selon le point de vue auquel on se place.

Il n'y avait presque pas d'habitations.

De nombreuses et assez belles constructions se hâtent de s'y élever de nos jours.

Mais à cette époque la voie de ce côté était presque entièrement déserte.

Nos deux individus tenaient leur droite, c'est-à-dire suivaient la ligne des maisons.

Jacques avait ralenti sa marche.

Il n'avait plus froid.

Son front paraissait de plus en plus morne et soucieux.

Le jeune homme, lui, grelottait de tous ses membres.

Ses dents claquaient de froid.

— Vous êtes fatigué ! demanda-t-il à Jacques d'une voix entrecoupée.

Celui-ci ne répondit pas et lui jeta un regard farouche.

— Hâtons le pas ! dit-il d'un ton brusque.

Et il prit à gauche, abandonnant le côté du boulevard qui était habité.

Le jeune homme le suivait machinalement.

Le chemin qu'ils prenaient était plus sombre et absolument désert.

Jacques Vernier avait retrouvé au fond d'une poche de son paletot le couteau dont il s'était servi pour frapper la Faucheuse et son amant.

Il le caressa un instant de la main.

Ses doigts en soulevaient la lame, frémissant, indécis, comme s'ils n'eussent osé l'ouvrir.

Il glissa l'arme dans sa manche et retira la main de la poche de son paletot.

On fit quelques pas sans se dire une parole.

De l'intérieur de la manche, le couteau était tombé dans la main de Jacques.

Celui-ci ouvrit lentement cette arme meurtrière en appuyant le manche contre sa cuisse et en tirant la lame avec ses doigts.

En se dressant, la lame fut tout à coup saisie par le ressort du manche, et rendit un bruit sec, semblable à celui produit par la batterie d'un fusil ou d'un pistolet qu'on arme.

Jacques tressaillit et son compagnon le regarda avec étonnement.

— Tiens ! vous avez un couteau à la main ? lui demanda celui-ci. Est-ce que vous redoutez quelque chose ?

— Oui... fit Jacques d'une voix étranglée, ces parages sont mal hantés... des rôdeurs...

— Ah ! oui ; les journaux en parlent souvent.

Nos deux nocturnes voyageurs entendirent en ce moment un bruit roulant comme le grondement de la foudre, dominé par le sifflet aigu d'une locomotive.

C'était un train de nuit qui arrivait de Mulhouse ou de Strasbourg.

Jacques passa rapidement une main à son front moite de sueur.

Une idée venait de lui jaillir dans la tête.

Ils allaient atteindre la ligne de l'est qui traverse le boulevard sous un viaduc.

Jacques conçut à l'instant le projet de poignarder son compagnon et de jeter son corps sur la voie ferrée, où il ne tarderait pas à être broyé par les trains se dirigeant vers Paris ou s'en éloignant.

La mort du jeune homme mutilé, méconnaissable, serait sans nul doute attribuée à un accident de chemin de fer.

Il n'avait pas encore réfléchi, que le train vomissant la flamme et la vapeur, rapide, hurlant, passait sous le pont qui tremblait sous leurs pieds.

Le fracas lugubre du pont était comme l'écho de l'orage de sa pensée.

Dans sa préoccupation criminelle, il ne s'était pas aperçu qu'il avait fait seul plusieurs pas en avant.

Son compagnon l'avait un moment abandonné.

Il se retourna comme effrayé de cette solitude, interrogeant la nuit autour de lui.

A la clarté pâle et fugitive des lanternes de la voie publique, il aperçut à une dizaine de mètres son jeune compagnon, immobile, appuyé contre un arbre de l'allée centrale.

Que faisait-il là ?

Pourquoi s'était-il ainsi, soudain, écarté de sa route ?

Sans doute il avait deviné les sanglants projets de Jacques Vernier, et de là il observait ses mouvements, prêt à se défendre et à crier à l'aide.

Jacques eut un instant l'idée de bondir sur lui et de l'étendre roide, avant même qu'il eût pu faire un mouvement ou pousser un cri.

Il eut peur sans doute de manquer son coup, car il tâcha de se remettre, cacha son arme dans la manche de son paletot, et faisant quelques pas :

— Eh bien ! demanda-t-il d'une voix qu'il chercha à rendre douce et rassurante, et dont il déguisa autant qu'il put les tremblements qui traduisaient bien les angoisses de son âme, eh bien ! fit-il, vous ne venez pas ?

Le jeune homme fit avec peine un signe de détresse.

Il chancelait.

— Qu'avez-vous ? lui demanda Jacques étonné, mais n'osant encore approcher.

Son compagnon ne répondit pas.

Le malheureux s'était affaissé au pied de l'arbre.

— Mais, mon Dieu ! je crois qu'il se trouve mal ! murmura Jacques, chez qui une révolution morale venait de se produire immédiatement.

Oui, chose étrange, Vernier avait oublié ses craintes, sa terrible résolution de se débarrasser du jeune homme.

Ce cœur farouche s'était subitement fondu à la vue de cette nouvelle infortune.

Il se précipita vers l'enfant.

Celui-ci était glacé et paraissait inanimé.

Il l'appela ; il chercha à le secouer, à le réchauffer entre ses bras ; il lui releva la tête. Il fut effrayé de la pâleur de son visage. Pas un souffle ne sortait de ses lèvres décolorées.

Que faire ?

Il n'avait sur lui ni réactif ni cordial pour le ranimer.

Une idée lui vint.

En face, il devait y avoir un café ou une maison garnie.

Il n'y avait que cela sur tout le parcours du boulevard.

Prendre le jeune homme entre ses bras, l'emporter et frapper au premier hôtel venu, voilà ce qu'il y avait à faire.

Là il aurait immédiatement du secours, et il y trouverait du feu pour réchauffer les membres engourdis de son compagnon, un bon verre de vin chaud pour ramener le prompt mouvement du sang dans les veines, un bon lit pour l'y faire reposer.

Il se releva pour prendre ce fardeau devenu cher, pour chercher à rendre une seconde fois la vie à celui que, deux minutes auparavant, il avait l'intention d'assassiner.

Il n'était pas encore debout, que ses yeux épouvantés aperçurent, immobiles et observant à côté de lui, deux agents de la police de nuit, dont il aperçut briller les yeux inquisiteurs sous le capuchon de leur caban.

Jacques poussa un cri rauque.

— Il paraît que nous vous dérangeons ? dit en ricanant un des agents.

Jacques jugea la situation d'un coup d'œil.

Jamais il n'avait été plus près de sa perte.

Celui qui était là à ses pieds pouvait seul le sauver.

Il fallait donc dire tout ce qui lui était arrivé : comment il avait sauvé cet enfant, comment ils avaient passé deux heures dans une cabine, dans une barque, sur le canal de la Villette ; comment il amenait chez lui le noyé, et comment enfin l'émotion de l'accident, ses vêtements mouillés, le froid de la température avaient glacé ses membres et provoqué un évanouissement.

Jacques raconta tout cela brièvement, avec conviction, comme tout cela était réellement arrivé.

— Et que faisiez-vous à cette heure sur les bords du canal ? Vous n'attendiez pas l'omnibus, j'espère ? dit un des agents.

— Ma foi, répondit notre homme, je revenais de chez un de mes amis qui habite rue de Flandres. Nous avions un peu trop fêté la fin de l'année ; j'étais un peu pris de vin et je me suis égaré. Je maudissais intérieurement le guignon qui faisait que tout tournait autour de moi ; je me consolais pourtant en songeant que ma maison passerait peut-être, puisque tout avait l'air de marcher, lorsque j'ai entendu des cris, le bruit d'une lutte, et le son mat d'un homme qui tombe à l'eau. Cela m'a dégrisé. J'ai sauvé ce pauvre garçon qui me semble au plus mal. Chez moi, il aurait trouvé tout ce qui lui est nécessaire pour se remettre ;

mais la force lui a manqué. Si nous ne nous dépêchons pas, je crois bien qu'il va rendre l'âme avant de recevoir aucun secours.

Les deux agents se regardèrent ; l'accent de leur interlocuteur paraissait plein de franchise et de conviction.

— Nous allons vous aider à conduire ce jeune homme au plus prochain hôtel, dit l'un d'eux en se baissant... Tiens ! tiens ! tiens ! continua-t-il en examinant un objet brillant qu'il venait de ramasser à terre, qu'est-ce que c'est donc que ce joujou-là ?

Il venait de mettre la main sur le long et large couteau tout ouvert que Jacques Vernier avait laissé tomber en courant au secours du jeune homme.

C'était le couteau qui avait troué la poitrine de Gossard dit le Chanteur et de la Faucheuse, sa maîtresse.

Ce même couteau tout grand ouvert, et qui devait tantôt être plongé dans le cœur du jeune garçon étendu là au pied de l'arbre.

Jacques se sentit comme subitement écrasé du coup.

La stupeur le rendit muet et la peur livide.

— Mon bonhomme, reprit l'agent, qui vit le trouble et l'effroi peints sur le visage de Vernier, je crois que vous voilà pincé. Je vous prenais d'abord pour un *barbotteur de campagne* (voleur de nuit), et ce surin tout ouvert me porte à croire que nous avons mis la main sur un escarpe. Allons, en route ! mon camarade portera ce jeune homme au poste.

Et l'agent de police saisit vivement le bras de Jacques.

Un poste de police était à une centaine de pas.

On s'y rendit.

Jacques ne dit mot tout le long de la route.

Il se croyait perdu.

Un miracle pouvait le sauver.

Son jeune compagnon fut étendu sur un lit de camp du poste, près d'un poêle tout rouge. On lui fit avaler un verre d'eau-de-vie.

Il revint à lui.

— Comment vous nommez-vous, jeune

homme? lui demanda l'agent qui l'avait amené.

— André.

— André quoi?

— André tout court.

— Où êtes-vous né?

— Hélas! monsieur, je n'en sais rien.

— Comment! vous n'en savez rien? s'écria l'agent stupéfait.

— Oui, monsieur. De pauvres gens m'ont trouvé il y a dix-huit ans abandonné au bord d'un fossé, sur la grande route, près du hameau d'Ermenonville, et non loin de la forêt d'Armainvilliers. C'étaient de braves maraîchers; ils m'ont recueilli et, comme ils n'avaient pas d'enfants, ils m'ont élevé et aimé comme si j'étais leur propre fils.

A ces mots, la voix du jeune homme s'émut; ses yeux se remplirent de larmes.

L'agent sentit lui-même ses yeux se mouiller.

— Vous avez pourtant quitté vos parents adoptifs?

— Hélas! ce sont eux qui m'ont quitté.

— Quoi! ils n'ont plus voulu vous garder?

— Ils sont morts! protesta l'enfant.

— Pauvre garçon! fit l'agent. Et vous voilà venu à Paris?

— Oui, monsieur, depuis hier.

— Où demeurez-vous?

— Je vous jure que je l'ignore.

— Ah! bah!

— Oh! c'est tout simple. Je suis descendu dans un hôtel garni du côté du quartier de la Villette. J'ai oublié le nom de la rue et celui de la maison garnie. Ce soir, j'étais sorti; je n'ai pu regagner mon logis; je me suis perdu parmi des rues inextricables; je suis tombé dans un lieu désert, au bord d'un canal. Deux hommes m'ont assailli; ils m'ont tout pris et puis m'ont jeté à l'eau.

— Eh bien, rassurez-vous; nous avons ici un de vos assassins.

— Vraiment! fit le jeune garçon avec joie: Ah! Dieu soit loué! il doit avoir sur lui le portrait de ma mère.

On fit sortir un individu qu'on avait enfermé dans le violon du poste.

— Reconnaissez-vous cet homme? lui demanda l'agent.

— Lui! s'écria André; c'est mon sauveur!

Et il s'élança vers Jacques Vernier; car c'était lui.

Il lui prit les mains qu'il pressa avec effusion et en manifestant l'affection et la reconnaissance la plus vive.

L'agent vit bien que le récit de Jacques était sincère.

Pourtant, la présence du couteau tout ouvert à côté du jeune homme évanoui lui laissait dans l'esprit encore quelques soupçons.

Il voulut les éclaircir.

— Que faisiez-vous donc sur le boulevard de la Chapelle, à trois heures du matin? demanda-t-il à André.

— Après nous être quelque temps réchauffés dans la cabine d'un bateau, mon sauveur me reconduisait chez lui; nous étions encore tout trempés. Le froid m'a saisi; je me suis laissé aller au pied d'un arbre. Il paraît que je me suis évanoui.

— Mais cet homme avait près de lui un couteau tout ouvert.

— Oh! je sais; nous avions peur des mauvaises rencontres et M. Jacques avait tiré ce grand couteau de sa poche.

Tout était expliqué!

Et comme on ne connaissait pas encore le crime commis la nuit même dans l'impasse où nous avons conduit le lecteur, et l'eût-on connu, comme rien n'accusait Jacques Vernier, on le relâcha après lui avoir offert de se réchauffer et de se sécher au poêle du poste.

Mais Jacques redoutait l'œil de la police ou quelque incident qui vint de nouveau compromettre sa liberté!

Il préféra partir immédiatement.

Un fiacre attardé rentrait par hasard à l'un des dépôts de la Compagnie générale.

Jacques offrit cinq francs de la course et se fit ramener, lui et son jeune compagnon, à son domicile, rue du Faubourg-Saint-Denis, dans le passage de l'Industrie.

Il était cinq heures et demie, lorsqu'il arriva à la grille du passage.

Vous pleurez, Mademoiselle, lui dit André.

Comme il allait la franchir, un individu traversa la rue en trois enjambées et courut vers lui.

— Morbleu ! lui dit l'inconnu, voilà cinq heures que j'attends. Il paraît que vous aimez à rentrer tard.

— Que voulez-vous ? lui demanda Jacques d'une voix altérée.

— Oh ! peu de chose. Vous remettre ceci.

Et il tendit une lettre à Vernier.

— Quoi, ce pli ! fit Jacques étonné.

— C'est tout ; on m'avait ordonné de ne pas quitter la place sans vous avoir vu et vous avoir remis au moins ce billet. Il paraît que c'est sérieux, ça vous intrigue, hein ! Mais modérez les élans de votre cœur ; ce n'est pas un billet doux. Bonsoir ! je vais me coucher.

Et l'individu disparut du côté de la rue de l'Échiquier.

Jacques était demeuré un moment surpris, presque interdit.

Une secrète appréhension lui serrait le cœur.

— Montons vite, dit-il enfin à André. —

Ils entrèrent dans le passage, gagnèrent une des maisons à gauche et montèrent cinq étages.

Jacques ouvrit doucement une porte, en recommandant à André de ne pas faire de bruit. Il prit le jeune homme par la main et le guida vers une petite pièce où ils pénétrèrent.

Vernier s'empressa d'allumer une lampe.

Comme sa main se hâtait, dans son agitation fébrile, il manqua plusieurs allumettes dont le phosphore, trop violemment frotté, jaillit loin de lui sans communiquer de flamme au mince brin de bois.

Enfin il put avoir du feu.

Il déplia aussitôt la lettre qu'on lui avait remise.

Son regard se jeta avidement sur les lignes qui s'y trouvaient tracées.

Un cri rauque partit soudain de sa poitrine.

Il tomba comme foudroyé.

## VIII

### LA FILLE AUX CHEVEUX D'OR

Au bruit de la chute de son père, Élisa était accourue.

En voyant Jacques Vernier étendu par terre, livide, immobile, près de lui un étranger, un inconnu, la pauvre enfant, qui venait d'être subitement arrachée au sommeil, folle, à demi vêtue, se mit à pousser des cris déchirants.

Ces cris tirèrent Jacques de son affaissement.

Il se dressa sur son séant, jeta autour de lui un œil hagard.

— Qu'y a-t-il donc? fit-il d'une voix sourde.

Puis, sentant dans sa main crispée la lettre qu'on lui avait remise, il se rappela.

D'un bond il fut debout et saisissant sa fille par le bras:

— Te tairas-tu, malheureuse! lui commanda-t-il d'un ton de fureur et d'effroi.

Élisa demeura bouche béante et recula de quelques pas.

Jamais elle n'avait vu son père dans un pareil état.

— Au nom du ciel, qu'avez-vous? fit-elle avec frayeur.

— Ce n'est rien; mai ne vas-tu pas réveiller toute la maison pour un moment de fatigue et de faiblesse! Allons, habille-toi et fais-nous du feu.

Élisa rentra dans sa chambre où elle se hâta de passer une robe.

Une minute après elle revint faire flamber joyeusement la cheminée tout en regardant, avec une curiosité mêlée d'inquiétude, son père soucieux et le jeune étranger au doux visage et aux grands yeux étonnés.

— Approchez-vous du feu, monsieur, dit-elle à André avec sa petite voix engageante.

André sourit à la jeune fille et prit une chaise à côté du foyer.

— Il fait bon se chauffer, reprit Élisa; il fait si froid. Mais mon Dieu, vous êtes tout mouillé! s'écria-t-elle en voyant les vêtements de l'étranger collés sur ses membres; et mon père aussi. Vous avez donc couru toute la nuit sous la pluie?

André raconta à Élisa les diverses péripéties de sa noyade, le dévouement de Jacques Vernier, leur aventure au poste de police.

— Vous le voyez, Mademoiselle, acheva-t-il, je dois la vie à votre père.

— Eh bien! il faudra alors que je sois votre petite sœur, fit en riant Elisa qui tendit ses deux jolies mains à André.

La fille de Jacques avait, on le voit, été profondément émue du récit qu'elle venait d'écouter.

André avait dix-huit ans. Aux grâces de l'adolescence il joignait une beauté, une distinction natives. Son regard était clair et doux, sa voix sympathique. Il y avait en lui ce charme communicatif qui se dégage de l'honnêteté, du cœur, de l'intelligence.

Elisa éprouva immédiatement pour lui un sentiment que les circonstances lui permettaient de rendre tout fraternel.

Si la veille elle n'eût pas connu Octave Cléry, peut-être ce sentiment eût-il été plus tendre.

Il y a des fatalités dans la vie.

Elisa, en aimant tout de suite André, son-

...ea au beau jeune homme qu'elle avait rencontré sur le boulevard.

Elle s'avoua l'amour qu'elle avait conçu pour lui ; et, circonstance bizarre, elle éprouva comme un regret.

Son cœur n'était plus libre.

Et elle sentait qu'il lui aurait été si doux, si aisé, si bon d'aimer ce charmant garçon si bien de son âge et qui paraissait de sa condition. Tout pouvait s'arranger si facilement. Pas d'obstacle à prévoir, pas de luttes, pas d'entraves. Un bonheur, préparé tout à coup par le hasard, était là, près d'elle, facile, durable, installé chez elle comme une fleur éclose sous ses pas.

Et elle n'était plus maîtresse d'en jouir.

Son âme n'analysa pas toutes ces idées ; mais elle en eut vaguement conscience.

Car, avec Octave, elle entrevoyait bien toutes les impossibilités qui allaient surgir.

Un regard lui avait dit qu'elle était aimée ; une femme sait lire tant de choses dans un regard.

Mais Octave paraissait très-riche. Il était d'un monde dont elle n'avait jamais osé envier la fière opulence. Elle se sentait bien loin de lui.

Et pourtant elle l'aimait ! elle l'aimait inexorablement.

Et elle avait le pressentiment de tous les déboires, de toutes les douleurs, de tous les déchirements qui l'attendaient dans cet amour sans issue ; car elle n'entrevoyait pas d'autre dénoûment, elle, âme chaste et naïve, que dans une sainte et légitime union.

Toutes ces pensées, à la fois douces et amères, assaillirent en même temps son imagination.

Une larme vint au bord de ses paupières.

— Vous pleurez, Mademoiselle, lui dit André d'une voix douce et tendre, en lui prenant la main.

— Oui, je pleure... au souvenir du danger que vous avez couru, mon père et vous.

C'était la première fois de sa vie qu'elle mentait.

— Vous ne le croirez peut-être pas ?

C'était aussi la première fois de sa vie qu'André se sentait complétement heureux.

C'est après les grandes peines que les satisfactions nous paraissent plus douces.

Et certes, durant toute cette nuit, le pauvre garçon avait été rudement éprouvé.

Égaré, dépouillé, noyé, transi, il avait parcouru la gamme de toutes les douleurs physiques.

Et le voilà maintenant chez des braves gens, près d'un feu bien flambant à côté d'une table sur laquelle Jacques a posé quelques bonnes provisions, tenant dans ses mains les mains d'une suave enfant, qui déjà lui dit mon frère, à lui qui n'a pas de famille ; certes il y a là de quoi se sentir heureux, bien heureux !

Et, lui aussi, il fut ému ; il eut des larmes plein les yeux et son cœur se gonfla.

Vous avez quelquefois pleuré de joie ! comme c'est bon !

André sentit un immense élan dans son cœur et il pressa plus énergiquement les mains d'Elisa.

Celle-ci regarda André, et son regard troublé rencontra le regard transporté du jeune homme.

Elle sentit une peine aiguë au cœur et elle retira avec effroi ses deux mains.

— Mon Dieu ! s'il allait m'aimer ! fit-elle avec une douloureuse crainte.

Jacques n'avait pas vu ce dernier mouvement de sa fille.

Un instant il avait contemplé Elisa et André, la main dans la main, se souriant l'un à l'autre !

— Allons ! avait-il dit, il paraît que j'ai deux enfants maintenant.

— Moi, votre fils ! fit le jeune homme avec un trouble croissant.

— N'ai-je pas un peu le droit de me dire votre père ?

— Ah ! plus que mon père, puisque c'est au péril de vos jours que vous m'avez rendu à la vie.

— Eh bien ! embrassez-moi, enfant, et embrassez votre sœur.

Jacques avait besoin du baiser de ce jeune homme.

C'était comme le pardon, comme l'absolution qu'il cherchait de la funeste pensée qu'il avait eue un instant, sur le boulevard de la Chapelle.

Quant à Elisa, en sentant sur sa joue les lèvres d'André, sur son cœur, son cœur chaud et généreux, elle pâlit et demeura, l'âme navrée, comme une statue.

Elle sentit qu'André l'aimait déjà de toute son âme.

Elle sentit qu'elle ne pourrait jamais avoir pour lui qu'une affection de sœur.

Elle sentit enfin tout ce qu'elle perdait.

Ce fut comme une nuit qui se faisait soudainement dans son âme et qui lui révélait un sombre avenir.

André reçut comme un coup de poignard dans la poitrine.

La subite froideur d'Elisa l'avait frappé au cœur.

Mais on se fait si vite illusion à dix-huit ans.

Il n'y avait pas encore une heure qu'Elisa le connaissait.

Pouvait-elle se jeter ardemment dans ses bras.

Ce n'était là que la réserve, l'embarras, la retenue d'une jeune fille.

Qu'était-il encore pour elle ?

Le bienvenu sans doute, puisqu'elle l'avait appelé *mon frère*.

N'était-ce pas déjà beaucoup ?

Plus tard elle l'aimerait.

A dix-huit ans on ne doute de rien ; toutes les femmes vous appartiennent.

André jeta donc un défi à l'avenir et l'envisagea avec un sourire.

Il était six heures. On frappa à la porte.

Jacques bondit sur sa chaise ; son sourcil se fronça ; il eut un éclair sombre dans les yeux.

— Petit père, c'est Henriette qui vient me prendre pour aller à l'atelier.

Et elle alla ouvrir. Une jeune fille fit irruption dans la chambre.

Elle était blanche, souriante, pétulante, agaçante.

A peine si elle avait seize ans ; et déjà elle avait dans la démarche une assurance et sur ses traits un petit air d'effronterie qui lui allaient à ravir.

Et pour couronner tout cela les plus beaux cheveux d'or qu'on ait admirés il y a deux ans, époque à laquelle cette couleur était de mode. Ils chatoyaient au soleil. Pour alléger la masse opulente du chignon, Henriette en laissait pendre deux énormes torsades sur son cou.

— Bonjour, bichette, bonjour ma Pâquerette, fit-elle en embrassant Elisa ; bonjour père Vernier, continua-t-elle en allant tendre son front mutin aux lèvres de Jacques.

— Ah ! te voilà espiègle ! tu es donc matinale aujourd'hui ?

— Cette malice ! Je ne me suis pas couchée.

— Et qu'as-tu fait, garnement ?

— Je me suis promenée d'abord tout le long, tout le long des boulevards, tant qu'il y a eu du monde. Oh ! que de jolies choses j'ai vues !

— Et puis ?

— Et puis, tiens ! j'ai rêvé à ces jolies choses ! Et dire que personne ne m'en donnera. C'est pourtant le jour des étrennes, aujourd'hui. Tiens ! mais, c'est le premier de l'an aujourd'hui. Et je ne vous ai pas souhaité la bonne année. Je vous la souhaite bonne et heureuse, père Vernier.

Et la mutine jeune fille s'élança au cou de Jacques.

Elle s'arrêta interdite.

Elle venait d'apercevoir André.

— Eh bien ! dit Jacques, est-ce que la vue de ce garçon-là t'intimide ? C'est mon fils, je te le présente.

— Votre fils ? Le frère d'Elisa ? Eh bien, je puis l'embrasser aussi, il est assez joli garçon pour cela.

Et Henriette tendit résolûment sa joue aux lèvres d'André.

Celui-ci y déposa deux baisers de bonne amitié.

— Sais-tu qu'il est gentil, ton frère ! dit tout bas Henriette à Elisa.

— Eh bien, tâche de t'en faire aimer ; j'en

serais bien heureuse, fit Elisa avec conviction.

— Que je tâche! fit avec une moue pleine d'impertinence la fille aux cheveux d'or. Mais je ne tâche jamais, ma biche!

Et elle prit des airs triomphants qui prouvaient qu'elle connaissait toute sa beauté et qu'elle en avait déjà essayé la puissance.

— Ah! çà mais, est-ce que vous travaillez aujourd'hui? demanda le père d'Elisa.

— Mais non, fit celle-ci; un premier jour de l'an. Ah! bien! j'ai de la chance, fit Henriette, pour un jour que je me lève de bonne heure!...

— Ta matinée ne sera pas perdue, dit Jacques. Nous allons déjeuner ici tous les quatre; et puis nous sortirons et je vous paye à tous des étrennes.

— Bravo! fit Henriette.

— Et nous dînerons ce soir au restaurant.

— Quel bonheur! fit encore la fille aux cheveux d'or, et frappant des mains pour exprimer sa joie. Dites donc, père Vernier, vous demanderez des crevettes, hein!

Vers dix heures, la joyeuse famille se mit bruyamment à table.

Le déjeuner était simple, mais abondant. On y fit honneur du meilleur cœur du monde.

Henriette avait mis sa plus charmante toilette; elle était jolie comme un démon.

Elisa, avec sa robe neuve, son chapeau tout frais, était ravissante comme un premier jour de printemps.

André s'était acheté dans la matinée des vêtements convenables. Il avait fort bonne mine et Henriette lui décochait force œillades.

Pour lui faire pièce de ce qu'il ne les remarquait pas assez, la mutine enfant, au moment de sortir, s'en alla prendre le bras du père d'Elisa.

Mais celle-ci la força d'accepter celui d'André.

On allait sortir, lorsqu'un domestique en livrée se présenta chez Vernier.

Il était porteur d'un petit billet cacheté.

Jacques pâlit affreusement; il songea à la lettre, lettre terrible que la nuit même il avait reçue de la main d'un inconnu.

Celle-ci pourtant était adressée à sa fille.

Il se remit de son trouble et lut:

« Mademoiselle,

« On m'a assuré que vous êtes une très-
« habile ouvrière. Il est arrivé un accident à
« un voile d'un grand prix, que je désire faire
« immédiatement réparer. Veuillez suivre
« mon domestique. Je sais qu'il est désa-
« gréable de travailler aujourd'hui. Mais je
« saurai largement reconnaître le sacrifice
« que je vous demande. Comme je dois prêter
« mon concours ce soir dans un concert à la
« salle Herz, voici des billets d'entrée pour
« votre famille qui pourra vous rejoindre dans
« la soirée.

« Je compte sur votre obligeance.

FÉLICIA GORGOZZA. »

Félicia Gorgozza! la chanteuse italienne.

Cette femme, éprise d'un ardent amour pour Octave Cléry, avait-elle découvert celle qu'aimait le jeune homme.

Nous avons entendu ses sourdes menaces contre sa rivale inconnue.

Etait-ce le hasard qui allait mettre en contact la frêle enfant et la tigresse blessée?

IX

DÉCEPTION

Félicia Gorgozza habitait, avenue de la Grande-Armée, un hôtel somptueux où la grande artiste avait prodigué des merveilles d'art et de goût.

Il était dix heures du matin.

À cette heure la plupart des jolies femmes sont encore plongées dans un sommeil réparateur.

Quelques-unes ébauchent à peine leur toilette du matin.

Félicia était levée, belle, fraîche, superbe.

Elle était dans un boudoir tendu de satin ponceau.

Cette couleur relevait singulièrement l'éclat de sa physionomie et lui prêtait un mordant irrésistible.

Grâce à cette teinte vive dont elle recevait le reflet, la brune jeune femme avait pu s'envelopper d'un peignoir de satin blanc orné de riches dentelles, qui formaient autour d'elle comme de légers nuages blancs.

Là peau d'un brun terne ne résiste pas au fâcheux effet du blanc éclatant qui tue un visage.

Mais Gorgozza avait en quelque sorte sur ses traits des tons lumineux et brillants, que rien ne pouvait éteindre.

Il y a de ces natures de femmes dont la peau tamise la lumière de leur âme, comme l'albâtre laisse transparaître la flamme qu'il couvre.

Félicia Gorgozza lisait.

Quoi ?

Vous allez rire.

Un livre sur l'émancipation de la femme.

Elle jeta l'ouvrage, haussa les épaules et sourit.

On sonna.

Félicia tressaillit, une vive rougeur colora ses pommettes et ses joues.

Son regard eut un éclat fiévreux.

Qui attendait-elle ?

Sa femme de chambre frappa discrètement, entrebâilla la porte du boudoir et glissa un nom.

— Léopold Naudier, dit-elle.

Le peintre que nous avons vu hier.

Le regard de la Gorgozza perdit son feu étrange; ses pommettes se décolorèrent; son sein ému devint calme.

Elle amena pourtant sur ses lèvres un bienveillant sourire.

— Dites à M. Naudier que je suis un peu souffrante; mais que cependant il peut entrer, répondit Félicia à sa femme de chambre.

Le peintre comprit qu'on ne lui accordait que quelques courts instants.

— Comment faites-vous pour être malade avec un teint si délicatement frais ? fit Naudier en baisant le bout des doigts roses de la chanteuse; si je ne sentais pas de la fièvre dans votre main, je ne croirais pas à votre souffrance.

— C'est que l'âme seule est malade.

— Un ami est le médecin de ces maladies-là.

— Non, ce n'est pas un ami qui nous guérit.

— Qui donc ?

— Le temps.

Naudier eut un triste sourire.

Ce sourire voulait exprimer qu'il est des blessures constamment saignantes.

— Vous lisiez ? reprit le peintre après un muet soupir.

— Oui, un ouvrage sur l'émancipation de la femme.

— Ah ! bah ! vraiment ?

— N'êtes-vous pas partisan des idées modernes ? Ne voulez-vous pas rendre la liberté, l'égalité à la femme, votre esclave, demanda la Félicia avec un rire à la fois ironique et amer.

— La femme, notre esclave, fit le peintre, elle la reine partout ?

— Vieux mot, mon cher.

— Vieux mot, parce qu'il a toujours été vrai. L'homme s'agite et la femme le mène.

— Ah ! et qui est-ce qui vous mène, vous, demanda la Gorgozza avec un sourire d'empressement.

On sonna de nouveau en ce moment à l'appartement de la chanteuse.

Félicia ressentit de nouveau une vive commotion et écouta avec une apparente anxiété.

Au bout d'une minute elle frappa avec impatience sur un timbre d'or placé à côté d'elle.

La femme de chambre parut.

— Qui donc a sonné ? lui demanda sa maîtresse.

— Madame, c'est le facteur qui montait vos cartes.

— C'est bien, donnez-lui deux louis, fit la chanteuse avec un mouvement de dépit et de désappointement.

La soubrette disparut.

— Vous êtes dur pour les femmes, ami ; ne sommes-nous pas vos victimes. Qui est-ce qui a perdu toutes ces jeunes filles qui, hier timides, vierges, affichent aujourd'hui effrontément une vie scandaleuse, c'est un homme qui les a précipitées là.

Naudier eut un sourire de doute.

— Voulez-vous que je vous dise comment succombent les femmes ?

— Vous en avez donc perdu beaucoup ? fit la Gorgozza avec une légère teinte de moquerie

— Non, mais j'en ai vu beaucoup se perdre, beaucoup par curiosité, d'autres par vanité ; celles-là par une perversité innée ou précoce ; celles-ci par coquetterie, d'autres par caprice, quelques-unes par indifférence...

— Mais par amour ?

— Rarement.

— Vous dites cela parce qu'une femme vous a trompé.

— Parbleu !

— Trompé, une seule fois ?

— Oui.

— Eh bien alors ?

— Parce que je ne pouvais plus l'être.

Un coup de sonnette interrompit de nouveau cette conversation.

Cette fois Félicia devint très-pâle.

Elle se tut.

Elle écouta.

Tout son sang afflua au cœur.

Deux minutes s'écoulèrent.

Deux siècles.

Après s'être annoncée, la femme de chambre reparut.

Un regard anxieux de la Gorgozza l'interrogea avidement.

— Madame, c'est Antoine qui rentre.

— Ah ! fit la chanteuse qui poussa un petit cri étouffé.

— Avec cette jeune fille, continua la soubrette.

Félicia, qui était blanche comme le satin de sa robe, devint tout à coup rouge comme la tenture de son boudoir.

Elle se leva vivement.

Naudier allait se retirer.

— Il y a aussi une autre personne, dit la soubrette avec une sorte d'embarras.

Le sang qui s'était porté tumultueusement aux joues de la chanteuse, les abandonna aussitôt.

— C'est lui ! murmura-t-elle en se laissant tomber sur un siège, c'est Octave Cléry.

Puis tout à coup une idée parut la frapper et l'effrayer.

— Sotte que je suis, fit-elle tout bas, ils sont là peut-être ensemble.

Puis, s'adressant à la servante :

— Où avez-vous laissé cette jeune fille ? demanda-t-elle vivement.

— Dans l'antichambre.

— Mais ce monsieur ?

— Il est dans le deuxième salon.

— Introduisez-le donc.

La jeune soubrette sortit.

— Ami, dit la Gorgozza à Naudier en lui tendant sa main frémissante d'impatience, venez donc demain me conter l'histoire de cette fourberie féminine dont vous avez été victime.

Et de l'autre main elle ouvrait la porte d'un petit escalier dérobé.

— Oh ! vous la connaissez, dit le peintre avec une gaieté forcée et en faisant mine de sortir. Tenez, tandis qu'il s'enfuyait un peu lentement par une petite issue secrète, semblable à celle que vous venez de m'ouvrir, j'entrais, moi, précipitamment par la grande porte. Que voulez-vous, il partait avec regret et j'avais tant d'ardeur à venir. C'est ce qui nous a perdus, voilà mon histoire.

Il s'inclina, baisa les doigts brûlants de Félicia et disparut.

Un homme se présenta alors sur le seuil du boudoir.

La Gorgozza s'élança vers lui.

Elle poussa un cri et s'arrêta pétrifiée.

Ce n'était pas celui qu'elle attendait.

Ce n'était pas Octave Cléry.

— Lord Wigmore ! murmura-t-elle avec une sorte de stupeur et de furieux désappointement.

Lord Wigmore fit un salut onctueux, mit un galant sourire sur ses lèvres et releva le front avec le sans-façon d'un grand seigneur ou l'aplomb d'un chevalier d'industrie.

X

L'AUXILIAIRE.

La Gorgozza accueillit lord Wigmore avec un visible dépit.

Le faux Anglais ne se laissa pas démonter par cette froide réception.

— Belle diva, fit-il avec une galanterie affectée, aujourd'hui la porte d'une jolie femme est ouverte de bonne heure à tous ses amis. Voilà pourquoi vous me voyez chez vous si matin.

— Soyez le bienvenu, milord, répondit Félicia, vous me voyez souffrante et me trouverez maussade.

— Souffrante, avec ce teint où les fleurs semblent naître ! Maussade, lorsque votre vue seule suffit pour éclairer l'âme la plus sombre.

Ce compliment ampoulé fit faire un mouvement d'impatience à la jeune femme.

— J'étais pourtant décidée à ne recevoir personne, milord.

— Cela aurait été de la cruauté. Priver vos amis du regard, du sourire qu'ils viennent implorer chaque jour. Quant à moi, j'en aurais été désolé.

— Je sais, milord, que vous êtes un de mes ardents admirateurs.

— J'ai eu le bonheur, incomparable diva, de vous applaudir, à Naples, à Rome, à Milan. Depuis que je vous ai entendue, je me suis mis au nombre de vos fanatiques.

— Milord !...

— Oh ! croyez-moi, Félicia ; je suis à vous tout entier. Mais que suis-je pour vous ? Mon suffrage, mes applaudissements se perdent dans le fracas de ceux qu'on vous prodigue. Je ne suis rien pour votre gloire.

Lord Wigmore se rapprocha de la chanteuse.

— Ce que vous ignorez et qui va vous surprendre, reprit-il, c'est que je puis quelque chose pour votre bonheur.

La Gorgozza, à ces derniers mots, releva la tête avec surprise et regarda lord Wigmore avec attention.

Celui-ci avait un demi-sourire sur les lèvres.

— Que veut-il dire par ces paroles ? pensa la chanteuse.

— Vous aimez, Gorgozza, fit l'Anglais d'une voix dans laquelle il mit l'expression d'un tendre intérêt.

La chanteuse devint pourpre.

— Je ne vous ai pas permis de scruter ma pensée, milord, dit la Gorgozza d'un ton plein de hauteur.

— Un ami a des droits...

— Quand on les lui accorde.

— Qu'il prend.

— Milord.

— Voyons, Gorgozza, vous vous fâchez !... Je croyais, moi, qu'il était doux de verser des confidences dans un cœur dévoué ! Vous êtes souffrante, c'est que votre cœur a des peines... Dites-moi vos chagrins... ou plutôt non... laissez-moi vous les dire. Je voudrais que mes paroles fussent un baume pour la blessure de votre âme. Ah ! Gorgozza, si j'étais aimé moi, comme est aimé... Octave Cléry, je ne serais certes pas allé égarer ma fantaisie dans un amour de petite ouvrière.

Félicia, d'abord pâle et interdite, se dressa enfin pâle et courroucée.

D'un geste énergique elle montra à lord Wigmore la porte de son boudoir.

Le faux Anglais ne sourcilla pas.

Il demeura cloué sur son siége, fixant un regard de pitié sur la jeune femme dont l'agitation bouleversait les traits.

— Remettez-vous, Félicia, supplia-t-il d'une voix doucereuse.

La Gorgozza accueillit lord Wigmore avec un visible dépit.

Mais la Gorgozza sentait croître son indignation.

Elle lança à lord Wigmore un coup d'œil foudroyant, et frappa violemment sur le timbre d'or placé à côté d'elle.

Lord Wigmore se leva avec la plus grande tranquillité.

— Vous sonnez pour me faire reconduire, dit-il; je vous quitte, j'avais bien des confidences à vous faire. Ah! vous repoussez un ami qui venait vous prévenir qu'Octave Cléry paraît fort épris de la petite Pâquerette que je viens de rencontrer là dans votre antichambre; songez donc, il a passé la nuit à errer sous les fenêtres de la jolie enfant... car elle est fort jolie... Ils s'aimeront... Pourtant si vous aviez voulu... Vous ne savez pas que le père de cette enfant est à moi... corps et âme. Que je le tiens là, dans ma main... une main de fer...

Vous refusez mon concours, Gorgozza? Tant pis pour vous.

La femme de chambre ouvrit la porte du boudoir.

Lord Wigmore fit un profond salut.

— Je n'y suis pour personne, dit la Gorgozza à la soubrette; asseyez-vous donc, milord, invita gracieusement la chanteuse.

La servante s'éloigna.

Il y eut quelques secondes de silence.

Le regard de la Gorgozza était fixé sur lord Wigmore qui avait l'air de se recueillir et de sourire à sa pensée.

— J'ai une petite histoire à vous raconter, fit-il enfin.

— J'écoute, dit impatiemment Félicia, dont l'œil s'alluma d'avide curiosité.

— C'est une idylle, une idylle charmante, en plein Paris, chose rare. Il y manque le cadre nécessaire à ce genre simple et tendre, c'est-à-dire un horizon agreste, une scène champêtre; mais il y a le berger et la bergère qui, s'ils n'ont pas de houlette fleurie, ont les plus naïfs sentiments et les pensées les plus ingénues. La fillette est neuve en effet; songez, quinze ans! et jolie comme un petit ange du ciel. Cela vous fâche! n'êtes-vous pas belle... comme un démon! Mais le garçon? un ex-gandin converti au parfait amour. A part cela, beau, élégant, chevaleresque, à dompter le cœur de la femme la plus sûre d'elle-même.

Félicia se mordit les lèvres.

— Est-ce que ce petit récit vous intéresse? demanda le faux Anglais.

— Beaucoup.

— Je puis donc continuer?

— Je vous en prie.

— Il était un peu plus de minuit, nous venions de souper; c'était hier. Vous connaissez les convives; ils avaient l'honneur de vous posséder parmi eux. Octave Cléry nous avait annoncé une nouvelle qui avait fait rire tous ses amis, excepté vous, Félicia. Octave nous annonçait qu'il ne pouvait plus faire partie de notre société d'hommes forts. Il aime, le pauvre enfant! Et où aime-t-il? rue du Faubourg-Saint-Denis, comprenez-vous cela, vous? Hier donc, notre amoureux, comme le plus novice des amants, est allé soupirer sous les fenêtres de sa belle.

— C'est là votre idylle? fit Gorgozza d'un ton ironique.

— Comment la trouvez-vous?

— Insipide.

— Ah! bah!

— Puisque je la connais.

— Oui, je sais; on a reconnu Antoine, votre valet, sur les pas d'Octave. Mais Antoine, à qui vous avez donné ordre d'épier le jeune Cléry, est parti trop tôt.

— Que voulez-vous dire?

— Octave soupirait donc rue du Faubourg-Saint-Denis; la belle a entendu les soupirs de son amant, bien qu'elle habite au cinquième étage. Elle a eu pitié de sa solitude. Elle est descendue. Si vous les aviez vus en ce moment! Elle troublée et interdite; lui hésitant.

Il était pourtant très-roué ce garçon-là; comme l'amour rend bête! Enfin, il s'est approché, il a balbutié quelques mots très-insignifiants qui ont pourtant fait rougir la petite Lisa Pâquerette... Elle s'appelle Lisa Pâquerette! Le saviez-vous? Quand je vous disais que c'était une idylle... Enfin il lui a pris la main... une main presque aussi petite que la vôtre... moins blanche par exemple. Elle tremblait comme l'aile d'un oiseau et son cœur battait! Octave souriait de bonheur. Ils ont remonté la rue. Pas une âme qui pût les gêner. Ce qu'ils se sont dit, je vous le laisse à penser. Toutes ces choses fraîches, lumineuses, adorables, qui éclosent dans le cœur des adolescents sous le soleil de l'amour. Vous en auriez été émue! Je vois même que vous l'êtes; car votre main frémit, Gorgozza, et vous êtes pâle.

— Votre conte est-il fini? dit la chanteuse d'une voix stridente.

— Oh! presque fini; deux mots encore. Les deux amants, avant de se séparer, se sont liés par un tendre serment. Elle a juré qu'elle mourrait plutôt que de l'oublier jamais; et, lui, lui a engagé sa foi, en prenant pour témoin sa mère qui est au ciel. Il y avait deux heures qu'ils se disaient je t'aime, sur tous les tons, lorsqu'ils se sont séparés sans s'apercevoir qu'il faisait un froid glacial, qu'il pleuvait et qu'ils étaient trempés jusqu'aux os. Mais Octave paraissait avoir besoin de cette pluie, car, en s'éloignant à regret, il tendait à l'ondée son front brûlant.

— Est-ce tout? demanda la Gorgozza avec un calme apparent.

— Vous trouvez que ce n'est pas assez? demanda lord Wigmore avec un sourire ironique.

— Ce n'est pas tout du moins.

— Ah!

— Cette Lisa Pâquerette.

— Eh! bien?

— Elle est ici.

— Je l'ai rencontrée, en effet, dans votre antichambre.

— Et M. Cléry...

— M. Cléry?

— Sera chez moi dans un quart d'heure.

— Oh ! oh !

— Cela vous surprend ?

— Je ne vois pas votre but... Aimez-vous la vengeance, Gorgozza ?

— Je suis Italienne.

— Italienne... hum ! hum !

— Que voulez-vous dire ? demanda Félicia aussi surprise qu'effrayée de l'air de doute affecté par lord Wigmore.

— Je veux dire que les Italiennes ne sont pas seules à être vindicatives.

— C'est bien là votre pensée ? fit la chanteuse qui chercha à lire sur la physionomie impassible de son interlocuteur.

— Que vous importe, Félicia ? Sachez seulement que je connais le fond de votre cœur où vous cachez un profond ressentiment.

— Moi, milord ! protesta l'Italienne.

— Oh ! Félicia, je lis dans votre âme... comme dans la mienne.

— Ah ! vraiment ! Et que lisez-vous dans mon âme ? ricana Gorgozza.

— Deux sentiments violents, absolus, terribles.

— Vous m'effrayez.

— Un amour insensé pour ce jeune Cléry.

— Et ensuite ?

— Une haine implacable contre celle qu'il a préférée.

— Ah ! mon pauvre Wigmore, que vous savez mal lire dans les cœurs. Moi, avoir tant de haine pour une petite fille sans beauté, sans éducation, sans nom, sans fortune !

— Vous vous trompez, Félicia.

— Ah ! elle est belle.

— Comme la Vénus... pudique.

— Elle a de l'esprit, du savoir.

— Beaucoup; son père l'a élevée lui-même, comme une princesse, bien qu'elle ne soit qu'une petite ouvrière.

— Il a donc un nom, son père ?

— Un grand nom qu'il est forcé de cacher... mais qu'importe, puisqu'elle se nommera madame Cléry.

— Etes-vous fou ?

— Je ne crois pas, Madame, à moins que ce ne soit d'amour pour vous.

Félicia parut frappée de cette parole et regarda le faux Anglais.

— Venez donc vous asseoir près de moi, lui dit-elle.

Wigmore fut un peu surpris.

Félicia lui adressa un regard et un sourire dont elle savait la puissance, car son interlocuteur se sentit troublé.

La Gorgozza redoubla les éclairs de ses yeux et étoila son sourire.

Elle avait les lèvres provocantes, des dents éblouissantes.

Elle s'était renversée sur le divan où elle était assise; et cette pose accusait mieux encore les magnifiques contours de son corps.

Wigmore sentit une subite chaleur circuler dans ses veines.

Félicia lui avait fait une place près d'elle.

Il se leva et alla s'asseoir à son côté.

La chanteuse lui posa la main sur le bras.

— Vous veniez me proposer quelque chose, j'en suis sûre, lui dit-elle de sa voix à laquelle elle savait donner parfois un charme pénétrant.

— Oui, Gorgozza, répondit lord Wigmore.

— Un pacte ?

— Une alliance.

— Contre M. Cléry ?

— Si vous parvenez à le haïr.

— L'amour est frère de la haine.

— Et contre cette jeune fille ?

— Si elle est un obstacle.

— Plus redoutable que vous ne pensez.

— Mais quel intérêt avez-vous à servir mes haines et ma vengeance ?

— Ceci est mon secret, dit l'Anglais avec réserve.

— Votre secret !... mais vous connaissez les miens; ne pouvez-vous me confier le vôtre.

— Que suis-je pour vous, pour vous livrer ma vie ?

— Un allié déjà.

— Il faut être amis pour ne se rien cacher.

— Allez, milord, dit Félicia d'un ton plein de promesses, nous serons peut-être mieux que cela.

Et elle enveloppa son interlocuteur de

regards caressants qui lui bouleversaient les sens.

— Ah ! Gorgozza, soupira lord Wigmore, pourquoi faut-il que vous aimiez si ardemment M. Cléry.

— Moi, l'aimer... je le hais, je le hais de tout l'amour que j'avais pour lui...

— Pourquoi le poursuivre alors, si vous ne l'aimez plus ?

— Ne vous l'ai-je pas dit, la vengeance a ses délices et je veux faire sentir aux gens ce que je suis, ce que je peux, ce qu'ils ont perdu !

— Ah ! laissez-moi servir ces désirs de vengeance.

— J'accepte.

— Je puis agir ?

— Quand vous voudrez.

— Contre lui ?

— Contre elle d'abord.

— Ah ! fit l'Anglais avec défiance.

— Oui, elle est coupable sans le savoir... le véritable criminel, c'est lui.

— Oui, criminel de lèse-beauté, fit galamment Wigmore. Ainsi, contre elle...

— Oh ! vous avez carte blanche.

— Et M. Cléry ?

— Je désire méditer le coup qui doit le frapper, pour qu'il soit plus sûr et plus terrible.

— Lord Wigmore, triomphant, se leva et baisa amoureusement la main que lui abandonna la Gorgozza.

— Il venait ici pour me faire sa dupe, et il est mon esclave, se dit Félicia avec une joie secrète.

—Quelle femme ! quelle femme ! se murmurait dans l'esprit lord Wigmore en quittant la demeure de la chanteuse. Elle est à moi ! Un vrai démon. Il faudra me tenir sur mes gardes. Bah ! une femme blessée dans son amour est capable de tout. Son ressentiment l'aveugle. Je la mènerai où je voudrai... Ah ! elle est bien charmante !... Quels yeux ! quels bras ! quelles mains !... Oh ! oh ! mon ami Wigmore, comme tu prends feu... c'est dangereux... c'est égal, c'est une bien belle femme !

---

XI

TRISTE PÈLERINAGE.

Félicia Gorgozza avait fait dire à Octave Cléry qu'elle recevrait volontiers sa visite le matin même du 1er janvier 1861.

« J'y serai pour vous seul, » avait-elle ajouté à la fin de sa lettre.

Mais le billet de la chanteuse n'avait pas trouvé le jeune homme chez lui.

Octave était sorti de très-bonne heure, attendu qu'il n'avait pas dormi de toute la nuit.

Le croira-t-on ? Ce jeune roué, totalement transformé, s'était senti le cerveau enflammé après avoir quitté Lisa.

Deux heures avaient suffi pour le rendre l'amoureux le plus enthousiaste.

Il rentra chez lui, fuma deux ou trois cigares en évoquant des rêves aussi bleus que la fumée qui montait de ses lèvres et aussi enflammés que le foyer que son souffle attisait.

Ne pouvant dormir, il descendit sur le boulevard à sept heures du matin.

Les chasseurs d'étrennes encombraient seuls les trottoirs, s'empressant d'aller consommer chez les marchands de vin les gratifications qu'ils avaient l'espoir de recevoir.

On rencontrait déjà, affairés et joyeux :

Les facteurs.

Les concierges.

Les porteurs d'eau.

Les garçons de magasin.

Les chevaliers de la nuit, balayeurs et égoutiers.

Les magasins étaient déjà ouverts, bien qu'il ne fît pas jour encore.

Vous devinez le chemin que suivit Octave.

Sans qu'il s'en fût aperçu, il arriva à la porte Saint-Denis.

Comme c'était, au demeurant, un garçon d'esprit, il sourit en se voyant tout près de la maison qu'habitait sa jolie maîtresse.

Décidément, s'avoua-t-il, je suis pincé. Cette petite me trotte par la tête comme si j'avais dix-huit ans et comme si elle était une merveille... c'est qu'elle est, en effet, une merveille de gentillesse et de grâce.

Il attendit.

Il espérait voir sans doute celle qu'il avait quittée pourtant il y avait peu de temps.

A deux heures du matin !

Il aperçut, en effet, vers neuf heures et demie, la fille de Jacques Vernier sortir du passage de l'Industrie, accompagnée d'un grand laquais dont il ne reconnut pas la livrée.

C'était, on le sait, celle de la Gorgozza.

— C'est étrange ! se dit Octave.

Et il se jeta vivement de côté pour ne pas être vu.

Une voiture attendait à l'entrée du passage.

Le laquais invita Lisa à y monter, ferma la portière et s'élança sur le siège à côté du cocher, à qui il fit signe.

L'automédon fouetta son cheval qui prit un trot rapide.

Octave chercha immédiatement à suivre la voiture.

Il était à pied.

Un fiacre passait.

Il s'y élança, et promit un louis de pourboire au cocher s'il suivait, sans le perdre de vue, le coupé qui enlevait Lisa.

Celui-ci sourit. Il était au fait de ces poursuites.

— Un mari jaloux ! se dit-il.

Mais ce fut en vain qu'il cassa son fouet sur le dos de ses bêtes. Au bout de cinq minutes, il avait perdu de vue le coupé désigné, qui avait disparu au milieu d'un encombrement de voitures.

Octave était furieux.

La jalousie le mordait immédiatement au cœur.

Où allait donc la jeune ouvrière dans ce coupé armorié ?

Cléry avait beaucoup vécu.

Il avait eu du succès dans le monde et dans le demi-monde.

Trompeur et trompé tour à tour, il croyait connaître le cœur humain, et le jugeait très-sévèrement.

Les vices capricieux et élégants des grandes dames, la corruption des petites dames, lui avaient mis au cœur le doute, et au coin des lèvres l'ironie.

Les âmes où l'expérience n'a encore rien écrit ont seules cette foi, cette confiance, cette ignorance du soupçon dont la plupart des femmes se moquent, mais que quelques-unes, avides de fruit vert, éprises d'innocence, elles qui n'en ont pas, dégoûtées du vice qui les étreint de tous côtés, recherchent ardemment chez un jeune homme.

Octave, au début de son amour, doutait déjà.

Et, chose triste à dire, un moment il accusa dans sa pensée celle qu'il avait déifiée toute la nuit.

Cette accusation était une souillure.

Ah ! c'est là la peine des esprits que la vie licencieuse a précocement troublés ; ils ne savent pas respecter l'idole pure qu'ils se sont créée.

Mais qu'on pardonne à Octave cet instant de doute, ce fugitif soupçon. Il ne venait pas de lui, de sa nature, de son cœur, mais de sa hâtive expérience.

En passant devant le restaurant où il avait soupé la veille, il songea aux paroles enthousiastes hardiment prononcées par lui.

Il avait sans rougir avoué son amour à des hommes qui avaient fait vœu de rire de tout et de ne croire à rien.

— Ai-je été stupide ! se dit-il dans le paroxysme de sa jalousie.

Il se sentit alors ballotté entre les élans de son cœur et les sarcasmes de son esprit.

Certainement, Élisa avait agréé les hommages de quelque riche protecteur. Elle avait une robe neuve qui faisait valoir sa taille mince et flexible ; un petit chapeau acheté le matin même donnait à sa physionomie un riant attrait.

Elle qui avait hier une si pauvre toilette !

Octave sentit comme des coups de poignard lui traverser la poitrine.

Un rire plein d'amertume contracta ses lèvres.

Il souffrait.

Quand on souffre, il faut s'étourdir.

— Allons, se dit Octave, il faut oublier ce rêve insensé. Je trouverai bien quelque drôlesse qui me fera faire assez de folies pour enterrer mon cœur avec ma raison.

Il prit une voiture et se fit conduire rue de la Paix.

La boutique d'un des principaux bijoutiers qui se trouvent sur cette voie aristocratique fut mise au pillage.

Dans son souvenir, il prit cinq noms au hasard.

Une des cinq petites dames qu'il évoqua dans sa mémoire lui ouvrirait bien, pour une semaine, son cœur, dont il avait la clef dans son portefeuille, gonflé de billets *ensoleillés*, comme disent certaines cocodettes, pour qui la signature Soleil, apposée sur les valeurs de la Banque de France, brille bien mieux que l'astre du ciel.

Octave dépensa vingt mille francs.

Il prit un collier de perles pour Anna.

Un bracelet pour Césarine.

Anna et Césarine, deux *demi-mondaines* que la fantaisie de la gandinerie parisienne a mises en relief.

Des boutons de diamants pour *Bouton-d'Or*, une habituée du Casino de la rue Cadet.

De petits pendants de saphir pour *Oreille-de-Chien*, une réputation de Mabille.

Une rivière pour Clara Dear, cette célébrité du sport, Aspasie sans esprit, Laïs sans beauté, qui mène le monde élégant des petits crevés avec le bout de sa cravache.

Ce n'était peut-être pas de très-bon goût d'aller porter, juste le premier jour de l'an, ces étrennes provocantes.

Tout cela s'envoie quelques jours avant, ou tout au moins la veille.

Mais est-ce qu'Octave y regardait de si près, dans ce moment d'agitation !

Et puis, il s'adressait à des femmes qui savent mieux juger le prix d'un cadeau que la valeur des convenances.

Octave partit pour son pèlerinage amoureux.

Il suivit l'ordre de la liste que nous avons donnée.

Anna demeurait rue Saint-Georges.

C'était une fille magnifique, aux beaux cheveux noirs, aux grands yeux clairs.

Elle venait de se lever. Sa bonne la chaussait.

Une jambe assez bien faite ; elle ne la cachait pas ; un pied un peu lourd, presque autant que son esprit.

— Tiens, Octave ! s'écria-t-elle. D'où sorstu, mon cher ? On te croyait décavé à Bade où à Hombourg. Est-ce que tu as fait sauter la banque ?

Octave venait de lui offrir l'écrin renfermant le collier de perles.

Anna ne le regarda pas.

Le lit, le canapé de sa chambre à coucher, sa table, tous ses meubles étaient encombrés de boîtes, de paquets.

Les étrennes affluaient.

— J'ai encore deux millions, dit Cléry ; j'ai envie de me lancer dans les folies. J'ai en bas ma voiture, habille-toi, et partons pour le monde de la fantaisie.

— Impossible, mon petit ; demain, si tu veux. J'attends mon vieux baron. Il m'a promis vingt-cinq mobiliers pour mes étrennes.

— Vingt-cinq mobiliers !

— Oui, comprends-tu ça, toi ? Cette idée, vingt-cinq mobiliers ! Je n'en ai pas besoin. Celui que j'ai est assez gentil. Mais ça m'est égal, qu'il me les donne, je les ferai vendre à l'hôtel Drouot.

— A la Bourse, tu veux dire.

— Est-ce qu'on vend des meubles à la Bourse ? exclama Anna, plus forte sur le chapitre des galanteries que sur celui des valeurs cotées.

Octave éclata de rire.

— Mais, malheureuse, ce sont des actions du Crédit mobilier que ton baron t'a promises.

— Des actions ! sont elles bonnes ?

Excellentes en ce moment ; mais si j'ai un conseil à te donner, au lieu de les envoyer

nez un commissaire-priseur, comme tu en
vais l'intention, adresse-les à un agent de
hange.

— Merci, mon chéri. Ah! mon Dieu, dix
eures! je ne suis pas encore habillée.

Notre jeune homme comprit le but de cette
xclamation.

Il s'empressa de quitter Anna.

— Rue Blanche, ordonna-t-il à son cocher.

C'est là que demeurait Césarine.

Césarine, une petite maigre, un visage
hiffonné, deux sourcils fins et mobiles, et
lus terribles que ceux de Jupiter qui pourtant
ait tout mouvoir d'un froncement d'yeux. De
etites dents blanches, aiguës; nature de ron-
euse. Elle avait déjà dévoré dix fortunes
ans qu'il lui en restât vingt louis. C'était un
rible. La pluie d'or tombait sur elle et
écoulait par les mille trous de ses caprices
aéreux.

Elle avait toujours besoin de vingt francs.
Octave était sûr de la trouver bien disposée
accepter ses offres.

Il oubliait toujours les embarras du nouvel
a.

A son coup de sonnette, une soubrette
farée vint ouvrir.

— Est-ce que ta maîtresse peut me recevoir?
ii demanda Cléry en lui glissant un louis
ans la main.

La suivante mit un doigt sur sa bouche
our commander le silence.

— Est-ce qu'elle dort? demanda Octave en
aissant la voix.

— Elle est avec monsieur; mais je vais lui
ire deux mots à l'oreille.

Et elle fit passer notre jeune homme dans
n petit salon d'attente.

La soubrette pénétra dans le boudoir de sa
naîtresse.

— Madame, c'est le porteur d'eau, dit-elle.

Césarine sourit.

— Ah bien! je vais lui payer son mois et
ui donner ses étrennes; une minute mon
héri, fit-elle en embrassant un petit jeune
omme qui lui causait en se regardant dans
ne glace qui se trouvait en face de lui.

Le jeune homme aurait pu trouver bizarre

que Césarine s'occupât de ces petits détails de
dépenses ménagères. Mais il était trop occupé
à s'admirer pour réfléchir.

Césarine entra dans le salon où l'attendait
Octave.

Elle retint une exclamation de surprise et
sauta au cou de Cléry.

Le bracelet que celui-ci lui offrit fut trouvé
délicieux.

Il était, en effet, de très-bon goût.

— Es-tu libre? lui demanda Octave.

— Pas aujourd'hui; j'ai là mon petit
vicomte. Il m'embête.

— Eh bien! renvoie-le.

— Pas possible, mon chat; il m'emmène;
sa voiture est en bas.

— Invente une migraine.

— Si ce n'était que ça; mais nous allons
aux magasins du Louvre. J'y ai vu trois robes,
trois amours de robes.

— Je t'en achèterai quatre.

— Non, ce soir, mon chéri; mon petit
vicomte dîne chez sa mère... dis! veux-tu? à
cinq heures.

Octave jouait de malheur.

Il partit furieux contre le sort, tordant des
mots de rage contre la fatalité!

Il n'était pourtant pas au bout de ses déceptions.

Mais ses mécomptes allaient devenir moins
gais.

Oreille-de-Chien était une bonne fille, aspi-
rant le plaisir par tous les pores.

Elle aimait trop le bal, dirait Victor Hugo,
c'est ce qui l'a tuée.

Elle aimait le champagne autant que la
valse.

On faisait cercle autour d'elle lorsqu'elle
dansait.

Dans cette vie sans frein, on attrape autant
de fluxions de poitrine que l'on gâche de
robes de soie.

La veille, presque mourante, Oreille-de-
Chien s'était fait mener au bal de l'Opéra.

Elle avait fait dix quadrilles. Chez Grosse-
Tête où elle avait soupé, elle avait bu trois
bouteilles de Cliquot.

Lorsque Octave la vit le matin, dans son lit,

elle était livide, cramponnée à ses couvertures, râlant, la poitrine agitée d'une toux convulsive qui lui arrachait des flots de sang.

C'était horrible.

Mais c'était bien pis chez Bouton-d'Or.

La police était chez elle.

Un insensé, trop épris de ses cheveux d'un blond ardent, après avoir tout vendu pour elle, s'était vu sur le point de se voir fermer la porte de celle à qui il avait tout sacrifié.

Tout, pas encore, car il lui restait son honneur.

Ce fut sa dernière offrande.

Il vola une parure de diamants à un bijoutier du Palais-Royal.

Bouton-d'Or pensa que son amant avait eu une veine heureuse et accepta le cadeau.

Mais le vol fut révélé. On suivit le larron à la piste. On ne le trouva pas chez sa maîtresse; mais on trouva chez elle les diamants.

Bouton-d'Or se débattait contre une accusation de complicité lorsque Cléry se présenta.

Octave put se retirer avant de s'être fait annoncer.

Il put ainsi éviter d'être mêlé à une vilaine affaire.

Déjà son front assombri suait de douleur et plus encore de dégoût.

Le souvenir de Lisa. Pâquerette lui surgit au cœur.

Une larme brilla dans ses yeux.

— Ah! pourquoi était-elle coupable?

Il fallait pourtant s'étourdir.

— Voyons Clara Dear, se dit Octave; pardieu si elle n'est pas libre, j'emmène sa soubrette... elle est fort gentille... je la lancerai... Pourquoi pas? Clara Dear était bien cuisinière avant d'être... Clara Dear.

C'était là la cinquième station de ce singulier pèlerinage.

Le voyage était amer, on le comprendra.

Clara Dear occupait tout le premier étage d'une des grandes et magnifiques maisons qui bordent la partie supérieure de l'avenue des Champs-Elysées.

La célèbre petite dame n'était pas chez elle.

Elle était allée essayer un attelage que lui avait envoyé le matin même le prince d'Obenstein.

Le prince d'Obenstein était un souverain minuscule de la Confédération germanique.

Il mangeait à Paris les revenus que lui payaient ses trois mille sujets, en attendant qu'il fût lui-même dévoré par la Prusse.

Clara Dear devait avoir pressenti les projets d'absorption que méditait déjà M. de Bismarck, car elle se dépêchait de dépouiller le prince avec une ardeur qui pouvait faire craindre de ne plus trouver dans les États d'Obenstein, le jour de l'annexion venu, que trois mille sujets affamés et un souverain aussi dénué d'argent que M. Autran de bagage littéraire.

Donc Clara Dear essayait deux pur sang et un coupé; le tout valait bien quarante mille francs.

Octave Cléry ne trouva pas à placer la rivière qu'il avait achetée rue de la Paix à l'intention de l'illustre courtisane.

— Je n'en aurai pas le démenti! murmura-t-il; Clémence, sa camériste, est une petite brune fort piquante, je veux qu'avant peu elle fasse pâlir de dépit sa maîtresse.

Il monta.

En quatre enjambées il fut en haut de l'escalier.

Soudain il poussa un cri d'effarement et recula stupéfié.

Un cadavre se balançait dans l'escalier, accroché à un des barreaux de la rampe.

Le malheureux avait pris pour se lancer dans l'éternité le cordon de soie qui pendait à la porte de Clara Dear.

Octave, à ce dernier tableau, faillit devenir fou!

Il demeura un instant comme pétrifié, tandis que toute la maison, accourue au premier cri qu'il avait poussé, s'empressait de porter secours au misérable insensé qu'un amour sans doute méprisé avait poussé au suicide, ce couronnement de la folie.

Mais ce jour-là le destin réservait une épreuve encore plus terrible au jeune homme.

C'était un sinistre commencement d'année que ce premier janvier.

Soudain il poussa un cri d'effarément et recula stupéfié.

Hier, dix-huit cent soixante, qui s'enfuyait, l'avait pour ainsi dire caressé de son aile.

Il s'était senti renaître au 31 décembre.

Une nouvelle vie s'ouvrait pour lui.

Ah! comme il s'était senti heureux, lui dont le cœur était fermé depuis si longtemps.

Et voilà que brusquement tout changeait.

— Déception!

Mais voici un bien plus rude coup.

Octave n'avait pas d'abord distingué les traits du suicidé.

Ce qui l'avait d'abord bouleversé, c'est la vue d'un cadavre suspendu dans le vide.

Mais lorsqu'il fut un peu revenu de sa stupeur, il s'approcha du groupe qui entourait le malheureux qu'on venait de détacher.

Le corps de l'infortuné était étendu sur le palier.

On lui prodiguait tant bien que mal les soins que réclamait son état sans doute désespéré.

Octave se pencha.

Ses cheveux se hérissèrent, il devint plus livide que le mort étendu à ses pieds; ses yeux démesurément ouverts exprimaient le paroxysme de la folie.

Il poussa un cri aigu et roula foudroyé à côté du cadavre dont il venait de reconnaître les traits.

Le suicidé était son père !

Son père !

Nous connaîtrons bientôt les détails du drame poignant qui avait conduit là M. Pierre Cléry, le père d'Octave, un des plus honorables et des plus riches négociants de Lyon.

## XII

### UN PAS VERS LE CRIME.

La Gorgozza était dans une agitation extraordinaire.

Elle éprouvait pour Octave une de ces passions impérieuses, irritantes, qui ne [s'allument que chez certaines femmes qui ont vécu.

Ces femmes qui, si souvent, ont soumis les hommes à leurs moindres caprices sont, elles, les esclaves des leurs.

Comme rien n'a résisté à leurs passions, elles s'y sont soumises elles-mêmes.

Les passions les dirigent, les gouvernent.

Elles n'ont désormais de volonté que pour les servir, d'intelligence que pour en favoriser l'assouvissement, d'énergie que pour briser tout obstacle qui pourrait arrêter leur folle marche.

Octave ne vint pas.

Nous ne saurions dépeindre les souffrances qu'elle endura.

La jalousie, la fureur de l'attente déçue, de l'amour-propre blessé, agitèrent les bas-fonds de son âme et y soulevèrent les plus mauvaises résolutions.

Sans doute Cléry avait méprisé l'invitation pressante qu'elle lui avait adressée, pour courir vers la demeure d'Elisa. Ils avaient fixé pour ce jour quelque charmant rendez-vous. Heureusement la jeune fille était là, chez elle. Et Octave attendait et souffrait comme elle.

Cette pensée soulageait un peu sa douleur.

Elle eut même un rire cruel sur les lèvres.

Félicia ignorait que Cléry n'avait pas reçu la lettre, et que lui-même, mordu par la dent venimeuse de la jalousie, cherchait dans des amours faciles à éteindre les tortures de son cœur.

Félicia avait commandé un délicieux déjeuner qu'elle espérait prendre en tête-à-tête avec Octave.

Les femmes, dans leur haine, ont des raffinements de cruauté.

Tandis qu'elle se livrerait à toutes les satisfactions que procure le luxe, tandis qu'elle deviserait d'amour avec celui qu'elle aimait, tandis que tout en elle serait satisfait, elle voulait tenir, là, presque sous ses yeux, travaillant comme une petite mercenaire, témoin humilié de son bonheur, la jeune ouvrière qui avait osé prétendre à l'affection d'Octave.

Elle s'était ménagé pour le dessert un triomphe doux à sa vanité.

Tandis qu'elle tiendrait près d'elle, à ses genoux, Octave qu'elle prétendait amener là, les yeux pleins de caresses, les bras suppliants, baisant follement ses mains qu'elle lui abandonnerait comme à regret, elle voulait faire entrer tout à coup la pauvre Elisa, ignorante du tableau qui l'attendait, et briser ainsi son cœur et son amour.

Elle était déçue dans son espoir, et les idées les plus incohérentes assaillaient son cerveau.

Sa femme de chambre vint la prévenir qu'elle était servie.

Terrible ironie !

Elle avait commandé deux couverts.

Elle était seule.

Il lui vint une idée infernale.

— Décidément, se dit-elle, cette enfant est plus dangereuse que je ne croyais. J'aime Octave, je le sens, jusqu'au suicide, jusqu'au crime. Le suicide est une folie, le crime... est excusé par la passion... quand il est connu... il n'y a plus crime dès que rien n'est révélé... Tuer cette enfant... ou me tuer, moi !... L'alternative est sinistre... Mais dois-je hésiter?... Il est des poisons qui détruisent lentement... ils laissent des traces. Mais encore faut-il pour chercher ces traces que l'on soupçonne le crime; qui s'occupera de la disparition de cette obscure petite ouvrière? Dans quinze jours, un mal aux progrès lents et sûrs l'emportera. Et tout sera dit. On oublie vite les morts. Octave à vingt-cinq ans. Allons, il est à moi.

Félicia ouvrit un coffret d'argent richement orné de ciselures.

Ce meuble d'art renfermait, placés dans des alvéoles satinées, quelques minces flacons de cristal, dans les flancs desquels on remarquait différents liquides à la diversité de leurs couleurs.

Elle en choisit un, celui qui paraissait le plus inoffensif, attendu que la liqueur qu'il contenait était incolore et pure comme l'eau distillée.

Elle referma le petit coffre et mit le flacon dans son sein.

Qu'allait-elle faire?

Une subite pâleur avait envahi ses traits.

Son front était sombre. Elle y sentait des gouttes de sueur qu'elle essuyait rapidement, comme si elles eussent écrit sur son visage la trace des sinistres pensées qu'elle roulait.

Mais l'amour dédaigné d'une femme est implacable contre une rivale.

Gorgozza franchit le seuil de son boudoir, après avoir serré dans son sein le flacon qu'elle venait de prendre dans le mystérieux coffret.

En traversant une des pièces qui précédaient la salle à manger, Félicia vit son image se refléter dans une glace.

Son front était si sombre, son regard si implacable, son visage si pâle, qu'elle fut saisie d'effroi.

Elle recula.

Cette sinistre figure, reflétée par la surface polie du verre, elle ne la reconnaissait pas; elle faillit crier; elle se croyait menacée par une étrangère.

Le crime faisait peur au crime.

— Folle que je suis! murmura-t-elle. Si on me voyait.

Et elle s'assit sur un fauteuil, en face de cette glace qui lui renvoyait ses traits, pour attendre qu'elle se fût un peu calmée et que son visage eût repris sa sérénité.

La femme, grâce à l'éducation qui lui est donnée, grâce surtout à la position qui lui est faite, prend dès ses plus jeunes ans l'habitude de cacher ses sentiments et sa pensée.

Son front est presque toujours un masque.

Il y a quelquefois des larmes derrière son sourire.

Il y a aussi souvent bien des sourires ironiques derrière cette perle humide, que certaines savent à propos amener au coin de leurs yeux et qui est appelée larme, par la vanité de celui qui croit la faire couler.

Gorgozza était femme, et femme avec toutes les ressources que donnent l'expérience et une longue habitude de déguiser sa pensée.

Elle recomposa vite ses traits d'abord bouleversés.

Elle mit la pureté sur son front et un sourire sur ses lèvres.

Pas un pli; rien de sombre.

Rien qui indiquât dans ce cerveau ravagé, dans ce cœur tourmenté, les terribles desseins, les sentiments funestes qui y avaient surgi.

Ce fut donc d'un pas tranquille, d'un œil calme qu'elle traversa ses appartements et arriva à la salle à manger.

Le couvert était dressé sur une table de chêne sculpté.

Il régnait dans cette pièce un luxe à la fois élégant et sévère.

Aux murs, recouverts de cuirs blancs fleuronnés d'or, appendaient quelques bons tableaux de fleurs et de fruits.

Les meubles étaient modernes, mais sculptés avec art.

Sur les dressoirs brillait une magnifique vaisselle.

Le linge était riche de tissu et de dessin.

Devant chaque couvert cinq verres en cristal ciselé, de différentes formes, et de différentes dimensions, indiquaient qu'avant d'attaquer le cœur d'Octave, Félicia voulait essayer d'ébranler sa raison.

Et puisqu'Octave ne venait pas s'asseoir à ce voluptueux festin, Gorgozza allait en faire un repas funeste, un banquet présidé par la vengeance.

Elle était seule en ce moment.

Autour d'elle pas de regard indiscret.

Cependant son œil scrutateur sonda tous les recoins de la salle à manger et son oreille attentive écouta tous les bruits extérieurs.

Alors, ne craignant pas d'être surprise, elle saisit une des carafes placées sur la table, enleva rapidement le bouchon de cristal et versa, dans l'eau limpide qu'elle renfermait, tout le contenu du flacon caché dans son sein.

L'eau prit immédiatement une légère teinte blanchâtre.

Gorgozza sembla surprise et contrariée de cette circonstance.

Mais le nuage qui avait un moment altéré la pureté du liquide se précipita peu à peu et disparut enfin entièrement.

Un éclair de joie illumina le visage de la chanteuse.

L'œil le plus exercé n'eût pu remarquer la présence d'un corps étranger dans l'eau plus claire, plus limpide que le cristal qui la pressait dans ses flancs.

Satisfaite de ce résultat, l'empoisonneuse sonna sa cámériste.

Car c'était du poison qu'elle avait versé dans la carafe.

Annette se présenta, accorte, souriante, empressée.

Annette remplissait auprès de la chanteuse le triple rôle de suivante, de servante et de confidente.

— Cette jeune ouvrière a-t-elle terminé son travail? lui demanda la Gorgozza, voulant lui désigner Elisa Pâquerette à qui on avait, comme prétexte, confié un riche voile à réparer.

— Pas encore, madame.

— Eh bien! dites-lui de suspendre son travail et de venir déjeuner.

— A l'office? demanda Annette qui ignorait les intentions de sa maîtresse.

— Non, ici.

— Dans cette salle! exclama la servante avec surprise.

— Oui, avec moi; est-ce que je n'ai pas fait mettre deux couverts?

— Mais, madame, j'avais cru...

— Qu'est-ce que vous aviez cru? fit la chan-teuse d'une voix hautaine. Vous êtes une sotte. Allez!

— Cela doit être du moment que vous le dites, riposta ironiquement Annette. Je cours prévenir cette demoiselle.

Elle ouvrit la porte de la salle à manger pour remplir les ordres de la Gorgozza.

— On sonnait à l'extérieur.

Félicia se sentit frissonner.

Elle eut un éblouissement.

— Si c'était lui! proféra-t-elle.

Sa main se posait déjà sur le liquide empoisonné pour le faire disparaître lorsqu'elle entendit une voix étrangère.

Chose bizarre, cette voix lui était inconnue, et son timbre lui remua les entrailles jusque dans leurs profondeurs.

— Allez voir, Annette, dit-elle un peu troublée à sa cámériste.

Celle-ci alla ouvrir, et se trouva bientôt en présence d'un tout jeune homme.

Ce jeune homme avait certes les traits du visage très-réguliers; leur expression était douce et distinguée. Mais ses vêtements étaient modestes, son attitude presque timide et sa tournure très-simple.

Annette qui vivait presque continuellement dans le boudoir de sa maîtresse, qui était sans cesse en rapport avec ses opulents admirateurs, n'était pas sans avoir recueilli quelques-unes des flatteries perdues qu'on prodiguait à sa maîtresse.

Elle ne manquait donc ni d'égoïsme, ni de rouerie, ni de vanité.

Le monde élégant et corrompu dont elle servait les intrigues avait seul son estime et son respect.

Les petites gens n'avaient que son mépris et ne recueillaient que ses impertinences.

— Qui êtes vous? que demandez-vous? fit-elle avec humeur.

— Je suis André, répondit le jeune homme un peu décontenancé.

— André qui? André quoi? demanda la cámériste dans les yeux et sur les lèvres de qui éclatait la moquerie.

— Eh! bien, André... balbutia l'enfant.

— André le Savoyard? demanda insolemnent la soubrette très-versée dans la littéraure légère de Paul de Kock.

Et elle rit au nez du jeune homme.

André rougit, puis pâlit.

Il tenait sa casquette à la main.

Il la remit promptement sur sa tête.

Puis avec assurance :

— Dieu me pardonne, dit-il d'une voix claire à la camériste, je vous ai d'abord prise pour votre maîtresse qui a le tort de laisser porter ses vieilles robes. Mais je vois à votre langage à qui j'ai affaire, conduisez-moi à madame Gorgozza, la bonne !

Et il fit un geste si impérieux qu'Annette en fut démontée et qu'elle n'osa barrer le passage au jeune homme.

Félicia avait sans doute entendu le colloque, car elle était venue dans l'antichambre.

— Laissez donc entrer ! ordonna-t-elle à la servante.

Puis se trouvant en présence du jeune homme :

— Que désirez-vous, mon ami ? lui demanda-t-elle avec assez de bienveillance.

Mais l'enfant ne répondait pas.

Il s'était tu devant elle, immobile, fixant sur la Gorgozza ses yeux grands ouverts, dans lesquels on lisait le plus profond étonnement.

Félicia éprouvait elle-même une certaine émotion dont elle ne s'expliquait pas la cause.

André joignit les mains, comme exprimant par ce geste une sorte d'admiration muette ; son œil s'éclairait du feu de l'extase et son front empourpré semblait palpiter de radieux souvenirs !

— Oh ! le portrait ! murmura-t-il avec une étrange expression de ravissement.

— Que veut-il dire ? fit la Gorgozza.

— Ce garçon-là est fou ! dit Annette en haussant les épaules.

Mais le visage d'André venait peu à peu de s'éteindre.

— Non, non, se dit-il, la dame du portrait était bien plus jeune, bien plus douce... celle-ci... je ne sais... elle me fait presque peur.

Félicia venait d'exprimer l'impatience qui la gagnait par un brusque mouvement.

— Enfin que désirez-vous ? demanda-t-elle au jeune homme.

— Mademoiselle Elisa Vernier est ici ? reprit André.

— Que lui voulez-vous ? demanda la chanteuse dont le visage à ce nom devint terrible.

— Je suis son frère...

— Ah !

— M. Vernier, mon père adoptif, m'a envoyé vers elle... Il part pour quelques jours. Voici une lettre pour mademoiselle Elisa.

— C'est très-bien ; on la lui remettra. Prenez ce billet, Annette.

Et elle tourna le dos au jeune homme.

— Non, non, fit celui-ci qui attacha longtemps son regard sur Félicia... ce n'est pas elle... c'était une illusion ! Quelle méchanceté sur ses traits... Et pourtant c'est le même visage... les mêmes lignes... son front, sa bouche... et pourtant ce ne peut être la dame du portrait qu'on m'a volé... ma mère !... ah ! je ne voudrais pas que cette femme fût ma mère.

Annette avait ouvert la porte du carré.

— Ah ! çà, est-ce que vous espérez reverdir là, fit-elle brutalement en lui indiquant d'un doigt expressif qu'il pouvait se retirer.

— Non, la bonne, non, je n'espère pas reverdir, ce serait impossible.

— Tiens, et pourquoi ça ?

— Parce que avec vous tout doit passer au bleu.

— Insolent ! s'écria la soubrette indignée.

Et elle s'élançait pour jeter violemment la porte sur lui, lorsqu'elle se trouva en présence de lord Wigmore.


XIII

LES DEUX CONVIVES


Gorgozza tenait entre ses doigts la lettre que Jacques Vernier avait écrite à sa fille et qu'André venait de lui remettre.

Qu'était-ce donc que ce Vernier dont la fille jouait un rôle fatal dans le drame de sa vie ?

Que faisait cet homme ? quelle nature était-ce ?

Quelque personnage illettré et grossier.

Félicia lut la suscription de l'enveloppe.

L'adresse était irréprochable.

Cela piqua sa curiosité.

Avec une personne du monde, Gorgozza aurait certes respecté le cachet qui protégeait ce billet.

Mais avec cette petite ouvrière !

Bah !

Elle fit glisser la lame d'un couteau entre les plis de l'enveloppe, et tira la lettre qui s'y trouvait renfermée.

Voici ce qu'elle lut :

« Je croyais, ma douce enfant, que le sort
« s'était enfin lassé de me poursuivre. Il paraît
« que les épreuves de notre vie ne sont pas
« toutes traversées.

« C'est une main de fer qui nous tient.

« Je l'avais brisée ; elle se ressoude et nous
« étreint plus fortement.

« Il faut partir. Je quitte Paris pour quel-
« ques jours.

« Où vais-je ?

« Où la fatalité me pousse.

« Ne pleure pas, ma fille : moi je n'ai pas
« une larme.

« Nous pleurerons de bonheur le jour où
« nous aurons atteint ce pays de Chanaan qui
« nous fuit toujours, c'est-à-dire, le calme, la
« sécurité, l'indépendance.

« Ne crains rien, mon Elisa ; nous dompte-
« rons l'infortune : j'en ai la volonté et la
« force.

« André reste auprès de toi. Je l'aime déjà
« comme un fils. Aime-le comme on aime un
« frère. Il est doux, bon, honnête. C'est un
« cœur fier. Appuie-toi à lui. C'est lui qui
« t'apporte ma lettre. Il a deux baisers qu'il
« te donnera, et tu as tout mon cœur que je
« laisse.

« JACQUES VERNIER. »

— Mais il s'exprime très-bien, ce manant ! ricana lord Wigmore qui avait pénétré sans être entendu dans la salle à manger, et qui lisait par dessus l'épaule de Gorgozza.

— Vous encore, milord ! s'écria Félicia, sur un ton qui révélait la contrariété et la surprise.

— Est-ce un reproche ? demanda l'Anglais.

— Non, car je pense que vous avez quelque chose d'important à me dire.

Lord Wigmore eut un sourire faux.

Il garda un instant le silence.

— Vous alliez déjeuner, je crois ? demanda-t-il bientôt après.

— J'allais me mettre à table.

— Il y a deux couverts, fit observer lord Wigmore.

— En effet, fit la cantatrice avec embarras.

— Vous attendiez quelqu'un ? moi, sans doute ?... J'accepte sans façon votre invitation gracieuse.

Et sans plus de gêne il se mit à la place qui, d'abord destinée à Octave, avait été ensuite réservée à Elisa dans un but que le lecteur connaît.

Félicia jeta un regard éperdu sur la carafe d'eau placée près de lord Wigmore.

Celui-ci avait déjà mis sur son assiette quelques hors-d'œuvre dont il mâchonnait négligemment quelques bribes.

— Savez-vous, Félicia, commença galamment le convive de la cantatrice, que vous êtes un véritable protée, une sirène dont la beauté change à volonté. Hier, à notre souper, je vous admirais sous d'adorables cheveux blonds ; aujourd'hui vous voilà la brune la plus piquante que l'Italie nous ait envoyée.

— J'avais hier des raisons pour cacher mon visage, répondit Félicia en fronçant les sourcils.

— Des raisons conjugales ? dit froidement son convive.

La cantatrice devint plus pâle qu'une morte.

— Que voulez-vous dire ?... balbutia-t-elle.

— Georges Bora était bien ému hier au son de votre voix, fit l'Anglais en épeluchant la coque rose d'une crevette.

Félicia s'était remise.

Elle regarda froidement son convive.

— Tenez, milord, voulez-vous que nous jouions cartes sur table ?

— Je ne demande pas mieux, ricana l'Anglais ; d'autant mieux que nous connaissons mutuellement notre jeu.

— Quel est votre but en revenant ici déjeuner avec moi.

— Mon but ?... j'en ai plusieurs. Et pourtant je ne vous en dirai qu'un.

— Le moins important, sans doute ?

— Peut-être.

— Je vous écoute.

— C'est drôle comme j'ai soif ce matin, répondit l'Anglais, en prenant un verre.

Félicia se hâta de saisir une bouteille de bordeaux et offrit du vin à son convive.

— Un doigt seulement, fit celui-ci ; je désire un peu d'eau. Ne trouvez-vous pas que le froid fait quelquefois l'effet de la chaleur ; il altère.

Et ce disant, lord Wigmore tendit la main vers la carafe placée à son côté.

Mais la main de la Gorgozza s'en était déjà emparée.

— Vous ne voulez rien sacrifier de votre rôle de charmante Hébé, complimenta Wigmore en présentant son verre.

Mais Félicia s'était levée.

Elle alla vers une jardinière, et vida la carafe sur une touffe de crocus à fleurs d'or.

— Diable, vos fleurs ont donc bien soif ! fit lord Wigmore assez surpris de l'action de la Gorgozza.

— Cette eau n'est pas fraiche, fit observer la cantatrice dont le trouble était visible.

Puis après avoir sonné :

— Annette, commanda-t-elle, emportez cette carafe et donnez-en une autre.

Lord Wigmore réfléchissait.

Annette sortit.

Félicia faisait semblant de manger.

— Vous aviez raison, Félicia, reprit Wigmore au bout d'une minute de réflexion ; cette eau certes n'était pas pure ; voyez l'effet qu'elle a produit sur ces fleurs. Leur tissu doré était du vif le plus brillant ; et les voilà qui noircissent à vue d'œil.

La cantatrice eut un coup d'œil terrible.

Elle se sentait en partie devinée.

Annette rentrait en ce moment.

Elle posa un large flacon de cristal sur la table, pur et brillant comme du diamant.

— Puisque cette demoiselle ne déjeune pas avec madame, fit-elle étourdiment, je vais l'emmener à l'office.

Gorgozza lui lança un regard foudroyant.

La soubrette comprit qu'elle venait de dire une sottise.

Elle voulut la réparer.

— Mon Dieu que je suis étourdie ! je voulais dire tout simplement : s'il faut faire déjeuner cette jeune ouvrière ?

— Faites ce qu'il vous plaira et laissez-nous, lui répondit séchement sa maîtresse.

Annette se mordit les lèvres et se hâta de quitter la salle à manger.

— Je crois, Félicia, que nous pourrons nous entendre, fit lord Wigmore avec un sourire ironique.

— Enfin, demanda la Gorgozza, dont les traits contractés exprimaient un furieux dépit, quel était votre but en revenant chez moi ce matin ?

— Vous dire que vous aviez maintenant tout le temps nécessaire de vous débarrasser de la petite Elisa Vernier, sans précipitation imprudente, sans violence dangereuse.

— Je ne vous comprends pas.

— Félicia, je suis venu vous apporter une nouvelle à la fois bonne et mauvaise. Bonne parce que l'événement que je vais vous annoncer vous donne le temps de dresser toutes vos batteries, pour vaincre l'éloignement inqualifiable de celui que votre fantaisie a choisi... il est vrai que M. Cléry ignore votre amour... et de perdre à jamais une rivale indigne.

— Mais quel est cet événement ? demanda Félicia avec inquiétude.

— Ah ! voilà bien la passion ! toujours imtiente. Ecoutez, ne vous effrayez pas. Le coup qui frappe Octave est sans danger.

— Octave blessé ! s'écria Félicia dont la douleur et l'effroi bouleversèrent le visage.

Un duel sans doute… pour moi ?

— Eh ! non.

— Ah ! pour l'autre alors ! grinça la Gorgozza dont les traits prirent une expression de haine féroce.

— Ce n'est pas un duel.

— Mon Dieu ! vous me faites mourir !

— Comme elle l'aime ! pensa lord Wigmore dont les traits toujours impassibles s'étaient pourtant rembrunis.

— Mais parlez, au nom du ciel, parlez ! insista Félicia avec une ardente inquiétude.

— Une forte émotion…

— Ah !

— Oui… un grand malheur est arrivé à son père.

— Clara Dear l'a ruiné ?

— Non, il s'est pendu pour elle de désespoir.

— Ah ! il savait aimer, celui-là ! s'écria la cantatrice.

— Oui, mais vous l'auriez laissé se pendre, Félicia, attendu qu'il n'a plus vingt ans et qu'il n'est pas souverain d'une principauté allemande.

— Pauvre Octave ! pauvre ami ! soupira Félicia ; je comprends sa douleur.

— Dites donc, Gorgozza, si tandis que M. Cléry plaint son père, nous nous occupions de la petite Elisa.

Ce nom rendit l'Italienne à sa jalousie.

— Oui, oui, fit-elle ; elle me gêne cette fille.

— Ecoutez-moi bien, Gorgozza, et ne vous précipitez pas sur moi comme une furie si je torture votre cœur par ce que je vais vous dire… M. Cléry a pour cette petite Vernier une de ces passions profondes et pures, qu'on tue en les souillant. Allons, voilà que vos yeux me poignardent… vous me faites pour, vrai, avec les emportements de votre jalousie…

— Je vous écoute, fit sourdement la cantatrice.

— Voici ce que j'ai imaginé. Il règne à Paris, dit-on, une corruption contagieuse qui entraîne la femme dans les dérèglements du luxe et des plaisirs. La coquetterie mène tout droit à la cocotterie. Vous aviez eu la folle idée de vous débarrasser d'Elisa au moyen… d'une carafe d'eau plus ou moins pure… ce n'est plus de notre époque, cela sent la cour d'assises, la Gazette des tribunaux et les travaux forcés… Il y a une arme qui tue plus sûrement que le poison et le poignard et qui ne blesse jamais la main qui s'en sert.

— Et cette arme ? demanda la Gorgozza.

— C'est la débauche. Jetez la petite Vernier dans les bras d'un amant, pourvu que cet amant ne soit pas Octave Cléry, et je vous jure que celui-ci sera bientôt à vos pieds, vous suppliant de lui faire oublier ses illusions… en lui en donnant de nouvelles.

— Oui, vous avez raison, milord… mais est-ce vous qui voudriez détourner à votre profit cette petite du joli chemin qu'elle voulait suivre avec Octave ?

Le convive de Félicia haussa les épaules.

— Non, dit-il, j'ai un intérêt plus grave à perdre cet enfant pour qui je n'éprouve ni sympathie ni éloignement, attendu que je ne l'ai jamais vue.

— Mais enfin, quel intérêt avez-vous donc à servir mes rancunes ?

— N'avez-vous pas vos secrets ? J'ai les miens.

— Mais, puis-je me fier à vous ?

— Il me semble que je ne vous compromets guère.

— Quel est votre plan ?

— Le voici : Cléry, je vous le disais, a eu la bizarre fantaisie de se lancer dans un amour pur, idéal, bêtement impossible. Il faut qu'avant deux mois Elisa Vernier soit une fille à la mode, une crevette, une reine de plusieurs petits crevés. Eh bien ! voici le moyen de réduire les scrupules et l'amour vertueux d'Elisa. Je connais, rue Grange-Batelière, une bonne dame, d'une quarantaine d'années. Elle est blanche et grosse, ce qui fait supposer qu'elle a la conscience nette et tranquille. Elle a de certains airs dignes, bienveillants, honnêtes, devant qui se fond toute prévention. Elle est toujours vêtue de noir. Cela lui donne des dehors respectables. Elle est mariée, ce qui inspire confiance ; son mari voyage toujours…

Comptez sur ma haine pour ne pas hésiter.

en Amérique, ce qui fait qu'elle est toujours libre. Elle a une industrie... apparente. Ainsi, on trouve chez elle de la lingerie, des dentelles, qu'ont l'air de façonner ou de réparer un petit essaim de jeunes filles, jolies comme des anges, espiègles comme des démons. Madame Palmyre... on ne la connaît que sous le nom de madame Palmyre, a dans le monde de précieuses relations. Elle a été jeune et fort jolie autrefois.

Elle n'est pas jalouse de celles qui le sont aujourd'hui, et elle se fait un plaisir de les produire dans le monde. Elle reçoit quelquefois chez elle de très-hauts personnages. Et malgré les bons conseils qu'elle leur donne, il arrive souvent que, parmi ses ouvrières, une charmante blonde se laisse enlever par un riche Américain ; une brune piquante s'enfuit avec un baron allemand ; une mince Roxelane avec un gros Oriental. Elle pleure sur la faiblesse de ces malheureuses jeunes filles. Mais, pour consoler ce cœur presque maternel, le gros fils de l'Orient, le noble enfant de la Germanie et le généreux Yankee ont eu le soin préalable de lui adresser, en guise de souvenir, une poignée de sequins, une pile de dollars, un monceau de frédérics d'or qu'elle accepte en essuyant ses yeux. Elle n'a pas de rancune, cette brave dame ; plus d'une fois je l'ai vue recueillir de ces brebis qui avaient fui son bercail. Souvent même elle leur envoie à l'étranger l'argent nécessaire à leur retour. Elle est si bonne et elles sont encore si jolies !

Je vous le répète, entre les mains et sous la

protection de madame Palmyre, avant deux mois Elisa, couverte de soie et d'or, raffolera de quelque Brésilien qui lui fera mettre entre elle et vous un abîme, l'Océan, entre elle et Octave un abîme plus large, plus profond, sa chute !

— Oui, voilà un projet, certes habilement ourdi... mais espérez-vous déterminer cette jeune fille à se rendre chez cette dame Palmyre, à y demeurer et suivre les conseils qu'elle lui donnera ?

— Tout est prévu. Elle gagne peut-être trente sous par jour dans le magasin où elle est occupée. On lui promettra trois francs. Rien d'abord ne pourra effaroucher sa vertu. On la prendra par ses petits défauts, par sa faiblesse. Elle est Parisienne ! Ah ! la Parisienne ! Bon cœur, esprit endiablé ! Mais quelle soif de plaisir, de coquetterie. Il y a tous les jours quelque fête chez madame Palmyre. La sainte Palmyre se chôme au moins une fois par semaine ; et en avant le champagne ! Le lendemain ce sera le tour d'une des compagnes d'Elisa. Encore du champagne. Le surlendemain, nouvelle fête. On travaille très-peu dans cette maison. On s'habitue si aisément à ne rien faire ! Les esprits s'exaltent à humer le cliquot. On babille ; la conversation devient peu à peu décolletée. On chante en sourdine de petites grivoiseries. On apprivoise ainsi les pudeurs les plus farouches. On boit le vin à petits coups, puis à pleins bords. Avant un an, gare aux fils de famille : cette petite Élisa sera bien redoutable !

— Pauvre enfant ! murmura Félicia, qui frémit aux paroles de lord Wigmore.

— Quoi ! vous la plaignez ? s'écria celui-ci au comble de l'étonnement.

— Tuer ce cœur vierge, cette âme pure.

— Vous vouliez bien l'assassiner !...

— Ah ! mieux vaudrait la mort pour elle ! fit la cantatrice avec une sombre énergie.

— Peut-être..... mais êtes-vous assez folle pour la tuer, ou assez niaise pour lui sacrifier Octave ?

— Octave !

— Oui, Octave qu'elle aime, qui l'aime.

Lord Wigmore avait frappé juste en réveillant les sentiments jaloux de la Gorgozza.

Il venait de faire tomber tous ses scrupules.

— Ah ! s'écria Félicia, périsse le monde entier, plutôt que de le perdre, lui !

— Eh bien ! alors il faut agir... Votre rivale...

— Je vous l'abandonne.

— Non... Elle ne me connaît pas... De vous, il ne lui viendra aucun soupçon, aucune méfiance.

— Que dois-je faire, alors ?

— Voici une lettre pour madame Palmyre. Tantôt, vous serez tellement satisfaite du travail de cette petite Lisa, que vous voudrez lui en témoigner votre gratitude. Vous lui offrirez une place superbe... chez Palmyre. Promettez tout ce que vous voudrez. Vous remettrez à la jeune Vernier cette lettre de recommandation. Demain matin elle entrera chez sa nouvelle patronne. On se charge du reste.

— Ah ! milord, que me demanderez-vous pour le service que vous me rendez ?

— Plus tard... je vous le dirai, fit lord Wigmore avec un singulier sourire.

— Ah ! toute ma reconnaissance !...

— Débarrassez-vous d'abord de cette misérable rivale, fit Wigmore en prenant congé de la Gorgozza.

— Comptez sur ma haine pour ne pas hésiter.

— Comptez aussi sur ma haine pour me défaire de lui, de cet odieux Cléry ! murmura lord Wigmore en descendant l'escalier de marbre qu'habitait Félicia Gorgozza.


## XIV

### L'ATELIER DE MADAME PALMYRE

Vers trois heures Elisa avait terminé le travail que lui avait confié la Gorgozza.

Elle remit le voile à Annette, qui alla demander l'avis de sa maitresse.

— C'est une main de fée qui a fait cela ! s'écria la cantatrice ; dites à cette enfant que je veux la complimenter moi-même.

La soubrette amena la jeune ouvrière auprès de la Gorgozza.

— Savez-vous, mademoiselle, lui dit Félicia en l'apercevant, que vous travaillez d'une façon merveilleuse ? Si jeune, tant d'habileté !

— Madame, tant d'indulgence !... fit timidement Élisa.

— Non, c'est parfait... Vous devez gagner beaucoup d'argent dans votre métier ?

— Oh ! madame, pas des mille et des cent, allez.

— On ne sait donc pas apprécier votre talent ?

— Mais, madame, je gagne comme les autres.

— Combien donc ? mon enfant, fit la cantatrice en mettant dans sa voix la douceur d'un tendre intérêt.

— Pas mal d'argent... trente-cinq sous.

— Trente-cinq sous ! se récria la Gorgozza, trente-cinq sous par jour !...

— Oui, madame.

— C'est impossible ! c'est une dérision !...

— Mais c'est beaucoup, madame.

— Que pouvez-vous faire avec cela ? mon enfant.

— Je suis avec mon père, madame ; nous réunissons nos deux journées ; et nous sommes très-heureux.

— Très-heureux !

Cette réponse fit frémir Félicia.

Ils étaient très-heureux, ces pauvres gens, et elle se sentait malheureuse avec toutes les somptuosités qui l'entouraient !

Que lui importaient les toilettes que l'on admire, les repas que l'on vante, les meubles dont on cite le goût et la richesse, les équipages qui font fureur ?

Tout cela, elle le possédait.

Elle n'avait pas l'amour d'Octave.

C'était un abîme autour d'elle.

Elle n'avait rien.

Cette enfant, heureuse avec trente-cinq sous, possédait ce rare trésor, cette splendide magnificence qui s'appelle l'amour !

L'amour charmant, partagé.

L'amour avec ses tendres rires, avec ses illusions que rien ne brise, que rien ne ternit ou décolore.

Deux amis, deux cœurs qui s'en vont dans la vie, confiants, la main dans la main, les yeux sur les yeux, le sourire répondant au sourire.

On s'endort, le cœur s'élance vers celui que l'on aime.

On s'éveille : à lui la première pensée, le premier sentiment !

Elle avait tout cela, cette petite fille. Elle avait, cette jolie enfant, heureuse avec ses trente-cinq sous, cette immense fortune qui s'appelle l'amour et la jeunesse.

Elle songea à tout cela, la Gorgozza.

Elle envia les quinze ans, la petite robe de laine, la journée de travail, l'âme pure d'Elisa, et surtout le cœur d'Octave qu'elle possédait.

Avec l'envie, le désespoir la mordit au cœur, car elle sentait bien qu'on ne remonte pas la vie ; qu'elle serait toujours vaincue par cette enfant, fraîche et virginale comme une aurore, gaie et riante comme une matinée de printemps, simple comme ces boutons de fleurs qui attendent l'éclosion pour étaler le merveilleux éclat de leurs couleurs.

Elle était une riche promesse.

Qu'avait-elle à donner, elle, la Gorgozza, dont le cœur, comme une coupe que des convives se passent de main en main, avait été dix fois vidé ?

On n'aime pas à ramasser la fleur que d'autres ont cueillie et rejetée.

Toutes ces pensées la désespéraient, la torturaient.

Elle avait eu un éclair terrible dans les yeux, qui avait effrayé Elisa.

Mais elle avait une voix si douce ! elle était si habile comédienne, la Gorgozza !

Son regard devint caressant, sa voix pénétrante, son sourire tout emmiellé de bienveillance.

— Eh bien ! mon enfant, dit-elle à Elisa, je veux que vous et votre père vous soyez encore plus heureux.

— Oh ! madame, que de bontés ! fit Pâquerette confuse.

— Voulez-vous gagner quatre francs par jour ?

— Moi, grand Dieu ! s'écria Elisa en joignant les mains.

— Vous-même.

— Et à quoi faire ?

— Mais, votre état.

— De la broderie ?

— Oui.

— Est-ce possible ?

— Aujourd'hui même si vous voulez.

Elisa ne répondit pas.

Elle croyait faire un rêve.

— Vous hésitez ? demanda Félicia.

— Pâquerette songeait que son père, qui souvent s'était privé pour elle, avec les quatre francs qu'on lui offrait, pourrait se dispenser désormais de tout pénible sacrifice.

Elle songeait aussi... Ah ! pourquoi ne le dirions-nous pas ? elle était fille d'Ève.

Elle songeait, la coquette, qu'elle pourrait consacrer à sa toilette plus que simple une partie de son gain.

Une robe un peu plus élégante que celle qu'elle portait, des bottines plus fines, une gentille confection, de jolis gants pour ses petites mains, qui seront moins rouges, comme elle serait bien et comme Octave l'aimerait !

Elle avait envie de sauter de joie, de rire de plaisir et de taper des mains de bonheur.

— Quoi ! vous refuseriez ? reprit Félicia qu'impatientait le silence de l'enfant.

— Oh ! non, madame, répondit Élisa avec un accent plein de ravissement ; mais ce que vous voulez bien m'offrir me paraît si beau, que je n'ose y croire.

— Pauvre petite ! sourit la Gorgozza en caressant de la main les joues d'Élisa. Tenez, voici une lettre pour une excellente maison. Madame Palmyre, 23, rue Grange-Batelière. Vous êtes recommandée à cette dame par moi et lord Wigmore. Vous serez bien reçue. Dès demain vous entrerez en position si vous voulez.

— Oh ! madame, fit Pâquerette rougissant de bonheur, que ne vous devrai-je pas !...

— Rien, mon enfant.

— Oh ! plus que vous ne croyez... et je vous suis si reconnaissante que je vous aimerais... comme une sœur... si j'osais... comme une mère... si vous n'étiez si jeune.

Ces paroles, ce compliment si délicat remuèrent étrangement le cœur de la Gorgozza.

Elle eut comme un remords.

Mais l'image d'Octave vint se placer entre elle et la jeune fille.

Elle avait ouvert l'abîme sous les pas d'Élisa.

Elle ne le referma pas.

Pâquerette était tout inondée de joie.

Elle allait gagner quatre francs par jour ! C'était la richesse.

Et puis, comme en devenant riche on devient ambitieux, elle se dit que peut-être on lui donnerait du travail à emporter chez elle. Durant les longues veillées d'hiver elle pourrait augmenter son salaire.

Qui sait ? elle irait peut-être jusqu'à cinq francs !

Gorgozza lui avait dit d'aller le jour même chez madame Palmyre.

Élisa avait hâte de dire à quelqu'un son bonheur.

Mais son père était absent pour trois jours ; la lettre que lui avait apportée André le lui annonçait.

Serait-elle seule chez sa nouvelle patronne ?

Pourquoi ne pas faire part à son amie, à Henriette, de l'heureuse chance qui la favorisait ?

Henriette l'accompagnerait chez madame Palmyre. Tout le long du chemin elles causeraient de ce bonheur inattendu. Peut-être même qu'à la faveur de la double recommandation qu'elle portait, Élisa pourrait obtenir de faire accepter son amie en même temps qu'elle.

Quelle bonne idée elle avait là ! Elle ne serait pas du moins toute seule avec des figures nouvelles chez la dame de la rue Grange-Batelière.

Elle se rendit donc rue du Faubourg-Saint-Denis, à son domicile du passage de l'Industrie.

En marchant, elle souriait ; ses yeux brillaient de satisfaction; elle se parlait tout bas; son cœur sautait dans sa poitrine.

Elle pensait à Octave.

Son gain s'augmentait ; il lui semblait qu'elle se rapprochait de la position du jeune homme, puisqu'elle se sentait moins pauvre !

La joie lui donna des ailes pour voler en quelque sorte à son cinquième étage.

La clé était sur sa porte; elle entra comme une sylphide.

Elle trouva Henriette mutinée contre André qu'elle pinçait à bleu.

André, préoccupé et rêveur, n'était ni assez turbulent ni assez entreprenant pour la folle fille aux cheveux d'or.

A la vue d'Elisa qui se montra comme une soudaine apparition, Henriette et le jeune homme poussèrent un cri.

Pâquerette était si émue qu'une même question partit de leur bouche.

— Qu'y a-t-il? qu'as-tu donc?

Elisa tenait son cœur à deux mains, tant il battait.

Elle s'assit au bord d'une chaise et reprit haleine.

— Ah ! mes enfants, si vous saviez ce qui m'arrive ! fit-elle enfin d'une voix essoufflée, entrecoupée, palpitante.

— Tu as été suivie par un vieux? demanda Henriette en riant.

— Fi donc! dit Elisa.

— Tu as gagné le gros lot à la loterie?

— Est-ce que j'ai des billets?

— On t'a donné des places pour l'Ambigu?

— Eh non! et vous André, vous ne voulez pas deviner?

— Non, Elisa, répondit le jeune homme d'un ton de tristesse amère; je ne sais pas deviner le bonheur, l'ayant rarement connu.

Pâquerette baissa la tête.

Elle eut un serrement de cœur.

Elle venait de comprendre.

— Voyez-vous ce dadais! fit Henriette. Mon petit, le bonheur passe souvent près de nous; il s'agit de le pincer au vol. Mais j'ai bien peur que vous le laissiez fuir.

Et la maligne enfant eut des œillades et des sourires à exaspérer d'amour le cœur le plus froid.

André se sentait de marbre.

— Oh! quel glaçon que ce garçon-là! faisait en elle-même Henriette, exaspérée de cette indifférence. Il me rendra folle de dépit et me poussera à faire quelque sottise avec un autre.

— Eh bien, mes enfants, comme vous ne devinez pas, reprit Pâquerette, apprenez ma chance! A partir de demain, je gagne quatre francs par jour.

— Dieu! exclama la fille aux cheveux d'or, vas-tu t'acheter de jolies toilettes!

— Tu pourras t'en payer aussi, ma fille.

— Vrai!

— Je t'emmène avec moi!

— Quelle chance ! quatre francs ! Dieu de Dieu, aurons-nous de l'argent! D'abord, moi, je veux une robe de soie. A la fin du mois je me l'achète. Ah! mon petit André, il faudra vous faire beau, si vous voulez que je vous prenne le bras! Il y a un monsieur qui me suit et qui m'appelle : Petite! Nom d'un chien, je vas drôlement prendre mes grands airs maintenant pour lui faire passer son chemin !

Un quart d'heure après Elisa et Henriette prenaient la direction de la rue Grange-Batelière.

Comme elles pénétraient dans la maison n° 23 de cette rue, un homme en sortait.

C'était lord Wigmore.

Cet homme parut frappé de la beauté de ces deux jeunes filles.

Il s'arrêta pour les voir passer et les suivit longtemps des yeux lorsqu'elles montèrent l'escalier.

Lord Wigmore réfléchit un instant.

Puis, faisant le geste d'un homme à qui une idée vient de surgir tout à coup.

— Ce serait drôle! fit-il avec un rire étrange.

Et il s'éloigna.

Nous ne chercherons pas à connaître l'idée qui venait de naître dans le cerveau de cet homme.

Nos lecteurs en apprendront assez tôt l'odieuse scélératesse.

Suivons en ce moment les deux enfants à

qui le concierge vient, d'un air narquois, d'indiquer l'entre-sol.

Madame Palmyre demeurait à l'entre-sol.

Sans doute elle n'attendait pas ce jour-là les deux jeunes filles dont lord Wigmore venait de lui annoncer la venue, car elle n'avait pas changé la physionomie interne de sa maison, à laquelle elle imprimait toujours un air de décence et d'hypocrisie lorsqu'une novice était introduite chez elle.

Comme elles allaient sonner, Henriette et Elisa entendirent des éclats de rire qui leur parurent de bon augure.

— On n'a pas l'air d'engendrer ici la tristesse! fit observer la fille aux cheveux d'or.

— Je ne sais pas, répondit Elisa, mais j'ai le cœur serré.

— Parce qu'on rit! parce qu'on chante! Faut-il pas pleurer pour te rassurer?

En disant cela, Henriette avait tiré la patte de lièvre qui pendait au bout du cordon de la sonnette.

Les éclats de rire cessèrent par enchantement.

Un coup de sonnette est toujours une chose terrible pour une maison suspecte.

Qu'annonce-t-il?

On redoute toujours la police qui arrive tôt ou tard.

Plusieurs portes gémirent à l'intérieur, annonçant qu'elles s'ouvraient et se fermaient doucement.

Puis, après un moment d'attente, un pas traîna derrière la porte d'entrée.

Une bonne à la physionomie douteuse vint ouvrir.

Elle jeta un rapide regard sur nos deux petites filles et annonça, en toussant, qu'on n'eût rien à craindre à l'intérieur.

En effet, on entendit de nouveau un bruit de portes, et une forte odeur de fumée de tabac arriva par les fissures de toutes les ouvertures.

— Qui demandez-vous, mesdemoiselles? demanda la voix douceâtre de la bonne.

— Madame Palmyre? répondit hardiment Henriette.

— Nous venons pour du travail, compléta Pâquerette.

— Pour du travail, mesdemoiselles? fit en ricanant la servante, entrez vite; il y en aura toujours pour vous, j'en suis sûre.

La bonne, si peu connaisseuse qu'elle fût, avait déjà admiré la délicieuse beauté d'Elisa et de son amie.

Celles-ci furent introduites dans une sorte de salon où régnait le plus agréable désordre.

Il y avait trois robes de soie neuve sur un canapé, un cachemire des Indes sur un fauteuil; un magnifique manteau de velours orné de dentelles sur un guéridon.

Sur la cheminée brillaient quelques écrins entr'ouverts, laissant entrevoir l'or, l'émeraude, le diamant.

Dans un vide-poche, trois ou quatre montres avec leurs chaînes, ornées de turquoises, de rubis et de saphirs.

Au milieu du salon un large guéridon, couvert d'un riche tapis, supportait deux verres d'absinthe à demi vidés et un verre de madère encore plein.

Il y avait trois jeunes filles dans ce salon.

La plus âgée pouvait avoir dix-sept ans.

L'une au nez retroussé, au menton pointu, au regard impertinent, fumait une cigarette. Elle était vêtue d'un peignoir de soie grise à revers cerise ouatés! Elle babillait d'une petite voix grêle et flûtée. La pâleur de son visage, la fatigue de ses traits ne pouvaient toutefois altérer la piquante beauté de cette jeune fille. Elle alternait les bouffées de ses cigarettes avec les gorgées de son verre d'absinthe.

Son petit nom était Zoé.

L'autre jeune fille avait des grands cheveux blonds bouclés, qui lui tombaient sur les épaules. Elle n'était vêtue que d'un large jupon blanc orné de broderies et d'une gracieuse camisole garnie de dentelles. Ses petits pieds étaient enfermés dans des pantoufles de satin blanc, ornées de bouffettes roses. Ses traits étaient d'une régularité irréprochable; son front d'une pureté d'ange. Elle fumait un gros cigare et battait un jeu de cartes.

On l'appelait Ida-Mignardise.

La troisième enfin, grande et belle jeune fille aux formes parfaites, était sans doute sur le point de sortir, car elle était debout et en une riche toilette. Une robe de poult de soie verte dont la large queue couvrait tout le tapis du salon, un chapeau microscopique posé sur un chignon monstrueux, un manteau de velours noir bordé de fourrures, un petit manchon, des bottes avec des talons de dix centimètres et des glands qui flottaient sur le cou-de-pied, tels étaient les objets qui composaient sa mise élégante.

Elle tenait en main un verre qu'elle venait de vider.

C'était la grande Ernestine.

Ce singulier tableau d'intérieur industriel était bien fait pour étonner Elisa et même Henriette, qui, pourtant, ne s'étonnait guère.

— Nous nous sommes trompées, sans doute, fit timidement Pâquerette.

— Qui demandez-vous donc, mes mignonnes? demanda un quatrième personnage qui parut alors sur le seuil.

— Madame Palmyre, répondit résolûment Henriette.

— C'est moi, dit la dame dont nous avons déjà esquissé le portrait.

— Voici une lettre pour vous, fit Elisa en lui remettant le billet de recommandation que lui avait donné la Gorgozza.

Madame Palmyre prit la lettre et fit semblant de la lire, bien qu'elle en connût d'avance le contenu.

Ses grands yeux doux et froids allaient par-dessus le papier, examiner curieusement Elisa et sa compagne.

La beauté contrastante de ces deux enfants la remplit d'admiration.

Jamais elle n'avait rien vu d'aussi original, d'aussi espiègle que la physionomie de Henriette, d'aussi précieux par leur couleur rare, que la fulgurante beauté de ses cheveux, d'aussi fin que les lignes de son visage.

Et Elisa! quelle idéale figure! quelle distinction, quel charme de grâce dans tous ses traits! Ses cheveux noirs, riches, onduleux, faisaient valoir singulièrement l'éclat profond de ses yeux bleus.

— Mais c'est un double trésor que ces deux petites! murmura madame Palmyre.

Puis tout haut:

— Très-bien, mes mignonnes, je n'ai rien à refuser à la personne qui vous envoie. L'on m'apprend par cette lettre, mademoiselle Elisa, que M. Vernier, votre père, est absent pour quelques jours. Vous pouvez passer la journée avec nous si vous voulez. C'est aujourd'hui fête. Ces demoiselles ont reçu de belles étrennes. Vous vous amuserez ensemble. Nous dinerons ici. Vous rirez et pour votre bienvenue l'on boira du champagne!

— Du champagne! fit tout bas Henriette à Elisa, j'en ai une envie que j'en rêve toutes les nuits.

Zoé, Ida et Ernestine regardaient, en échangeant des coups d'œil ironiques, le costume modeste, l'allure naïve, la physionomie attestant la chasteté ingénue, l'ignorance honnête des deux nouvelles venues.

— Et dire, fit tout bas Zoé à Ida, que j'étais comme ça il y a six mois!

On dina gaiement.

Madame Palmyre avait l'art de séduire et d'endoctriner la jeunesse.

On but du champagne.

Au dessert, Henriette était d'une gaieté folle et Elisa tout étourdie.

Elles étaient à cette heure où l'âme n'a pas bien conscience d'elle-même, où le délire la saisit, où le vertige la prend. Elle peut alors tout entendre et on peut tout oser avec elle.

Le vice corrupteur peut commencer son œuvre : l'ivresse est là qui lui tient sa proie.

Henriette glissait gaiement vers l'abîme.

Elisa y tombait.

Quel miracle pouvait la sauver!

On sonna discrètement en ce moment à la porte de madame Palmyre.

Celle-ci commanda une minute de silence aux bruyantes jeunes filles.

Bientôt la porte du salon s'ouvrit et Françoise, la bonne, se montra en clignant de l'œil à sa maitresse.

Madame Palmyre se leva.

— Qui donc est là? demanda-t-elle à Françoise.

— C'est M. le baron de Barbenthall.

— Une scie ! un crampon ! fit la patronne
d'un ton de mauvaise humeur.

— Il est accompagné de M. le duc de Kermaria ; ils demandent s'ils peuvent souper ici.

— Avec nous ?

— Oui, madame.

— Du moment que le duc est là, je vais leur
parler.

Après quelques plaisanteries un peu légères, madame Palmyre prit à part le duc de
Kermaria.

— Ils causèrent dix minutes avec anima-
tion.

— Il faut avouer, monsieur le duc, que vous
avez de la chance, termina la Palmyre.

— C'est à vous que je la devrai. Françoise
fera venir le souper de chez Potel ; je vais en
glisser deux mots à Barbenthall.

Et M. de Kermaria s'approcha de son ami, à
qui il parla une seconde à voix basse.

— Parfait ! s'écria tout à coup le baron ; palsambleu ! c'est du Louis XV tout pur.


XV

LE PÈRE ET LE FILS


Clara Dear revenait du bois lorsqu'elle
aperçut une foule de curieux amassés devant
son hôtel.

— Black, fit-elle à son groom, allez donc
voir ce qui se passe.

Black dégringola du siége de derrière où il
était assis à côté du cocher qui ne conduisait
pas, et il se mêla aux curieux qui encombraient les abords de l'hôtel de sa maîtresse.

Au bout de cinq minutes il revint vers
Clara Dear, assez embarrassé de faire une réponse.

— Qu'est-ce donc ! fit avec humeur la courtisane.

— Un événement, madame...

— Quoi donc ?

— Un malheur...

— Parle donc, petit sot.

— C'est que...

— T'expliqueras-tu ? s'écria la petite dame
courroucée en menaçant Black de son fouet.

— C'est M. Cléry...

— Octave ?

— Non, le père.

— Encore ! fit Clara Dear avec un mouvement d'impatience. Je vais le prier de me faire
grâce de ses visites.

— Oh ! madame, il n'est guère en état de
vous entendre.

— Je crierai assez fort...

— Puisqu'on ne sait pas s'il en reviendra.

— Comment, s'il en reviendra ! fit la petite
dame avec stupeur.

— Il paraît qu'il s'était pendu !

— Pendu !

— Oui, madame.

— Ici ?

— Oui, madame, devant votre porte, avec
le cordon de la sonnette, à un des barreaux
de la rampe.

— Dieu, que c'est bête, Dieu que c'est dé-
goûtant ! Dieu, que c'est ridicule ! s'écria Clara
Dear avec une expression de vive contrariété
et de profonde répulsion.

Puis elle toucha ses chevaux et repartit dans
la direction du bois.

— Est-ce désagréable ! murmura-t-elle.
Heureusement que le prince n'était pas là.
Quelle vilaine grimace devait faire ce vieux
Cléry... Se tuer !... Est-il bête !... Il s'est pendu
pour moi... j'espère que le prince me saura
gré de ça !

Et elle mit ses chevaux au galop.


Cependant Pierre Cléry avait été descendu
dans la loge du concierge.

Un médecin appelé en toute hâte lui prodi-
gua les soins les plus énergiques.

La strangulation avait peu duré, et l'as-
phyxie n'était pas complète.

On parvint à rappeler à la vie le père d'Octave.

Celui-ci, bouleversé, l'âme broyée, attendait
dans un état mental indescriptible le dé-

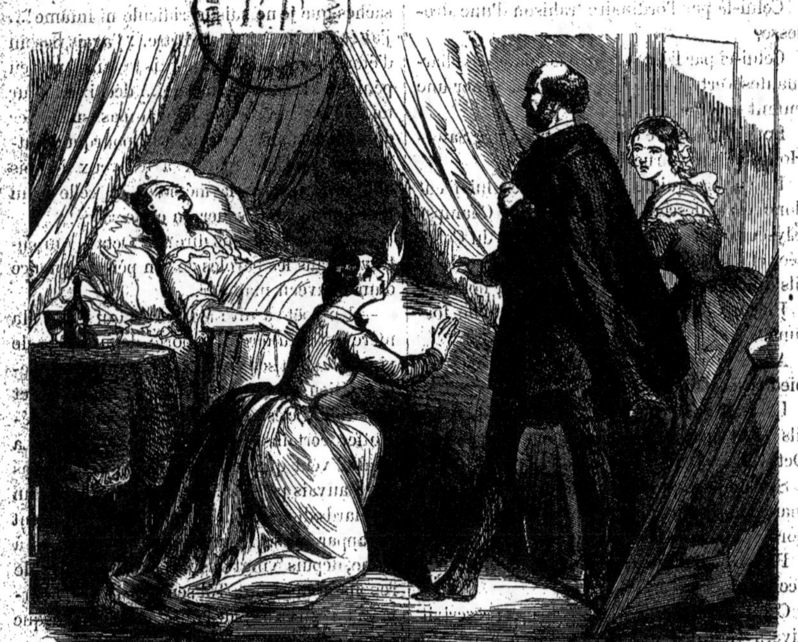

— Vous coupable! protesta Octave.

— Oui, je dois être... lâchement coupable à tes yeux, qui... Jusqu'à son dernier souffle elle nouement de ce drame qui était venu le frapper comme un coup de foudre.

Quand son père put être transporté sans danger, il envoya chercher une voiture et le fit conduire chez lui.

Les poignantes et terribles émotions de cette journée néfaste l'avaient brisé.

Il était aussi pâle, aussi défait, aussi abattu que son père.

Pierre Cléry était un homme d'environ cinquante-cinq ans.

Mince, d'une taille droite et élevée, il paraissait jeune encore, tant il prenait soin de cacher les ravages que le temps et les violents chagrins qu'il s'était créés faisaient à sa robuste constitution. Il était vêtu avec beaucoup d'élégance. Ses traits étaient fatigués. On devinait qu'il teignait la légère moustache dont

congestion pulmonaire ou un étranglement au cerveau, dont il redoutait les conséquences.

Il recommanda en même temps de l'abstenir de toute fatigue morale.

la racine, grisonnait sur sa lèvre supérieure, et les étroits et courts favoris qu'il portait au-dessous des tempes. Ses cheveux avaient été très-beaux; il en ramenait de longues mèches sur le haut de son front un peu atteint de calvitie.

Malgré le soin excessif qu'il apportait à corriger les atteintes de l'âge, Pierre Cléry ne manquait pas de dignité dans l'attitude et la physionomie de sa personne.

En ce moment il était étendu au fond de la voiture, immobile, livide, muet.

Son fils, non moins sombre, cachait son visage dans ses mains.

Des larmes coulaient entre ses doigts.

Quelle terrible position! quelle épreuve étrange!

Ils étaient là tous les deux mortellement frappés au cœur.

Celui-là par l'ordinaire trahison d'une drôlesse.

Celui-ci par l'écroulement de toutes les charmantes vertus dont il s'était plu à orner une
enfant de quinze ans.

Le père d'Octave demeurait faubourg Saint-
Honoré, dans la rue de Penthièvre.

La voiture qui le ramenait chez lui n'eut
donc qu'à descendre l'avenue des Champs-
Élysées, à prendre à gauche la rue du Coly-
sée, et à la suite de celle-ci celle à laquelle le
fils du comte de Toulouse donna son nom.

Pierre Cléry possédait une assez belle fortune.

Aussi sa maison était-elle montée sur un
pied respectable.

Il vivait seul et voyait rarement ses deux
fils dont nous ne connaissons que l'aîné,
Octave.

Ses domestiques accoururent prêter à leur
maître le secours de leurs bras pour le transporter dans ses appartements.

Pierre se fit mettre au lit et manda son médecin.

Celui-ci s'empressa d'accourir, prescrivit
divers remèdes qui devaient prévenir une
congestion pulmonaire ou un épanchement au
cerveau, dont il redoutait les conséquences.

Il recommanda en même temps de s'abstenir de toute fatigue morale.

— Je peux mourir, dit Pierre au docteur; il
faut à tout prix que je parle à mon fils.

— Longtemps? demanda le médecin inquiet.

— Longtemps, répondit le père d'Octave.

Le docteur écrivit alors une nouvelle ordonnance.

— Dans un quart d'heure vous pourrez parler, dit-il au malade.

Et il se retira.

Quelques instants après, Octave était au
chevet du lit de son père, tenant dans sa main
sa main tremblante et affaiblie.

— Mon fils, commença Pierre d'une voix
grave, après les événements de ce matin je te
dois la confession tout entière de ma vie.

— Mon père, au nom du ciel! supplia le
jeune homme.

— Il faut m'écouter, Octave; je veux que tu

saches que je ne suis ni ridicule ni infâme!...
j'ai été fou... j'ai voulu l'être... j'avais besoin
d'étourdir ma raison. Je vais te faire un aveu
pénible... terrible pour moi... déchirant pour
toi... c'est ma faute. Je n'ai pas su porter
dignement mon malheur. Ah! pourquoi faut-
il que, pour me relever à tes yeux, je sois
obligé de frapper la mémoire de celle à qui
tout homme doit vouer un culte sacré!

— Que voulez-vous dire? fit Octave qui en-
trevit, dans les paroles de son père, l'annonce
d'un nouveau malheur.

— Un poëte a dit : Malheur à qui dira : Ma
mère est adultère... Je porte depuis plus de
vingt ans un secret qui me ronge l'âme. Devant Dieu, j'avais juré d'ensevelir ce secret
avec moi... c'est l'honneur de la maison d'é-
touffer certains événements de famille... La
fatalité veut que je le dévoile, je ne suis pas
un mauvais père, Octave, je ne suis pas un
vieillard odieusement libertin, comme le disent
les apparences. Depuis vingt ans je te vois à
peine, depuis vingt ans j'ai l'air de haïr et de
repousser ton frère. Toi seul que j'aime, pourtant, toi qui es aujourd'hui mon juge, puisque
tu me dois croire coupable...

— Vous coupable! protesta Octave.

— Oui, je dois être lâchement coupable à
tes yeux. Eh bien! prononce entre nous deux;
entre elle, qui m'a mis le désespoir dans le cœur
et qui m'a poussé à toutes les folies, et moi
ton père, coupable de chercher à oublier.

— Grand Dieu! fit le jeune homme qui prévoyait une horrible révélation.

— Elle morte!... Je lui ai pardonné... oh!
que j'ai souffert... Ta mère...

— Mon Dieu! mon Dieu! fit Octave avec
l'expression d'une immense douleur.

— J'ai été trompé!

— Ah! j'ignorais sa faute... c'est infâme de
me la révéler! fit Octave désespéré de perdre cette sainte croyance qu'il portait encore
au cœur.

— Il ne faut pas la maudire! Sait-on comment la femme succombe!

— Mon père, demanda Octave pâle et grave,
avez-vous eu la preuve de notre honte?

— Écoute. Aussi bien je te devais cette révélation, car celui que tu appelles ton frère, qui porte mon nom comme toi, n'est pas mon fils! Il faut que tu saches que je ne lui dois rien. Écoute la confession que je dois te faire. J'épousai ta mère, il y a vingt-six ans. Riche, belle, spirituelle, elle pouvait, certes, ambitionner une union plus brillante, car à cette époque, négociant à Lyon, je jetais à peine les premiers fondements de ma fortune. Elle refusa pourtant la main d'un homme... dont le grand nom, les immenses biens auraient pu l'éblouir... Je croyais à son amour.... j'avais sans doute raison alors. Tu fus le premier fruit de cette union si inespérée pour moi. La meilleure société fréquentait nos salons. Nous recevions l'homme qu'elle avait refusé. Qu'avais-je à craindre? elle ne l'aimait pas! Mais c'était une nature orgueilleuse et vindicative. Il médita notre déshonneur. Ses assiduités devinrent de plus en plus fréquentes auprès de celle qui l'avait dédaigné. Les préoccupations de notre commerce considérable me voilaient les yeux; car on commençait déjà, dans Lyon, à chuchoter et à rire de ma crédulité! Je fus le dernier à connaître les bruits qui se répandaient. Mais enfin, je les connus. Indigné de dégoût, sûr de celle qui m'avait confié sa vie, je traitais de calomnie ces accusations qui montaient jusqu'à moi. Pour les faire tomber pourtant, je fis comprendre à celui qu'accusait la voix publique de ne plus fréquenter notre demeure, et ta mère partit pour une maison de campagne que nous possédions dans le joli vallon du Buisson, non loin de la Saône. Je ne savais pas que non loin de là le voleur de mon honneur avait acheté la propriété de Fontaines.

Il s'y rendit le soir même.

Et le lendemain j'étais plus ridicule... et elle plus infâme.

Le père s'arrêta.

Ces souvenirs douloureux déchiraient encore son âme.

Octave, lui, sanglotait.

Il entendait, contre sa mère, un de ces terribles actes d'accusation qu'un fils ne devrait jamais écouter.

— Tous les soirs, reprit Pierre, ma voiture me conduisait en une heure au Buisson. Mais j'eus un voyage à faire et je déclarai que je serais sept ou huit jours absent.

Je revins le cinquième jour.

Il était tard; onze heures venaient de sonner. Quelques nuages gris montaient de la Saône et passaient sur la lune qui filtrait à travers leurs voiles une lueur terne.

Dans le cœur j'avais le soleil.

J'étais heureux de ce prompt retour. C'était une joyeuse surprise que je croyais ménager à... Enfin j'arrive près de la grille du parc. J'en avais oublié la clé. Force me fut de sonner. Le bruit de la cloche prévint les coupables. Mais dans l'éloignement, je vis une fenêtre du balcon de notre maison s'ouvrir. Un homme parut, enjamba l'appui de fer, se suspendit aux volutes, et sauta à terre.

Il avait disparu lorsque, fou de rage, ivre de désespoir, j'arrivai au pied de notre demeure souillée.

— Et ma mère était là?

— Oui.

— Et cette fenêtre?

— Était celle de notre chambre à coucher, oui, mon fils. Mon honneur était perdu.

— Ma mère est morte! dit Octave d'une voix sombre... Cet homme aussi est mort sans doute... car vous l'avez tué?...

— Il vit.

— Il vit! s'écria Octave. Ah! auriez-vous eu peur, mon père?

— Malheureux!...

— Ah! vous accusez bien ma mère! Il m'est bien permis de vous accuser à mon tour, puisque vous vivez encore. Il fallait le tuer ou mourir.

— Regarde! fit le père en découvrant sa poitrine et en montrant trois larges cicatrices.

— Ah! fit Octave d'une voix stridente, je reconnais bien là l'ironie du destin. C'est l'autre qui est l'infâme et c'est vous qui êtes frappé. Et maintenant, mon père, son nom?

— Quoi?

— Oh! je sais que je le tuerai, moi.

— Je te dirai son nom, mais écoute-moi, car je n'ai pas fini encore.

Furieux, écumant, je courus après celui qui m'avait déshonoré. J'entendais ses pas précipités dans les allées, le froissement de son corps à travers les feuilles... je l'appelais... Il échappa à ma fureur. Comme un insensé, je courus jusqu'à Fontaines... j'étais arrivé avant lui; je me cachai. A minuit, il parut. Comme il allait ouvrir la grille du jardin qui entourait sa demeure, je m'élançai sur lui; je le frappai, je lui crachai au visage. Je l'aurais étranglé si l'on n'était accouru à nous.

Le croiras-tu?

Il eut un sang-froid terrible.

— Calmez-vous! me dit-il, au nom de celle que vous croyez coupable et que vous allez compromettre.

J'étais fou.

Ce dernier trait avait mis le comble à ma rage.

— Vos armes! lui criai-je écumant.

— Celles que vous voudrez et quand vous voudrez... Mais au nom du ciel, pour elle ou pour vous, pas un mot... les valets nous écoutent.

Le lendemain, bien qu'il ait eu l'infamie de m'épargner, je m'enferrai sur son épée qui me traversa le corps.

Trois mois après je me battis encore.

Le pistolet était notre arme.

Je tirai le premier et le manquai.

Il déchargea, lui, son arme en l'air.

C'était encore un outrage.

On rechargea les pistolets et nous tirâmes de nouveau.

Cette fois, je fus atteint en pleine poitrine.

Je n'étais pas encore rétabli de cette blessure que ta mère mourait de chagrin, après avoir mis au monde Paul, ton frère.

Faut-il te le dire! Jusqu'à son dernier souffle elle a protesté de son innocence.

Je te dois toute la vérité.

A peine guéri, je recherchai une troisième fois mon ennemi, et le forçai à une troisième rencontre.

Nous revînmes à l'épée, l'arme de notre premier duel.

Le destin me fut encore défavorable.

Je fus blessé!

— Vous pourrez m'assassiner désormais, me dit mon adversaire; mais je ne me battrai plus.

— Infâme! murmurai-je étendu sur la terre que je mouillais de mon sang.

Il se pencha alors vers moi.

— Je vous jure, me dit-il, sur mon honneur que je n'ai pas porté atteinte à votre honneur.

Le misérable!

Je l'avais vu moi-même s'enfuir après son crime!

— Etrange! murmura Octave; c'est égal, coupable ou non, cet homme me doit sa vie, je l'aurai.

— Ah! que te dirai-je des jours qui s'écoulèrent après mon malheur! J'étais fou, et je me conduisis comme un insensé.

Je crus d'abord que le torrent des affaires noierait ma douleur.

A corps perdu je me lançai dans toutes sortes de spéculations.

J'allais en aveugle, et pourtant je réussis.

C'est souvent comme cela.

Je réalisai ma fortune.

J'avais trois millions.

Alors je demandai aux voyages, aux plaisirs la cicatrisation de cette plaie que j'avais au cœur.

L'Angleterre, l'Allemagne, l'Italie, attirèrent mes pas.

L'Italie!

Terre des amours.

Je fus trahi là comme en France.

Voici maintenant l'histoire de mes faiblesses et de mes folies.

J'avais changé de nom.

Il y a dix-neuf ans, j'étais à Milan.

Je connus là une pauvre fille, qui, elle aussi, le cœur meurtri, fuyait sa patrie.

Elle était Napolitaine.

Sa beauté, sa tristesse, frappèrent mon imagination. Elle me raconta sa vie, je lui dis la mienne. Nous étions frères par l'infortune. Je crus qu'elle m'aimerait. J'avais besoin d'un cœur contre le mien. Elle accepta mon dévouement. J'étais riche. Elle chantait à la Scala. Ma fortune lui fut très-utile pour faire sa réputation. Trois mois après elle était célèbre. Nous avons parcouru toute l'Italie, heureux, et fiers. Tu ne sais pas, mon fils, tout ce qu'il y a de froideur et d'égoïsme au fond des grands talents. Pour elle, qu'étais-je ? Un instrument. A Florence, elle me trompa avec un ténor.

Ma vengeance était toute prête.

Elle avait un fils... qui était aussi le mien. Frêle créature ! Il n'avait pas encore deux ans.

En apprenant la fourberie dont j'étais victime, mon cœur ne saigna pas comme la première fois ; j'avais déjà le doute au cœur. Une première trahison avait déjà tué chez moi la foi ! Je pris l'enfant de la chanteuse, notre enfant, et je partis.

Je revins en France.

Mais l'enfant d'une maîtresse, l'enfant d'une femme qui vous a trompé, est-il à nous ?

Ah ! le doute ! le terrible doute !

Je détestais presque ce petit être innocent dont je m'étais emparé par vengeance.

Alors je commis un acte odieux.

Ne voulant pas renvoyer l'enfant à sa mère, ne voulant pas le garder avec moi, puisqu'un autre pouvait être son père, je commis la lâcheté de l'abandonner.

— Vous avez fait cela, mon père ! s'écria Octave avec une douloureuse indignation.

— Oui, voilà ce qu'avait fait de moi... la faute de ta mère : un malhonnête homme !

— O implacable logique du mal ! fit Octave en levant les bras au ciel !

Je m'accuserai jusqu'au bout. Éperdu du passé dont l'image me poursuivait toujours, je me jetai dans de misérables relations. Pendant quinze ans j'ai été le jouet du vice et de la corruption. La fange ternit... elle efface... elle éteint... je voulais effacer, je voulais éteindre ces souvenirs de flamme qui brûlaient dans mon cerveau et dans ma poitrine. J'étais comme le démon qui, roulé dans l'abîme, se souvient du Paradis qu'il a perdu... Mais du moins je ne l'avais pas perdu par ma faute... Oui, je tombai jusqu'à cette Clara Dear... une folle passion m'attachait à elle... oserai-je te

l'avouer, à toi, mon fils... sais-tu pourquoi ?..

Qu'est-ce que je cherchais dans toutes les femmes que j'ai connues... le cœur de ta mère.

Oui, lorsqu'un amant délaissé se jette à la tête d'une nouvelle maîtresse, sais-tu ce qu'il cherche, le malheureux ?

Celle qui l'a chassé et qu'il aime dans toutes les femmes.

Cette Clara Dear, elle plus que les autres, faisait revivre mon souvenir et leurrait ma passion.

Regarde-la : elle ressemble à ta mère. Ah ! cela t'indigne ! c'est comme cela ; une drôlesse célèbre a dans ses yeux, dans sa voix, sur ses traits, tout ce qu'avait celle qui porta mon nom... Et pourquoi pas... elle m'a bien trompé aussi.

Et Pierre Cléry eut un rire strident.

Puis d'une voix plus sombre :

Trompé... que sais-je... il faut que je te l'avoue... j'ai eu des doutes quelquefois. Je riais de mes doutes... Ah ! et pourtant ils me rendaient heureux... Mais les preuves, les preuves palpables, irrécusables de mes yeux.. Cette Clara Dear m'a fait refuser sa porte. Elle est protégée par un prince allemand. J'étais fou de désespoir comme le soir où je vis un rival s'échapper de mon foyer souillé... Je te l'ai dit, elle ressemble à ta mère... Le vertige m'a saisi... Il m'a semblé que je perdais tout à la fois le passé et l'avenir ; je me suis pendu... là, lâchement, hideusement, au barreau de son escalier... Eh bien ! sais-tu qui m'a poussé à la folie, au suicide ?... L'idée de ta mère !

A ces mots, le vieillard se renversa sanglotant et agité sur son lit.

Une douleur convulsive agita tout son corps.

Octave, lui aussi, laissa éclater sa douleur.

Ils demeurèrent ainsi longtemps silencieux, torturés, pleurant.

Tout à coup Octave se leva.

Il boutonna sa redingote et prit son chapeau.

— Son nom ? demanda-t-il.

— Le duc de Kermaria.

— Le duc de Kermaria ! O démon, prêt à paraître devant Dieu, il me dira, lui, si ma mère fut coupable !

## XVI

### ON DANSE CHEZ PAUL CLÉRY.

Pierre Cléry avait eu une crise terrible à la suite de l'émouvante conversation qu'il venait d'avoir avec son fils.

Octave ne le quitta pas un instant, quelque hâte qu'il eût d'aller accomplir le projet qu'il avait conçu.

Il voulait sauver son père !

Le sauver parce que c'était son père et qu'il aimait.

Le sauver, parce qu'il voulait réhabiliter à ses yeux la mémoire de celle qui n'était plus.

Une mère n'est jamais coupable aux yeux d'un fils.

Malheur à qui dira : Ma mère est adultère !

Vers cinq heures du soir le malade parut être plus calme. Ses paupières se fermèrent. Un long sommeil vint réparer en partie ses forces.

Octave quitta la demeure de son père et passa à son propre domicile.

Il n'était pas rentré chez lui depuis le matin.

Son valet de chambre lui remit une foule de cartes de visites, quelques lettres qu'il ouvrit rapidement.

Parmi celles-ci se trouvait l'invitation de Gorgozza pour le matin.

Le jeune homme envoya immédiatement des excuses à la cantatrice.

Il ne soupçonnait ni ses intrigues, ni son amour.

Aime-t-on qui nous aime !

On va chercher loin le bonheur lorsqu'on l'a sous la main.

Il faut dire qu'Octave et Elisa avaient l'un pour l'autre un profond amour.

A part la position, la concordance était parfaite.

Elisa, frêle, douce, jeune, naïve, chaste, n'avait ni le cœur d'acier de Gorgozza trempé au feu des passions, ni son expérience redoutable, ni sa beauté souvent profanée, ni son esprit greffé sur d'impurs souvenirs, ni son opulence qu'elle devait à sa beauté autant qu'à son talent.

Pâquerette, elle, n'avait que quinze ans. Pas de passé.

Ce n'était qu'une expérience.

C'était tout.

Octave s'assit devant un petit bureau de marqueterie qui faisait partie de l'ameublement de sa chambre à coucher ; il prit plusieurs feuilles de papier et écrivit deux lettres :

L'une à son père.

La seconde à Elisa Vernier.

Il plia ces deux lettres, les glissa sous enveloppes et mit l'adresse.

Puis il les posa sur un petit guéridon, au milieu de sa chambre, de façon que la suscription en fût visible et frappât l'œil de toute personne qui entrait dans cette pièce.

Sur une troisième page blanche qu'il avait posée devant lui, Octave écrivit quelques lignes qui n'avaient nullement la forme d'une lettre.

C'était une sorte d'acte qu'il data et signa après l'avoir lu à plusieurs reprises.

Il plia en quatre cet écrit et l'introduisit dans une enveloppe qu'il scella de plusieurs cachets.

Ces soins accomplis, il se fit conduire rue de Richelieu, chez Paul Cléry, son frère.

Paul Cléry, quoique bien jeune, était chef d'une maison de banque commanditée par quelques riches capitalistes.

Il avait l'audace de son âge et la fureur de spéculation de son époque.

Tête ardente et cœur froid, nature aventureuse sans solidité ; un projet saisissait-il son imagination, il se lançait à corps perdu dans son exécution, pour l'abandonner ensuite avec une facilité inouïe, lorsqu'un dessein nouveau venait lui offrir son mirage.

Quoique très-jeune encore, le frère d'Octave était marié.

Madame Cléry était une charmante blonde de dix-neuf ans, coquette comme Ève, avide de plaisirs comme une Parisienne, étourdie comme la jeunesse, courant après les nouvelles modes, comme une riche désœuvrée.

Le premier janvier 1861, il y avait un grand dîner chez notre jeune banquier.

Après le dîner, on dansait.

La fête était très-brillante, bien qu'elle fût donnée un peu pour les employés de la maison, qui ce jour-là étaient invités à la table et au salon du maître.

Il y avait un calcul dans ces agapes de famille.

Paul Cléry n'était pas fâché de montrer ce jour-là son nombreux personnel à ses amis, à ses pareils, à ses riches commanditaires, aux personnes surtout dont il désirait manier un jour les fonds.

D'un autre côté, l'amour-propre du banquier était flatté de faire entendre aux oreilles de ses employés la série de noms illustres, sonores, ronflants, qu'on annonçait tour à tour.

Le dîner avait été exquis.

Quand je dis exquis, c'est là un terme consacré.

On était au premier janvier.

On y avait mangé des asperges, des petits pois, des fraises, des raisins.

Tout cela hâtif, insipide, sans maturité naturelle.

Mais c'étaient des primeurs.

Charlotte Cléry, la jeune femme du banquier, avait à sa droite un gros financier allemand, dont les gracieuses prévenances, les heureuses saillies épanouissaient le visage. Il

À sa gauche elle avait fait placer un jeune Américain, beau garçon aux grands yeux noirs, aux traits hardis, qui venait d'arriver à Paris avec des lettres de crédit sur la maison Paul Cléry et Cⁱᵉ, qui révélaient la possession d'une fortune énorme.

Il se nommait William Peel, et était de New-York.

Charlotte avait l'art difficile de disséminer ses faveurs, de les prodiguer adroitement sans qu'aucun de ses convives pût s'apercevoir d'une différence dans la manière d'être traité par la maitresse de la maison.

Pourtant quelqu'un remarqua que les plus aimables sourires, les regards les plus affables, les paroles les plus bienveillantes, pour ne pas dire les plus provocantes, étaient adressés à William Peel.

Ce quelqu'un était un jaloux.

Ce n'était pas le mari.

Un mari voit rarement ces choses-là.

C'était un homme d'environ trente-cinq ans, pâle et sombre; ses yeux profonds et brûlants avaient un éclat fiévreux.

Il était du côté de la table qui faisait face à madame Cléry.

Vous connaissez son nom.

Il s'appelait Georges Bora.

Homme mystère.

Nous avons dit qu'il avait trente-cinq ans.

Il les paraissait à peine; et peut-être en avait-il davantage.

Nature problématique, âge douteux, existence incertaine, tel était cet homme.

On ne lui connaissait pas de fortune, et il menait grand train.

Le feu des passions violentes couvait en lui.

C'était comme un volcan morne d'où parfois s'échappait tout à coup la flamme.

Alors il paraissait sublime ou il épouvantait.

Ce tempérament étrange avait séduit madame Cléry, qui avait accepté ses assiduités les plus intimes.

Paul laissait à sa femme la plus entière liberté.

En sa qualité de banquier, il se croyait obligé de fréquenter toutes les coulisses, tant celles de la Bourse que des théâtres décolletés.

Donc, Charlotte oubliait Georges Bora, qui avait été quelque chose pour elle, son mari, qui n'était rien, pour s'occuper entièrement de son jeune voisin.

De temps en temps elle détournait la tête et souriait à son voisin de droite, le financier allemand, tout heureux d'admirer les belles dents de madame Cléry.

Mais, en réalité, la coquette était en train d'écouter mille tendres flatteries que lui glissait dans l'oreille le jeune Américain.

Et ses lèvres s'entr'ouvraient de bonheur.

Georges Bora, durant tout le temps de ce dîner, souffrit le martyre.

Ses regards furieux allaient tour à tour poignarder Charlotte et foudroyer William Peel.

Aussi fut-il trouvé stupidement maussade par deux jeunes femmes qu'il avait l'une à droite, l'autre à gauche, et souverainement ridicule par Charlotte Cléry.

Pendant le bal qui suivit le dîner, il devint compromettant.

Charlotte se trouvait dans un petit salon écarté, continuant avec le jeune Américain la conversation interrompue après le dessert.

L'orchestre joua une valse.

William Peel se leva et offrit son bras à madame Cléry pour l'entraîner à la danse.

Celle-ci acceptait avec bonheur, lorsque soudain apparut la sombre figure de Georges Bora.

— Pardon, madame, dit le jaloux; vous m'aviez fait l'honneur d'inscrire mon nom pour la première valse.

— Permettez-moi, monsieur, de vous dire que c'est une erreur, dit Charlotte qui se mordit les lèvres.

— Madame!... fit Georges qui devint plus pâle.

Oh! monsieur, intervint William Peel, ne m'enviez pas un bonheur que je goûte pour la première fois.

— Céder mon droit serait montrer de l'indifférence, répondit Bora, dont les yeux flamboyants et les traits agités en disaient certes plus que les paroles.

— Le droit, c'est moi; je crois que vous l'oubliez, monsieur Bora, fit Charlotte en posant hardiment sa main sur le bras de William Peel.

Ce refus est un outrage! reprocha Georges dont la fureur avait peine à se contenir.

— Monsieur, veuillez nous faire place, commanda alors William Peel; vous voyez bien que madame est à mon bras.

— Eh! que m'importe! exclama Georges qui perdait la tête.

— Je vous croyais sot; je vois que vous êtes grossier, fit Charlotte avec un mépris hautain.

— Madame! menaça Georges.

— Sortez, monsieur! lui ordonna la jeune femme indignée en lui montrant la porte. Venez, monsieur William, continua-t-elle en cherchant à entraîner le jeune Américain vers le salon où la valse faisait déjà tournoyer les invités.

Mais déjà Georges Bora lui avait saisi le bras, qu'il serrait à le briser.

— Charlotte, dit-il avec rage, vous ne danserez pas avec cet homme!

Madame Cléry poussa un cri de douleur.

William avait déjà souffleté Georges Bora.

— Misérable! gringa celui-ci. Ton adresse; demain, je te tuerai.

L'Américain, calme et froid, prit une carte dans son carnet et la remit à son adversaire.

Et il offrit tranquillement la main à madame Cléry pour l'entraîner loin de cette scène odieuse.

Mais cette altercation, si rapide, si comprimée qu'elle eût été, avait été entendue par plusieurs invités, qui regardaient avec une curiosité mêlée d'inquiétude, aux abords des portes, cette étrange algarade dont ils comprenaient vaguement le sens.

Charlotte et William s'élancèrent hors du salon.

Georges demeura seul, morne, sombre, foudroyé.

Tout à coup il releva son front menaçant.

Il fit un signe terrible vers l'étranger et la femme coquette qui disparaissaient en tourbillonnant.

Et il s'élança pour fuir cette maison, où il venait d'être si ridicule et si humilié.

Une main se posa sur son épaule.

Il se retourna, et se trouva en face de Paul Cléry.

Il tressaillit.

Mais le jeune banquier avait le visage plus contrarié que menaçant.

Paul croisa les bras.

Charlotte, vous ne danserez pas avec cet homme!

— Ah çà, fit-il, êtes-vous fou ! Comment, vous faites ici, chez moi, une scène de jalousie à ma femme !

— Mais...

— C'est stupide !... Croyez-vous que j'ignorais, moi, vos assiduités auprès de madame Cléry ? Croyez-vous que je n'ai pas remarqué la faveur avec laquelle elle vous a longtemps reçu. J'ai connu et votre correspondance mystérieuse, et vos rendez-vous cachés. Eh bien ! est-ce que j'ai été jaloux !... Ai-je fait le moindre esclandre. Je veux ma liberté ; je laissais libre madame Cléry ; je fermais les yeux ; et là, devant tout le monde, vous me crevez les yeux avec votre amour pour Charlotte. C'est fort désagréable. Il faut maintenant que je vous tue !

En ce moment on annonçait :

— Monsieur Octave Cléry !



## XVII

### LES DEUX DUELS

On a souvent décrit l'effet produit par la subite apparition d'un huissier et de ses recors au milieu d'une fête.

Eh bien ! la venue soudaine d'Octave produisit une semblable émotion chez son frère et chez tous les invités.

Octave n'était pas en habit de soirée ; il était vêtu d'une redingote boutonnée jusqu'au menton.

Son aspect était sombre et triste, et certes peu en harmonie avec tous ces visages souriants, ces physionomies animées de gens qui s'amusaient.

Lui-même demeura un instant interdit, stupéfait.

Il arrivait là comme un oiseau de nuit au milieu de l'éclat des lumières.

Il chercha son frère, fut droit à lui et l'entraîna rapidement dans une chambre voisine.

— Comment, il y a bal chez toi ! lui dit-il avec reproche.

— Tu le sais bien, puisque je t'ai fait prévenir, répondit Paul qui ne comprenait pas l'étonnement de son frère.

— Fête chez toi, aujourd'hui ! exclama Octave comme s'il eût assisté à une profanation.

— Pourquoi donc pas ?

— Lorsque notre père... O mon Dieu !

Et le jeune homme se mit les deux mains devant ses traits altérés.

— Lui serait-il arrivé malheur ? demanda Paul un peu ému.

— Oh ! si tu savais...

— Mort !

— Non... je l'espère, du moins.

— Tu me fais peur.

— Je vais tout t'apprendre.

Et Octave raconta à son frère les divers événements auxquels il avait assisté durant la journée.

Il lui dit son amour pour Elisa.

Paul sourit.

Son désespoir, les diverses étapes qu'il avait parcourues chez quelques drôlesses.

Paul éclata de rire.

Enfin, il arriva au spectacle étrange et terrible qui s'était offert tout à coup à ses yeux dans l'escalier de l'hôtel de Clara Dear.

— Mon cher, lui dit alors Paul, son frère, ce lugubre dénoûment touche au comique !... Se pendre !... là, en plein jour, dans un escalier !... C'est trop fort !

— Paul !... fit Octave indigné.

— Ah çà ! voyons, n'est-ce pas idiot !... Si on sait cela, nous serons pendant huit jours la fable de tout Paris. Mon crédit n'y tiendra pas.

— Il s'agit bien de crédit aujourd'hui.

— Tiens ! de quoi veux-tu donc qu'il s'agisse ?

— De notre honneur.

— Ah ! tu sais cela ? fit Paul qui supposa que son frère faisait allusion à sa femme ; oui... elle a été un peu légère... Mais, demain matin, je dois châtier l'insolent !

— C'est moi que ce soin regarde, dit Octave d'une voix sombre.

— Allons donc ! je viens de prendre rendez-vous avec lui.

— Avec le duc de Kermaria ? s'écria Octave.

— Eh non ! avec ce Georges Bora.

— Georges Bora ?

— Eh oui ! je le tuerai demain matin ; n'en parlons plus.

— Mais...

— Ah çà ! mon cher Octave, veux-tu m'empêcher de corriger comme il me plaît un maladroit qui a insulté ma femme ?

Son frère le regarda avec étonnement.

Puis, après quelques secondes de silence :

— Il ne sait rien ! murmura-t-il. Ah ! qu'il ignore toujours notre malheur et notre honte... Écoute, frère, reprit-il tout haut, il y a mal entendu. C'est d'une affaire plus grave que je voulais t'entretenir. Aujourd'hui, le sort nous frappe doublement d'une façon terrible. Un homme a offensé notre honneur, l'honneur de notre père ; cet homme a traîné dans la boue le nom que nous portons. Cet homme est le duc de Kermaria. Demain matin, je le tuerai, je l'espère. Tu seras là, à côté de moi ; si je succombe, jure-moi que tu ramasseras l'épée tombée de ma main et que tu poursuivras à ton tour notre vengeance...

— Écoute, mon cher Octave, je ne demande pas mieux. Mais je me bats demain matin, à neuf heures, avec ce Georges Bora ; il faut qu'à midi je sois à la Bourse. Arrange-toi de façon pour que je ne manque ni mon rendez-vous, ni l'ouverture du cours.

— Bien, lui dit son frère, qui eut sur les lèvres un amer sourire. Mais, après ce qui nous arrive, tu ne peux continuer cette soirée... Tu vas renvoyer ton monde, j'espère... Songe, notre père se meurt !

— Tu es fou ! est-ce que c'est possible ! Est-ce que ma femme y consentirai jamais !

— Quoi ! l'on va rire et danser chez toi, lorsque tout est en deuil...

— Eh bien ! n'en parle pas ! Mettons que tu ne m'as rien dit, que j'ignore tout. Je te promets de ne pas danser. Mais j'ai ici quatre commanditaires... les renvoyer, y songes-tu ? Ils seraient furieux. Il y a là leurs femmes et leurs filles qui ont fait des frais de toilette... Je serais perdu.

— Oh ! mon frère !...

— Ah ! que veux-tu, j'ai opéré sur les valeurs espagnoles, et j'ai perdu un million. J'ai besoin d'un nouvel apport de mes commettants... Tu comprends bien qu'il me faut les ménager.

En ce moment, un domestique pénétra dans la pièce écartée où avait lieu ce dialogue.

Il s'approcha de Paul Cléry :

— Il y a là le valet de chambre de monsieur votre père, lui dit-il à voix basse.

— Eh bien ! qu'il entre, imbécile !

Le serviteur qui fut introduit avait le visage tout bouleversé.

— Ciel ! mon père !... s'écria Octave.

— Hélas ! monsieur.

— Mort ? demanda le jeune homme avec angoisse.

Le valet baissa la tête.

Octave éclata en sanglots.

On dansait à côté.

C'était un cotillon fort animé, et les jeunes filles et les jolies femmes trouvaient qu'on s'amusait beaucoup chez M. Paul Cléry.

Cela leur paraissait charmant.

Tout à coup, un valet parut dans le principal salon.

Il était morne ; il portait un crêpe au bras gauche.

Sa voix grave se fit entendre, et domina le bruit de l'orchestre et des pas cadencés.

— Messieurs Cléry, dit-il, ont la douleur de vous annoncer qu'une mort soudaine vient de frapper leur père.

L'effet produit par ces paroles fut prodigieux.

Il y eut un moment de stupeur.

Une sorte d'effarement se peignit sur tous les traits.

L'orchestre se tut.

Les danses s'arrêtèrent.

Les invités se précipitèrent vers les portes.

On eût dit qu'un vent de mort les chassait.

Madame Cléry était furieuse.

— On pouvait bien attendre à demain pour annoncer cela ! s'écria-t-elle.

Dans leur saisissement, pas un des amis de la maison n'était venu serrer la main aux fils de celui qui venait de mourir.

Pas un, sans doute, n'eût pu montrer sur son visage l'expression d'un sentiment douloureux.

Il n'y avait que du dépit, du désappointement, presque de l'horreur dans cette foule ainsi surprise par une fatale nouvelle, au milieu de ses plaisirs.

Mais qu'importait à Octave !

Il avait un terrible devoir à remplir.

Il remit à son frère la lettre qu'il avait écrite pour lui et dans laquelle, dans le cas où il serait tué, il avait écrit ses dernières volontés.

— Si toi seul, avait-il dit, survis à la lutte que nous allons entreprendre, tu ouvriras cette enveloppe et tu accompliras les pieux devoirs que je t'impose.

Et il s'élança hors de la maison de son frère.

— Hôtel Kermaria, cria-t-il au cocher.

Paul était demeuré seul.

Le lendemain matin, il avait un rendez-vous d'honneur avec Georges Bora.

Deux témoins lui étaient nécessaires pour l'assister dans cette circonstance.

Il pria le jeune Américain, qui avait été spectateur de l'inconvenante scène amenée par Georges Bora, de vouloir bien s'occuper de cette affaire.

A l'instigation de madame Cléry, lord Wigmore lui fut adjoint.

Celui-ci, prévenu à l'instant même, se hâta de se rendre chez le jeune banquier.

Paul venait d'avoir une longue conversation avec sa femme.

Comme la chance pouvait lui être fatale à lui aussi bien qu'à son frère, il raconta à madame Cléry une partie des tristes événements dont Octave lui avait fait part ; il lui avoua qu'au lieu d'avoir un adversaire à combattre, il pourrait bien en avoir deux, si son frère était tué par le duc de Kermaria.

Madame Cléry fut, certes, émue de ce récit.

Mais ce qui la remua bien davantage fut la nouvelle de la ruine complète de son mari.

Paul, contre tout événement, la prévint que son actif était d'un million de francs au-dessous de son passif.

Madame Cléry pâlit affreusement.

Elle ne se croyait pas si près de l'abîme.

— Et ma dot ! s'écria-t-elle saisie d'un sentiment de poignante angoisse.

— Ta dot est intacte, répondit Paul, attendu que je ne pouvais y toucher.

Sa femme respira.

En cas de désastre, elle pourrait exercer ses reprises.

Paul avait eu un léger sourire à ce cri parti du cœur :

— Et ma dot !

Cela lui donnait la mesure et la clef des bons sentiments et des dispositions de sa femme.

Tout était perdu fors la dot !

Paul crut pourtant ne pouvoir confier à d'autre qu'elle le dépôt qu'il venait de recevoir de son frère.

Il lui remit donc le pli cacheté qu'il avait reçu.

— Je vous remercie, lui dit-il, de n'avoir point insisté pour me détourner d'une rencontre que vous saviez inévitable.

— Je connais mon devoir de femme courageuse.

— A demain donc, si j'en reviens, fit Paul en lui baisant la main.

— Oh ! je sais que vous êtes sûr de vous, et vous dormirez bien cette nuit.

— En effet, je tombe de sommeil.

— Vous voyez bien que vous n'avez pas peur et que je puis être tranquille.

Paul sourit.

Il avait une arrière-pensée.

Lui mort, qu'importait à sa femme ?

Elle restait avec sa dot et ses dix-neuf ans !

La richesse et l'avenir.

Ah ! il pouvait bien se faire tuer.

Lord Wigmore était depuis longtemps dans le boudoir de madame Cléry, où l'avait conduit une femme de chambre par un petit escalier dérobé.

La femme de Paul avait à s'entretenir avec lui de questions graves.

Il y avait longtemps que nos deux personnages se connaissaient.

Certes, lord Wigmore n'était pour madame Cléry qu'un ami... très-intéressé.

C'était une manière de haut confident.

Il risquait toutes les démarches qui demandaient de la hardiesse, de l'intelligence, du tact, et qu'on n'eût pu confier à un subalterne.

Madame Cléry, à qui Paul donnait quarante mille francs par an pour frais de toilette, en dépensait cent mille.

Lord Wigmore savait prendre discrètement tous les arrangements nécessaires avec les fournisseurs.

En récompense, madame Cléry le mêlait à quelques bonnes spéculations que faisait son mari.

Ils partageaient les bénéfices.

Quelquefois même, par les indications sûres de madame Cléry, lord Wigmore opérait de compte à demi à la Bourse.

Il apportait scrupuleusement la part de sa jeune et jolie associée.

Et puis à son insu, madame Cléry lui était d'une grande utilité pour son exploitation des billets plus ou moins authentiques de la banque de New-York.

Le noble Anglais fut promptement au courant de la situation.

Ce qui attira surtout l'attention de lord Wigmore ce fut la lettre d'Octave.

Le confident de madame Cléry savait que Paul était ruiné.

Sa femme n'avait pas caché cette particularité, tout en ayant soin d'ajouter qu'elle demeurait riche.

— Riche! fit lord Wigmore en secouant la
…; il vous restera cinq cent mille francs;
…st-à-dire vingt-cinq mille francs de rente;
…te le quart de ce que votre toilette vous
…ite. On n'est pas riche avec cela.

— Mais mon beau-père vient de mourir...

— Oh! n'espérez rien de ce côté-là. Il n'ai-
…it pas votre mari, et soyez persuadée qu'il
…sera arrangé de façon à le déshériter le plus
…ssible. Du reste, les créanciers prendront le
…s net de ce qui lui reviendra.

— Mais que faire?

— Ah! M. Octave Cléry, votre beau-frère,
…; bien heureux. Il lui resté intacte toute la
…tune qu'il tient du chef de sa mère... Il aura
…moins les deux tiers des biens de son père.
…suis sûr que cela lui fera au moins deux
…ts mille livres de rente.

…Madame Cléry fronça les sourcils et eut un
…ouvement de dépit et d'envie.

— Ah! reprit lord Wigmore, si votre beau-
…ère, pour une cause ou pour une autre, ve-
…it à mourir, votre mari serait très-riche...
…tte lettre... que contient-elle?... A votre
…ace je la lirais... Si elle contenait quelque
…sposition désagréable?... Si elle renfermait
…tre fortune?... Ah! je vous conseille de réflé-
…ir à cela... Ruinée... vous êtes ruinée...
…us si belle, si jeune! Votre mari ne sera pas
…é... il est très-fort et cet imbécile de Bora
…t lâche à demander pardon!... Avant huit
…urs la faillite... on vendra tout chez vous.
…es huissiers seront ici. Vos amis riront bien...
…h! si M. Octave était tué!...

…Madame Cléry tressaillit.

…Elle regarda lord Wigmore dans les deux
…eux.

…Celui-ci soutint sans broncher ce coup d'œil
…crutateur.

…Ces deux êtres échangèrent l'éclair de leurs
…egards.

…Ils échangèrent leur pensée.

…Ils venaient de se comprendre.

---

## XVIII

### DE LA MANIÈRE D'INTERPRÉTER LA LETTRE
### D'UN MORT

Lord Wigmore, dans le regard de madame
Cléry, vit qu'il pouvait parler plus librement.

Nos deux personnages venaient de conclure
un pacte tacite.

— Cette vie, reprit l'Anglais avec une teinte
de mélancolie, est une déplorable chose. C'est
une lutte perpétuelle; une lutte à mort. En-
lève-moi ou je t'enlève, dit le poète grec Eut-
ton; donc, quel est votre adversaire? Votre
beau-frère Octave. Il en veut à la fortune de
votre mari, il s'attaque à votre bonheur, à votre considération. Il aura deux cent mille
livres de rente, et vous n'aurez rien. Toute
cette foule élégante, puissante, illustre qui
dansait dans vos salons, vous abandonnera
pour courir chez votre beau-frère. Les femmes
détourneront la tête en vous voyant passer,
les hommes vous salueront à peine.

— Vous croyez? défia madame Cléry avec
un mouvement de doute et de fierté souveraine.

— Sans doute, vous êtes belle, et la beauté
a son empire. Mais vous avez été riche; c'est
descendre, c'est tomber que d'être pauvre! A
cette chute, la beauté perd de son prestige et la
femme de sa souveraineté. On vous fera sentir que vous n'êtes plus la reine de la mode,
de l'élégance, bien que vous n'ayez que dix-
neuf ans! Il y aura autour de vous des sourires moqueurs, des mépris insolents; vos
amies seront sans pitié!

— Les misérables! grinça la jeune madame
Cléry, qui déjà se sentait humiliée.

— Et la cause de tout cela, c'est votre beau-
frère, qui vole; le mot n'est pas trop fort, qui
vole la part de fortune de votre mari.

— C'est indigne! fit la jeune femme.

— La loi est stupide, reprit lord Wigmore.
Qu'un misérable affamé entre par escalade ou
avec effraction, de nuit, dans un lieu clos

pour y exercer quelque maigre filouterie, on a droit de tirer sur lui et de le tuer comme un chien enragé; et voilà votre frère, qui s'implante dans l'affection d'un vieillard pour vous en exclure; qui, par des manœuvres louches, sournoises, vous enlève tout l'héritage qui vous revenait de droit; qui vous plonge dans la misère, dans la honte, dans le désespoir, et vous n'avez pas le droit de vous défendre! Avouez que ceci est plaisant. Ah! quant à moi, à votre place, je lutterais...

— Comment?

— Tous les moyens.

— Indiquez-en un seul.

— Lisez d'abord ce que contient ce paquet.

— Mais si l'on apprend notre indiscrétion?

— On ne vous pendra pas pour cela; on sait que la femme, fille d'Ève, est curieuse. Du reste, on peut soulever les cachets sans laisser de trace.

— Vraiment!

— Voulez-vous avoir l'obligeance de demander un couteau.

Madame Cléry sonna, puis ordonna à sa femme de chambre de lui apporter l'objet que réclamait lord Wigmore.

Celui-ci fit chauffer à la flamme d'une bougie la lame du couteau et l'introduisit ensuite entre les plis de l'enveloppe, sous la cire qui en formait les cachets.

Au contact de la chaleur, la cire, devenue molle, permit de soulever sans déchirure le pli de l'enveloppe.

On en tira la lettre qui s'y trouvait renfermée.

C'était un testament.

Il était ainsi conçu :

« Ceci contient mes dernières volontés.

« Prêt à affronter la mort, n'ayant plus rien « à espérer sur cette terre, je déclare que je « quitterai la vie sans regret.

« Tous mes biens doivent revenir à mon « frère, Paul Cléry.

« Toutefois, j'en distrais une somme de cent « mille francs, qui sera comptée après ma

« mort à M. Jacques Vernier, demeurant fau- « bourg Saint-Denis, passage de l'Industrie.

« OCTAVE CLÉRY.

« Paris, ce 1er janvier 1861. »

Telle était la teneur de cette pièce.

Octave Cléry voulait léguer cent mille francs à Élisa.

Mais, par une délicatesse dont on comprendra les motifs, il avait désigné le père de la jeune fille dans son testament.

— Eh bien! que dites-vous de cet acte, madame? demanda lord Wigmore.

— Je dis qu'il est, pour le moment, sans valeur.

— Quoi! il n'ouvre aucun horizon à votre esprit?

— Un horizon lointain.

— Prochain, au contraire.

— Pensez-vous qu'Octave soit tué dans son duel?

— Euh! les armes sont journalières. Le duc de Kermaria est, certes, un tireur de première force; mais votre beau-frère est un élève de Grisier. Je connais son jeu; il est terrible. Et puis, la mort est rarement le dénoûment d'un duel; une blessure plus ou moins dangereuse, voilà tout.

— Alors, nous sommes perdus! dit madame Cléry d'une voix sombre.

— Peut-être! dit mystérieusement lord Wigmore.

— Que voulez-vous dire?

— Vous ne voyez donc qu'un duel dans le testament de M. Octave Cléry.

— J'y vois ce qui s'y trouve.

— On peut y voir autre chose.

— C'est impossible; je sais...

— Vous ne savez pas tout.

— Quoi?

— Octave, le croiriez-vous, est amoureux!

— Lui?

— Fou!

— Et de qui, grand Dieu! sourit madame Cléry.

—Si j'étais madame de Sévigné, je vous le donnerais en dix, en cent, en mille, et vous jetteriez votre langue aux chiens. Vous ne devinez pas! Et qui devinerait? Il s'est jeté à corps perdu dans un amour de grisette.

— Pouah!

— Il aime...

— L'imbécile!

— Il est trompé.

— Naturellement.

— Il le sait.

— Vous plaisantez?

— Et voilà d'où vient son désespoir. Comprenez-vous maintenant ce qu'on peut voir dans sa lettre?

— Pas encore.

— Un suicide.

— Un suicide! s'écria madame Cléry.

— Sa lettre ne le dit pas précisément... Mais supposez que M. Octave Cléry soit trouvé mort demain dans son lit.... ou ailleurs. Quelle explication toute naturelle à donner à ce trépas si inattendu? On trouve chez lui tout en ordre. Pas un centime, pas un bijou n'est soustrait sur lui ou à son domicile.

— Il s'est suicidé! s'écrie-t-on de toute part.

Vous ouvrez, en présence du notaire de la famille, cette lettre, sa dernière volonté, cette lettre dans laquelle il annonce sa mort prochaine.

Suicide!

Écoutez le préambule :

*Prêt à affronter la mort.*

Il va se tuer.

*N'ayant plus rien à espérer sur cette terre.*

Désespoir! Est-ce clair? Que M. Octave Cléry expire cette nuit, qui oserait vous accuser?

— M'accuser, moi! s'écria madame Cléry, qui devint pâle comme sa robe de bal, en envisageant cette fois nettement l'horrible projet que lui suggérait lord Wigmore.

— Cette pensée vous épouvante, je le sais... il y avait une issue plus facile à la fatale position dans laquelle vous ont plongée les folies de votre mari. Il y a vingt ans, un banquier en présence d'une faillite se serait brûlé la cervelle, la veille de déposer son bilan. De nos jours, on ne comprend plus l'honneur de cette façon-là. On fait banqueroute souvent; on s'enrichit quelquefois à ce jeu-là; mais on ne se tue jamais... Vous n'avez pas la chance d'être veuve, vous n'avez que celle d'hériter d'Octave.

— Toujours cette idée! fit madame Cléry d'une voix sombre.

— Parce qu'elle seule ouvre une issue.

— L'assassiner! fit-elle avec horreur.

— Non... vous défendre.

— Il faudrait donc frapper moi-même...

— Non, madame; un crime est une chose sale et bête... on ne le commet pas... on le laisse commettre.

— Je n'ai rien à voir dans la vie de M. Octave Cléry.... si on l'attaque, qu'il se défende...

— Ce n'est pas cela... et vous ne me comprenez pas. Je connais un homme qui déteste votre beau-frère autant... que vous le haïssez... qui désire sa mort aussi ardemment que vous la souhaitez... un homme qu'aucun scrupule n'arrêterait, car il attache au trépas d'Octave tout le bonheur de sa vie; un homme, enfin, qui agirait implacable et seul s'il n'avait besoin d'un concours de circonstances que vous seule pouvez faire naître... qui agira cette nuit même...

— Cette nuit!...

— Oui, cette nuit, si vous voulez vous engager à faire interpréter dans le sens d'un suicide la mort de votre beau-frère!

— Mais c'est tout naturel! Nous n'y verrons pas autre chose qu'un accident ou un acte de désespoir; je vous en donne ma parole. Nous n'avons pas intérêt à soulever un procès criminel, toujours affreux à voir se produire.

— Ce n'est pas assez, madame. Il faut de votre part un engagement écrit par lequel vous soyez intéressée à protéger l'accusé... si jamais il y avait un accusé.

— Mais, ma parole....

— De votre part, cela me suffit... mais votre mari, mais l'autorité judiciaire, toujours avide à scruter les circonstances des morts violentes, mais la fatalité contraire, n'ont pas juré de protéger le coupable et de le trouver innocent... Tenez, madame, voilà une plume, du papier, de l'encre. Je vais dicter; écrivez, cela ne vous compromettra en rien, et tout sera sauvé.

— J'écoute.

— Paris, ce 3 janvier.

— Mais c'est aujourd'hui le 1er.

— Voilà pourquoi je mets le 3. Je poursuis.

          « Paris, ce 3 janvier 1861.

    « Milord,

    « Un terrible malheur vient de frapper « notre famille.

    « Avant-hier, nous avons eu la douleur de « perdre mon cher et vénéré beau-père. Vous « entendîtes en même temps que moi cette « affreuse nouvelle qui vint jeter tout à coup « la consternation au milieu de notre réunion « d'abord si heureuse et si gaie.

    « Vous êtes demeuré près de moi pour me « prodiguer vos amicales consolations. Vous « ne m'avez pas quitté un seul instant durant « cette nuit que j'ai remplie de mes larmes; « et tandis que je donnais tous mes pleurs à « un père adoré, Octave, le frère de mon « mari, mon frère que nous aimions tant, « Octave, fou, désespéré, se donnait la mort. « Ah! quand vous apprendrez cette fatale « nouvelle vous comprendrez l'excès de notre « douleur, et vous qui étiez son ami, vous « la partagerez avec nous.

    « Adieu, milord, mes larmes obscurcissent « ma vue et arrêtent ma plume. »

— Très-bien, continua lord Wigmore; signez, maintenant. Pliez; mettez sous enveloppe; écrivez mon adresse. C'est tout.

La lettre est écrite.

— Je la mettrai moi-même après-demain à la poste, termina l'interlocuteur de madame Cléry. Ainsi, vous le voyez, cette lettre ne vous compromet nullement. Elle ne révèle qu'une chose: c'est que votre beau-frère se suicidera cette nuit; et que, dans tous les cas, j'aurai été près de vous au moment de sa mort.

— Mais s'il vivait encore demain...

— J'en doute.

— Est-on maître de la destinée, du hasard, des impossibilités? Si, enfin, pour une cause ou pour une autre, Octave trompait votre espoir, vos calculs... déjouait vos desseins...

— Eh bien, madame, dit en souriant lord Wigmore, nous changerions tout simplement la date de votre lettre.

— Mais d'ici là, Paul...

— Rassurez-vous; votre mari a encore quinze jours avant d'être exécuté à la Bourse et de voir protester sa signature.

— Quinze jours! murmura madame Cléry, quinze jours nous séparent de la déroute, de la ruine, de l'abîme!

— Que vous importe! D'ici là, M. Paul Cléry aura deux cent mille livres de rentes, et celles qui vous auraient méprisée envieront votre bonheur.

Lord Wigmore, après ces paroles, prit congé de la jeune femme.

Madame Cléry passa son mouchoir sur son front.

Elle le sentit tout mouillé.

Elle tressaillit et regarda son mouchoir.

Il lui semblait que son front était taché de rouge et qu'il suintait le sang: Tache d'infamie.

C'était la sueur! La sueur de la peur, de l'angoisse, la sueur du vertige!

Le crime a ses abîmes et ses profondeurs.


## XIX

### L'ESCLAVE DE LORD WIGMORE


Le lecteur se souvient qu'en rentrant chez lui dans la nuit du 31 décembre, Jacques Vernier avait reçu une lettre dont la lecture l'avait comme foudroyé.

Qu'avait-il lu sur ces pages de si terrible qu'il en dût être renversé?

On le devine.

Jacques Vernier qui, la nuit même, avait

MADAME CLÉRY.

commis un double crime pour immoler celui qui possédait le fatal secret de son passé, Jacques Vernier, l'ancien forçat, le n° 921, voyait ce secret se perpétuer.

Le Chanteur était mort.

Mais, avant de mourir, il avait eu le temps de léguer ce hideux héritage.

Jacques Vernier était l'esclave d'un nouveau maître qui le tenait enchaîné par la peur.

C'est ce qu'on lui révélait dans le billet que lui remit, à sa porte, un inconnu, le matin même du jour qui suivit son crime.

Il s'était cru libre.

Rocher de Sisyphe, son passé retombait avec fracas.

C'était à recommencer.

Mais cette fois la main qui le tenait ne se montrait pas.

Invisible, elle le poussait.

— Voici ce que contenait le billet :

« Il y a dix-huit ans que vous êtes parvenu « à vous échapper du bagne de Toulon, où « vous étiez inscrit sous le n° 921.
« Vous étiez le compagnon de chaîne de « Cossard dit le Chanteur, que vous avez « assassiné cette nuit.

« D'un mot on peut vous perdre.

« On vous laisse la vie et la liberté à condi-
« tion que vous mettrez à notre disposition
« votre liberté et votre vie.

« Vous ne connaîtrez jamais celui qui tient
« votre secret.

« Ne cherchez jamais à le connaître, si vous
« tenez à demeurer impuni.

« N'hésitez pas lorsqu'un ordre d'agir vous
« sera envoyé.

« A ce prix, on vous promet la tranquillité
« et l'aisance, car vos actes seront largement
« rétribués.

« Les ordres que vous recevrez seront tou-
« jours signés :

*« Neuf cent vingt-deux. »*

Ainsi que nous l'avons dit à nos lecteurs,
Jacques Vernier reçut, dans la matinée, de
nouvelles instructions.

On lui annonçait qu'il devait se rendre immédiatement rue du Temple, à l'estaminet des
Singes.

Là, un homme viendrait à lui qui lui dirait,
pour se faire reconnaître, ces mots : *Le maître
attend,* auxquels il répondrait : *Je suis prêt à
faire ce qu'il ordonne.*

Il devrait suivre alors, sans l'interroger,
l'homme qui se serait ainsi adressé à lui.

En recevant ces derniers ordres, Jacques
pressentit bien qu'on allait le soumettre à
quelque funeste épreuve.

Qu'allait-on exiger de lui?

Eh bien! que lui importait maintenant?

N'était-il pas au ban de la société, couvert
de crimes?

Il oserait tout, pourvu qu'on ne tentât rien
contre Elisa, pourvu qu'il pût avoir sa fille
près de lui, sa fille, gaie, pimpante, heureuse!
sa fille, dont la jeunesse semblait lui rendre
son passé perdu, dont l'âme pure était sa réha-
bilitation, dont l'affection, dont la tendresse
était comme un pardon de ses crimes.

Ah! qu'on lui prît sa conscience à lui, son
bras pour un forfait, il obéirait; esclave, il
frapperait à la voix de celui qui tenait sa vie.
Mais son enfant bénie... Ah! qu'on n'entreprit rien contre elle, car il ne redouterait alors
ni le bagne, ni l'échafaud, et malheur à celui
qui voudrait l'outrager ou la perdre!...

Jacques Vernier, à dix heures du matin, se
rendit à l'estaminet des Singes.

Il alla s'asseoir dans le coin le plus obscur
de la salle du billard et demanda un verre
d'absinthe, qu'il avala toute pure.

Sans doute il voulait s'étourdir.

Il s'accouda alors sur le marbre de la table
et plongea son front dans ses mains et songea.

Ce qu'il souffrit durant ce rêve, qu'il faisait
tout éveillé, est impossible à décrire.

Calvaire épouvantable, Golgotha sinistre de
l'homme qui sent son existence brisée, perdue, et qui est forcé de vivre.

Une main le toucha à l'épaule.

Il tressaillit et releva son front chargé de
pensées sombres.

— Le maître attend! lui dit un individu debout en face de lui.

— Je ferai ce qu'il m'ordonnera, répondit
Jacques Vernier.

— C'est bien. Suivez-moi.

Nous connaissons le personnage qui conduisait Jacques Vernier.

C'était maître Bob.

Bob prit une voiture de place en station
au square du Temple et y fit monter son compagnon.

Le cocher numéroté, sur l'indication qui lui
fut donné, descendit vers la Seine, qu'il suivit
jusqu'au Pont-au-Change, traversa la cité, le
quartier des Écoles, suivit la rue Bonaparte,
gagna le boulevard Montparnasse par la rue
Vavin et la rue Bréa, arriva bientôt à la
Chaussée du Maine et enfila enfin la rue de
Vanves. »

Durant tout ce long trajet, Jacques Vernier
n'avait pas prononcé un seul mot.

Il se laissait conduire, jouet résigné de la
fatalité!

Le fiacre s'était arrêté devant la porte d'un
restaurant de ce quartier excentrique.

Il a pour enseigne, je crois, le *Moulin-de-la-
Vierge.*

On n'y est pas si bien qu'au *Moulin-Rouge*
des Champs-Élysées.

— Mais on peut apaiser proprement sa faim.

— Nous allons d'abord déjeuner, dit maître Bob...

Jacques Vernier ne fit pas d'objection...

Toutefois il songea qu'il devait ce matin même faire un joyeux repas avec sa fille Elisa, avec André, son fils adoptif, avec cette espiègle enfant aux cheveux d'or, Henriette, si gaie, si gentille.

Il eut une larme au bord de sa paupière.

Pendant ce temps, Bob faisait servir du petit bleu dans un petit salon dont les fenêtres ouvraient sur un jardin.

Ce jardin, garni de tables et de bancs, tout entouré de tonnelles, avait un aspect désolé.

On était en janvier.

Pas une feuille; pas un brin d'herbe.

Le bois des tables, lavé par la pluie, travaillé par le soleil, offrait de larges fentes où trébuchaient les verres.

Les tonnelles ne présentaient que la carcasse décharnée du treillage blanchie comme les ossements d'un squelette.

Jacques Vernier peupla ce désert de verdure et de convives.

L'été, se dit-il, ce doit être charmant...

Des buveurs là sous le soleil...

Plus loin, sous l'ombrage discret des tonnelles, des couples jeunes et gais dont le cœur s'épanouit en même temps que les fleurs.

Elisa serait bien joyeuse de venir là, sous ces feuillages, s'attabler devant un copieux festin des dimanches, avec Henriette et André.

Comme on rirait!

Mais on était en hiver et Jacques Vernier se trouvait seul en présence de maître Bob.

Il faut dire pourtant que Bob n'avait pas une physionomie désagréable.

Il n'avait d'insolite qu'un nez rouge et des yeux d'une mobilité incroyable.

La couleur de son nez, il la devait aux nombreuses bouteilles qu'il vidait; et l'extrême agitation de ses prunelles à son métier de fureteur, de pocheur...

Toujours en éveil, toujours aux aguets.

Maître Bob examina les couverts du service.

Comme ils n'étaient pas en argent, il fit la grimace.

Il y avait là des mondes en plâtre...

— Ni à grincher à la cire! fit-il entre les dents.

Le procédé était aussi simple que...

On courait de ...

Une heure après, Sorbier vint les trouver.

Sorbier, que nous avons connu au début de ce récit, lui qui a découvert l'assassinat du Chanteur et de la Faucheuse et qui a remis à lord Wigmore des papiers importants.

— Tout est prêt, dit-il à maître Bob.

Celui-ci, avant de se lever, se versa un grand verre de vin.

— Un coup de pivois? offrit-il en même temps au nouveau venu, qui refusa. Est-ce que tu crois qu'il est maquillé? continua-t-il en vidant son verre. En route maintenant!

Nos trois individus quittèrent le restaurant du *Moulin-de-la-Vierge*.

Presque en face se trouve un grand terrain vague semé de quelques masures.

Ces constructions, basses, sordides, bordent une ruelle fangeuse qui forme un côté d'un triangle décrit par la rue de Vanves et la rue du Transit.

Bob et ses compagnons s'engagèrent dans cette étrange voie parisienne que certainement M. Haussmann n'a pas encore faite...

Il y avait pourtant une assez jolie maisonnette dont les murs blancs, les fenêtres grises et les toits roses avaient l'air d'humilier les plâtras et les ... vermoulus de ses voisines.

C'est devant cette gaie habitation que Bob s'arrêta. Sorbier avait une clé. Il ouvrit la porte et fit entrer d'abord Jacques Vernier, puis Bob, après quoi il pénétra lui-même dans le logis, qu'il ferma soigneusement derrière lui.

Il s'était assuré au préalable que personne ne les suivait ni ne les remarquait.

Aucun regard indiscret n'avait observé leur marche.

Il pouvait donc être tranquille.

La petite maison précédait un jardin de peu d'étendue, entouré de hauts murs.

Au fond du jardin une serre avait été convertie en atelier...

Atelier de faussaire et de faux-monnayeur.
Il y avait là des moules en plâtre pour la fabrication des pièces d'or et d'argent.

Le procédé était aussi simple que grossier.

On coulait du cuivre dans les moules et l'on obtenait des frédérics, des dollars ; car nos individus n'opéraient que sur la monnaie étrangère.

Ils auraient bien préféré frapper les pièces ; ce procédé les aurait rendues plus nettes, plus sonores, plus solides ; mais ils redoutaient le bruit révélateur qu'auraient produit une estampe ou un balancier.

Le moulage silencieux n'attirait l'attention de personne.

Lorsque la pièce était coulée, ils la paraient et la dépouillaient, à l'aide d'un rognoir, des parties superflues.

Ce travail fait, ils plongeaient le frédéric ou le dollar, le kreutzer ou l'écu, dans une solution d'or ou d'argent et le soumettaient à l'action de la pile voltaïque.

C'est le procédé que l'on emploie pour la dorure ou l'argenture des métaux, et que l'on désigne sous le nom de galvanoplastie.

Au moment où Jacques Vernier arriva dans l'atelier, des schillings, des guinées, des livres sterling, en vil métal, mijotaient dans un bain qui devait décupler ou centupler leur valeur.

— Vous avez là une jolie industrie ! murmura Jacques Vernier.

— Assez bonne, assez bonne ! dit maître Bob, mais dangereuse en diable. La police nous tracasse !... Voilà cinq domiciles en un an que nous faisons pour dépister ses agents. Le public se méfie. Entrez chez un marchand et jetez une pièce d'or sur le comptoir ; on l'examine, on la retourne, on la fait sonner ; et si son timbre n'est pas de bon augure, on vous la refuse impitoyablement. Mais j'ai trouvé un excellent moyen de passer la monnaie. Tous les soirs je vais sur les boulevards, à la Madeleine, par exemple, je prends un cabriolet et je me fais conduire à la Bastille ; je donne vingt francs au cocher qui m'en rend dix-huit. Il n'a sur son siége qu'une mauvaise lanterne pour voir la couleur de ma pièce. Il ne la regarde qu'à demi ; et le tour est fait. Je

prends alors un de ses confrères qui me ramène à la Madeleine ; je le paye avec une autre pièce de ma fabrique ; et en deux petites courses je gagne trente-cinq francs. Nous trouvons que ce n'est pas assez.

— Oui, interrompit Sorbier, nous allons opérer sur le papier ; et voilà pourquoi vous êtes mandé ici. On dit que vous dessinez et que vous gravez avec un fini merveilleux.

— On vous a trompés sans doute.

— Pas de défaite, hein ! on connaît votre habileté, et si vous ne réussissez pas, c'est que vous y mettrez de la mauvaise volonté.

— Enfin, que faut-il faire ? demanda Jacques, qui parut se résigner.

— D'abord, essayer un billet de cent dollars.

— Il me faut un modèle.

— Le voici, dit maître Bob en étalant un effet authentique de la banque de New-York.

— C'est bien, dit Jacques, je vais essayer. Combien vous faut-il de temps pour graver ce billet ?

— Trois jours au moins ; car je ne promets pas de l'imiter du premier coup.

— Très-bien ; on va vous laisser des vivres pour quatre jours ; vous n'aurez pas besoin de domestique pour vous servir, hein ? Nous allons nous retirer et fermer la porte. Le 4 de ce mois on viendra vous délivrer, si votre travail est achevé.

— Est-ce vous qui êtes le maître ici ? demanda Vernier en cherchant à donner à sa voix un ton d'indifférence.

— Que vous importe ? fit observer Bob d'un air menaçant.

— Oh ! très-peu.

— Eh bien ! alors, taisez-vous.

— Je voudrais bien savoir pourtant à qui je dois obéir ?

— A ceux qui vous commanderont.

— A tous ?

— A tous.

— C'est donc ici la cour du roi Pétaud ?

— Vous en avez déjà trop dit, maître Vernier.

— Vous trouvez ? Faut-il être muet ? goguenarda Jacques.

— Muet, non ; mais discret.

— Et si je parlais ?

— Il vous arriverait malheur.

— Vraiment !

— En doutez-vous ?

— Peut-être.

— Vous savez que l'on connaît votre numéro... dit mystérieusement maître Bob.

— Quel numéro ?

— Cela doit vous suffire.

— Je ne vous comprends pas.

Jacques Vernier tentait en ce moment une épreuve.

Il voulait savoir si les deux individus qui en ce moment lui dictaient des ordres connaissaient son secret, ou bien s'ils agissaient d'après les instructions d'un maître qui ne les aurait qu'à moitié mis dans la confidence.

A l'embarras de Bob et de Sorbier, à sa dernière question, l'ouvrier comprit que ses deux compagnons n'étaient que les agents, les instruments d'une volonté supérieure.

— Si vous ne comprenez pas, reprit Sorbier après avoir consulté du regard son complice, ceci vous fera comprendre.

Et il montra un long poignard à Jacques Vernier.

Celui-ci haussa les épaules.

Il tira de dessous son paletot deux pistolets, ceux qu'il avait achetés la veille.

— Voilà de quoi vous répondre, dit-il avec un grand sang-froid.

Bob et Sorbier firent un bond en arrière, et se réfugièrent au fond de l'atelier.

— Ah ça ! hé ! pas de bêtise ! firent-ils saisis d'une vive frayeur.

— Voyons ! interrogea Vernier sombre et résolu, quel est celui de vous deux qui connaît mon numéro ?

Et il appuya sur ce dernier mot.

— Mais...

— Je vous donne une minute pour répondre.

— Ah ça ! mais c'est un chien enragé qu'on nous a envoyé là ! s'écria maître Bob au comble de la terreur.

— Il aurait dû nous prévenir, on l'aurait

muselé ! fit Sorbier avec un désespoir comique.

— Ils ne savent rien ! murmura Jacques avec un mouvement de rage. Qui donc les fait agir ?... Oh ! je le saurai...

Et il remit ses armes dans la poche de son paletot.

— Je sais ce que je voulais savoir, reprit-il en s'adressant à Bob et à Sorbier ; vous pouvez-vous retirer. Dans trois jours, votre besogne sera faite.

— Il rentre ses griffes, filons ! dit tout bas le premier des deux bandits.

— Sois tranquille, cette nuit on les lui rognera. Il ne fera plus le méchant.

XX

OU JACQUES DORT, OU L'INFORTUNE VEILLE.

Après le départ un peu précipité de Bob et de son compagnon, Jacques se mit immédiatement à l'œuvre.

Il mit une loupe et examina avec un soin minutieux la vignette, le titre, les signatures du billet qu'il avait à contrefaire ; il palpa le papier soyeux et le présenta au jour pour en consulter le filigrane.

— Les niais ! murmura-t-il. Ce n'est pas tout que d'obtenir la physionomie extérieure d'une valeur ; il faut aussi que le papier, dans sa trame, reproduise, à travers sa transparence, l'aspect de celui qu'on veut contrefaire.

Jacques Vernier n'en entreprit pas moins son travail avec tout le soin et toute l'habileté qu'il réclamait.

Vers huit heures du soir, il se sentit fatigué. Il y avait six heures qu'il n'avait pas bougé de son tabouret, et que, penché sur son établi, il faisait aller son burin.

Une lampe à réflecteur éclairait sa tâche silencieuse.

On n'entendait que le joyeux tirage d'un

poêle de fonte qui envoyait sa fumée par-dessus le toit de l'atelier.

Bien qu'il fit un froid aigu, Jacques étouffait dans son réduit.

Il sortit dans le jardin, à cette heure entièrement plongé dans l'ombre.

Les bises de la nuit agitaient les branches sèches et noires d'un poirier et d'un cerisier, les deux seuls arbres qui ornassent les plates-bandes de ce petit enclos.

Trois allées droites mettaient en communication l'atelier et le principal corps de logis.

Jacques, le front courbé, parcourut ces allées solitaires.

Ses pas seuls y éveillaient un bruit en criant sur le sable.

Dans le lointain, il entendait le sourd fracas de Paris.

Ce bruit puissant, large, profond, confus, qui monte des rues et des boulevards de la grande ville ressemble à la respiration énorme de quelque mystérieux géant.

De sa solitude, de son réduit silencieux, Jacques écoutait la vie de Paris.

Que lui disait-elle?

Sa vie, à lui.

Ses amours, ses rires, ses plaisirs, ses déceptions, ses misères, ses larmes, ses crimes, ses désespoirs!

Tout s'y mêle.

Il distinguait tout.

Il s'arrêta, appuya ses bras et son front pensif contre le tronc d'un arbre, et prit un amer plaisir à entendre ces clameurs vagues qui arrivaient jusqu'à lui.

Un sourire caustique crispait sa lèvre.

On eût dit que ces rumeurs lui murmuraient à l'oreille les drames et les comédies de Paris, toutes les lâchetés, toutes les infamies, toutes les trahisons, toutes les duperies, toutes les hautes ou basses intrigues qui s'y commettent.

Combien de temps demeura-t-il dans cette attitude morne et contemplative.

Une porte gémit, des pas glissèrent dans le couloir de la maisonnette.

Il tressaillit et s'éveilla comme d'un sommeil plein de rêves.

Les pas s'étaient arrêtés.

Jacques écouta.

Aucun nouveau bruit ne se fit entendre.

Pour s'assurer qu'il ne s'était pas trompé, il alla se munir de la lampe qui commençait à pâlir, ranima la lumière et revint dans le jardin, qu'il explora de tous côtés.

Personne ne parut.

Il parcourut alors toute la maison.

Il était bien seul.

Sans doute il avait été le jouet de quelque illusion.

Son travail l'appelait. Il s'y remit avec ardeur jusqu'à minuit.

Mais souvent il releva la tête pour écouter des bruits étranges qui, tout à coup, se produisaient non loin de lui.

— C'est singulier, murmura-t-il, je ne rêve pourtant pas!

Comme il tombait de fatigue, il quitta son ouvrage et rentra dans l'habitation.

Une chambre avait été préparée pour lui au rez-de-chaussée.

Jacques mangea un morceau de pain qu'il arrosa d'un verre de vin et se jeta tout habillé sur son lit.

Nous ne l'avons pas dit, mais bien souvent il avait souri à la pensée de sa fille.

Élisa!

Où était-elle? Que faisait-elle? Que pensait-elle de son absence?

Sans doute, sa fille tant aimée, André, son enfant d'adoption, Henriette, la gentille espiègle, s'étaient réunis ce soir-là chez lui, et avaient parlé avec regret du père Vernier, si étrangement absent.

Sa fille était seule!

André n'était-il pas là pour la consoler et la protéger durant sa courte absence? A seize ans, on n'est pas longtemps triste. Peut-être que les deux fillettes parcouraient en ce moment, au bras d'André, tout fier de ses jolies compagnes, les boulevards tout pleins de monde, de lumières, et bordés d'un bout à l'autre de riches étalages.

Elles riaient, les folles, pressées, bousculées au milieu de la foule. Il avait laissé de l'argent à la maison, Élisa pouvait se passer quelques caprices. Les petites filles en ont tant...

Sans doute elle était gaie, heureuse.

Cela le consolait, lui, et il s'endormit sur cette pensée qu'il n'était pas entièrement maudit de Dieu, puisque sa fille pouvait se livrer aux innocentes joies, aux naïfs plaisirs d'un jour de fête.

Nos lecteurs savent qu'en ce moment André, anxieux, désolé, était seul au logis de Jacques.

Ni Élisa, ni Henriette n'étaient rentrées.

On avait soupé chez Palmyre.

En ce moment, vers minuit, à l'heure même où Jacques s'endormait, l'âme emplie d'une douce sérénité, un homme descendait l'escalier du n° 23 de la rue Grange-Batelière.

Cet homme était le duc de Kermaria.

Il portait dans ses bras une jeune fille presqu'une enfant, terrassée par le sommeil ou par l'ivresse.

Jeune, frêle, petite, elle ne pesait pas plus qu'un oiseau.

Une voiture attendait devant la porte.

Le duc de Kermaria déposa l'enfant sur les coussins, s'assit près d'elle et fit signe au cocher.

Les chevaux partirent au galop et se dirigèrent vers l'extérieur de Paris.

Une heure après, la voiture avait laissé loin derrière elle les murs d'enceinte.

Le duc de Kermaria s'était agenouillé auprès de sa proie.

C'était Élisa Vernier.

Il baisait avec ardeur les petites mains inertes de Pâquerette, caressait les boucles de son front, couvait d'un œil ardent son délicieux visage.

Le duc sentait alors d'étranges frissons lui parcourir tout le corps.

Élisa était immobile comme inanimée, seule sur un chemin désert, en tête-à-tête avec cet homme qui assiégeaient de coupables désirs.

Jacques Vernier, dans son sommeil tranquille, comme il n'avait jamais été depuis si longtemps, ne soupçonnait pas, certes, le danger que courait sa fille.

Pourtant, depuis quelques minutes, son sommeil était devenu moins calme.

Jacques s'agitait sur son lit.

Tout à coup il se dressa sur son séant.

— Si vous bougez, vous êtes mort! lui dit alors une voix impérieuse.

— Qui êtes-vous? Que voulez-vous? demanda Jacques un peu troublé de cette menace.

— Demeurez immobile, on vous l'apprendra.

Comme on était dans l'obscurité la plus complète et qu'on ne pouvait apercevoir ses mouvements, Jacques porta une main à la poche intérieure de son paletot pour y saisir un pistolet.

Il retint un cri de rage.

Un rire sec et strident lui apprit que si on ne l'avait pas vu, on avait deviné son mouvement.

— J'écoute!... fit-il alors d'une voix sombre.

— Très bien, reprit la voix; nous allons causer dans l'ombre, car j'aime l'incognito. J'ai mes raisons pour cela. Mais avant de commencer notre conversation, retenez bien ceci: Ne cherchez pas à quitter votre place, ne faites pas un mouvement vers moi, ou je vous casse la tête.

— Votre balle pourrait bien s'égarer au milieu de cette obscurité, ricana Jacques.

— Bah! vous croyez? eh bien! je vais prendre mes précautions.

L'inconnu fit quelques pas, sortit de la chambre, et revint bientôt muni d'une lanterne sourde.

Il posa la lanterne devant lui, de façon que la lumière se projetait tout entière sur Jacques Vernier et l'éclairait crûment, tandis que lui demeurait dans l'ombre.

D'un bond, Jacques aurait bien voulu sauter à la gorge de cet étrange visiteur de nuit; mais son interlocuteur se tenait prudemment à l'autre bout de la chambre, et avait le temps de décharger ses deux coups de pistolet avant de le laisser arriver sur lui.

Il fallait donc se soumettre à la volonté de cet inconnu qui le tenait là en son pouvoir.

— Là! railla alors la voix de son mystérieux interlocuteur, maintenant que vous voilà bien convaincu de votre impuissance, écoutez-moi bien : Vous avez reçu la nuit dernière ou hier matin deux lettres de moi... Ah ! ah ! cela éveille votre curiosité... oh ! vous avez beau lancer vers moi vos regards de flamme... ils ne perceront pas l'ombre qui me protége. Ces deux lettres vous ont fait comprendre combien je vous tiens et quelle est sur vous ma puissance. D'un mot, je puis vous perdre... Je préfère vous enrichir, car je sais que vous aimez l'or.

Le visage de Jacques prit une expression d'impassibilité.

— Je n'avais d'abord songé à vous réclamer que le petit service que vous avez essayé de me rendre aujourd'hui ; mais j'ai mieux à vous demander que cela. Etes-vous toujours disposé à agir ?

— Cela dépend de ce que vous exigerez de moi.

— Oh ! rien qui ne soit dans vos habitudes.

— Je ne vous comprends pas.

— Vraiment !

— Ma parole d'honneur !

— Vous voulez que je m'explique ?

— Je vous en prie.

— Je cède au désir de vous être agréable.

— Merci.

— Ce que c'est que de s'exprimer avec politesse. Il y a cinq minutes, nous avions l'air de vouloir nous dévorer l'un l'autre, et voilà que nous nous entendons à merveille. Cela me paraît de bon augure pour la suite de notre conversation.

— Aussi, vous voyez que je suis tout oreilles.

— Je poursuis. Et d'abord, permettez-moi une question ?

— Volontiers.

— Aimez-vous la femme ?

A cette bizarre question, Jacques Vernier tressaillit.

Il pâlit, et ses yeux eurent des éclairs terribles.

Ses mains tremblantes passèrent sur son front comme pour en chasser de violents souvenirs.

Il y eut un moment de silence.

Les traits de Jacques Vernier exprimaient une douleur si vive, si poignante, que son interlocuteur en respecta la manifestation.

— Ma question a paru vous blesser ? lui demanda-t-il.

— Non, et je répondrai : Pourquoi voulez-vous que je haïsse la femme ? Une femme fut ma mère !... Ma fille est une femme !...

Dans ces deux derniers membres de phrases, Jacques mit toute son âme, tout son cœur.

Tout autre que son interlocuteur en eût été ému.

— Vous savez, lui dit celui-ci, il ne s'agit pas de s'attendrir en ce moment. Si j'ai même un conseil à vous donner, c'est de ne pas vous montrer trop sensible ; cela pourrait être dangereux pour vous.

— Mais enfin, votre but ?

— Le voici. Tantôt je vous demandais si vous aimiez la femme. Il en est une à qui je désire être particulièrement agréable.

— Toujours les femmes ! murmura Jacques Vernier.

L'inconnu haussa les épaules.

— Cette personne, continua-t-il, est menacée dans sa fortune, c'est-à-dire dans sa vie, car devenir pauvre lorsqu'on est riche, c'est plus que perdre la vie.

— Oui, c'est la femme seule qui donne du prix aux richesses.

— Celle-ci a toutes les faiblesses d'une fille d'Eve : elle aime le luxe, les plaisirs, les toilettes, toutes les folies, toutes les vanités.

— Vous ne l'aimez donc pas, que vous en parlez ainsi ? s'écria Jacques avec surprise.

— Non ; pas celle-là, du moins. Mais peu importe !... J'ai intérêt à la servir, et, en ce moment, son ennemi est mon ennemi. Cette femme est une des reines de Paris, reine du monde, du vrai monde... Si dans quarante-huit heures certain individu que je vous désignerai n'a pas disparu, elle sera précipitée de ce faîte brillant et jetée dans la foule obscure des misérables. Elle ne veut pas cela !... elle ne le veut pas !! Pour conserver cette position qui lui vaut les hommages et l'admiration de tout ce qu'il y a à Paris de spirituel et d'élé-

Henriette, mon ange, ne pleurez pas,

gant, elle sacrifierait tout..., jusqu'à son âme... si elle en a une !

— La malheureuse !... Pour en être arrivée là, elle a donc bien vécu...

— Non, très-peu... Songez : dix-neuf ans ! A cet âge, on entre dans la vie avec une ardeur impitoyable. Ce luxe qu'on va lui arracher, elle est capable de le défendre avec la rage implacable que met une louve à défendre ses petits... Oui, dans la soif sauvage de richesses qui la possède, elle est allée jusqu'à méditer, jusqu'à tramer la mort d'un homme dont la disparition la rendrait immédiatement trois fois millionnaire.

— Une spoliation... un vol ?

— Non, un héritage.

— Ah !... cela ne m'étonne pas !.. C'est sans doute un ami, plus qu'un ami, un parent... celui qui l'a élevée peut-être... un vieillard...

— Non, si c'était un vieillard elle attendrait peut-être... C'est un jeune homme.

— Et cette femme de dix-neuf ans, cette femme du monde n'a pas pitié de la jeunesse de cet homme...

— Elle veut être riche ; il est un obstacle : on brise un obstacle.

— Quoi ! elle voudrait...

— Qu'il mourût... Je vous parle comme

Corneille fait parler ses héros... Malheureusement, notre jeune homme se porte à merveille. Dieu seul a à sa disposition certaines maladies qui vous enlèvent un homme en un tour de main. Nos moyens sont moins ingénieux, mais tout aussi sûrs. Un coup de couteau, une balle dans la tête, quelques gouttes de poison, voilà trois expédients dont les romanciers abusent un peu, mais qu'on emploie volontiers parce qu'ils se présentent aisément. Cette dame s'est donc arrêtée à un de ces moyens : couteau, pistolet ou poison, au choix de celui qui doit agir.

— Assassiner ! murmura Jacques.

— Oui, cela vous étonne ? Mon cher, on a des préjugés sur la femme. Parce que cet être est délicat, frêle, charmant ; parce qu'il est sémillant de grâce, qu'il a le regard tendre, la peau blanche, la voix douce, on se figure qu'il a dans le cœur des abîmes de bonté, des trésors de pitié, un fond inépuisable de suaves sentiments ! Mais c'est de l'acier et du diamant que cette organisation. Souple, flexible, brillante et dure, voilà la femme ! Tenez, il y a dans Paris, pour ne citer que Paris, plus de cent mille drôlesses qui ont bu toute honte. Elles ne sont pas arrivées là sans avoir, pour la plupart, mis leur père au tombeau, tué de douleur. Cela ne les empêche pas de danser à Mabille ou de cancaner à la Closerie des Lilas. J'ai vu des désespoirs terribles briser des familles : la mère devenir folle, le père se faire sauter la cervelle ; le frère fuir son pays ; bah ! la folle n'en sautait que mieux.

Et l'inconnu eut un rire méphistophélique qui fit frissonner Jacques Vernier.

— La femme est donc un démon ! fit-il avec désespoir.

— Pas plus que l'homme. Seulement, nous en faisons trop souvent un ange... et lorsqu'elle tombe, elle paraît tomber plus bas, parce qu'elle tombe de plus haut ! Vous voyez bien que cette femme peut vouloir la mort d'un homme qui n'est ni son père, ni son frère, ni son mari.

— Mais qui a-t-elle choisi pour accomplir ce crime ?

— Elle m'a laissé le soin de désigner le bras qui doit frapper.

— Ah ! Et vous avez arrêté ce choix ?

— Oui.

— Et vous voudrez bien me nommer celui qui a toute votre confiance ?

— Je suis venu ici pour cela.

— Quoi ! vous croyez que, moi...

— Hésiteriez-vous, par hasard ?

— Ce crime...

— Des scrupules ! Cela m'étonne. Savez-vous que vous avez une main sûre à ne jamais manquer votre coup. Vrai Dieu ! le Chanteur et la Faucheuse n'ont pas dû pousser un soupir. Votre superbe coup de couteau les a comme foudroyés. Mon compliment. Je vous sais trop habile pour chercher ailleurs. Vous êtes notre homme. Allons, levez-vous ; c'est cette nuit qu'il faut agir.

— Moi, tuer ! protesta Jacques.

— Oui, tuer encore.

— Eh ! que m'a fait cet homme ? Il n'est pas mon ennemi.

— Il nous gêne.

— Vous, son ennemi, vous pouvez le frapper.

— Cela ne m'est pas possible.

— Mais vos hommes ?...

— Des maladroits, des trembleurs ! Tandis que vous...

— Non, non, je n'assassinerai pas un inconnu, un ami peut être.

— Vous étiez moins scrupuleux rue d'Allemagne.

— Je n'assassinais pas, je me défendais !

— Bah ! le Chanteur et sa compagne dormaient profondément lorsque vous avez pénétré chez eux.

— Cet homme était pour moi une menace incessante ; je me suis débarrassé de lui...

— Comme vous vous débarrasseriez de moi... aux mêmes conditions. Je suis charmé de recevoir cette confidence.

Et il eut un ricanement de défi.

Jacques lui lança un regard terrible qui ne put percer l'ombre dont il était enveloppé.

Mais l'inconnu vit, lui, ce regard, et il en comprit le sens haineux.

— Tenez, je lis dans vos yeux de telles dispositions pour le meurtre, lui dit-il, que vous auriez mauvaise grâce à refuser.

— Et si je refuse?

— Vous en avez le droit. Mais vous ne sortirez d'ici que sous l'escorte de certains agents enchantés de vous faire réintégrer votre domicile de Toulon. Et comme, depuis votre sortie, vous avez ajouté quelques peccadilles à votre passé, notamment la mort du Chanteur et de la Faucheuse, il est probable qu'on ne vous fera pas entreprendre un si long voyage. On vous mènera tout simplement à la Roquette.

— Vaines menaces! murmura Jacques qui pâlissait.

— Bah!

— Vous, amener ici la police! Allons donc!

— Et pourquoi pas, je vous prie?

— Parce que je ne partirais pas seul, et qu'un bout de ma chaîne pourrait bien servir à vous garrotter aussi.

— Vous plaisantez!

— Mais tout ici révélera la coupable industrie à laquelle vous vous livrez.

— Enfant! Nous devions déménager le 15 de ce mois. Mais j'ai avancé de quelques jours notre départ. Dès l'aube, tout sera emporté d'ici... et en ce moment mes hommes sont en train d'emballer ce qu'il y a ici de compromettant. Vous voyez que mes mesures sont bien prises. Je vous tiens, et je vous échappe. Mais l'heure passe. Décidez-vous. C'est la vie ou la mort que je vous offre.

— Le nom de l'homme que je dois assassiner?

— Que vous importe!

— Mais encore faut-il que je sache qui je dois frapper.

— C'est juste. C'est un jeune homme du monde, fort riche. Vous ne le connaissez pas sans doute. Mais je vous le montrerai moi-même. Il se nomme Octave Cléry.

— Octave Cléry! s'écria Jacques qui bondit d'étonnement.

— Lui-même! Il paraît que vous le connaissez!

— Le tuer, lui, jamais!

— Réfléchissez...

— Jamais! vous dis-je. Qu'on me ramène au bagne; qu'on me rive les fers au pied; qu'on dresse l'échafaud et qu'on y fasse rouler ma tête... non... non, je n'assassinerai pas cet homme!

— Mais votre fille, malheureux! dit alors l'inconnu qui voulait frapper un grand coup.

— Ma fille! exclama Jacques.

— Oui!... Voulez-vous la perdre aussi?

— La perdre!

— Ah! vous vous figurez que la chaste enfant dort en ce moment sous votre toit, bercée de rêves roses? Insensé! Savez-vous ce que fait la jolie Élisa Pâquerette, tandis que vous êtes ici en mon pouvoir? La nuit dernière, tandis que vous couriez les quartiers perdus de la Villette, elle, au bras du beau et séduisant Octave Cléry, le front penché sur son épaule, écoutait ses brûlantes déclarations et laissait surprendre les aveux de son amour. Ah! il est allé vite en besogne... Ce soir, la petite Élisa a soupé chez la Palmyre, en galant tête-à-tête...

— Tu mens! misérable, tu mens, hurla Jacques, fou de désespoir.

— Je mens! Je ne prends jamais la peine de mentir. Mais, du reste, nous passerons chez vous, si cela vous plaît. Et vous verrez si je dis vrai. Votre fille n'est pas chez vous.

— Ah! malheur à lui, alors!

— Êtes-vous prêt à me suivre?

— Pour punir ce misérable! Ah! partons! partons!

Quelques instants après, une voiture emportait Jacques Vernier et l'inconnu.

Celui-ci avait habilement grimé son visage.

Et sous sa fausse perruque, sous la couleur feinte de ses sourcils, sous la couche brune qu'il avait répandue sur son visage, personne n'eût deviné lord Wigmore.

Nos lecteurs l'avaient certainement reconnu.

## XXI

### LES FRAYEURS DE MADAME PALMYRE.

Vers deux heures du matin, la voiture s'arrêta rue du Faubourg-Saint-Denis, devant le passage de l'Industrie.

Jacques sonna violemment.

C'est là un des agréments des habitants des passages fermés de grilles.

Si l'on rentre après minuit ou une heure, il faut attendre vingt à trente minutes que le concierge se lève, s'habille, prenne ses clefs et vienne vous ouvrir.

Si vous êtes rentrés, vous voilà prisonniers de nuit.

Ce n'est qu'à prix d'or que vous obtenez votre délivrance, si un impérieux devoir vous appelle hors de chez vous.

Jacques piétinait d'impatience.

Enfin, il put s'élancer à son cinquième étage, suivi des malédictions du concierge.

André vint lui ouvrir à son premier coup de sonnette.

— Elisa ? demanda-t-il avec anxiété.

La morne tristesse du jeune homme, son attitude embarrassée lui démontraient que lord Wigmore ne l'avait pas trompé.

Il eut un geste de désespoir et tomba sur un siége accablé de douleur.

Oh ! la misérable ! grinçait-il entre ses dents... et lui, son séducteur... oh ! certes oui, je le tuerai maintenant.

Puis s'adressant à André :

— Que t'a-t-elle dit ? lui demanda-t-il violemment.

— Mais elle est partie avec Henriette, son amie...

— Son amie !... sa complice.

— Elles avaient en vue une excellente place et devaient gagner beaucoup d'argent.

— Infamie ! perdues toutes les deux sans doute.

— Oh ! il ne faut pas les accuser encore, fit observer le jeune homme ; elles vont rentrer sans doute.

— A cette heure !... parbleu ! elles peuvent rentrer ! leur honte est consommée. Mais sais-tu où elles sont allées ? Ont-elles laissé un nom, une adresse ?

— J'ai entendu parler d'une dame Palmyre, de la rue Grange-Batelière.

— C'est bien cela ! lamenta Jacques ; tout est vrai. Cet homme ne m'avait pas trompé. Je sais maintenant ce qui me reste à faire. Adieu, André, adieu.

— Ecoutez, monsieur Vernier, fit André effrayé par l'air d'égarement répandu sur tous les traits de Jacques, je ne sais pas ce que vous allez faire ; mais je redoute un malheur.

— Un malheur ! fit le père d'Elisa avec une expression étrange... non ! il ne m'en arrivera plus... Le seul qui pouvait m'atteindre m'a frappé. Ah ! je défie bien le destin maintenant !

Et il eut un rire navrant.

— Au nom du ciel, remettez-vous !

— Je vais remplir un dernier et terrible devoir.

— Je ne vous quitte pas alors, insista André dont l'inquiétude était poignante.

— Non, non !... Ecoute, enfant, je t'ai appelé mon fils, et avant de te quitter pour toujours...

— Pour toujours...

— Oui, ni moi, ni celle qui fut ma fille ne reviendrons ici !... Elle est perdue, nous n'avons plus qu'à mourir... Tu seras seul désormais en ce monde... comme tu étais il y a deux jours... Triste et courte paternité que celle que j'ai acceptée. Mais elle ne sera pas du moins entièrement illusoire. Tout ce qui est ici est le modeste héritage que je te lègue. Tu trouveras dans un de ces meubles un peu d'argent... Sois honnête, travaille, et souviens-toi du père Vernier. Adieu, mon enfant, adieu ! Je n'ai pas la force de t'embrasser.

Et Jacques s'élança hors de son logis.

Il retrouva lord Wigmore dans la rue.

— Allons, lui dit-il avec résolution.

Pour comprendre la conduite de lord Wigmore dans ce qui va suivre, il faut se rappeler que le complice de la Gorgozza et de madame Cléry tenait tous les fils de la sombre intrigue qui se nouait.

Il savait qu'Elisa, hideusement vendue par la Palmyre au duc de Kermaria, était au pouvoir de ce dernier.

D'un autre côté il savait, par les confidences reçues chez madame Cléry, qu'Octave Cléry allait provoquer le duc; et que, dans son impatience de se mesurer avec lui, il devait cette nuit même le relancer chez lui.

Lord Wigmore ne connaissait pas la véritable haine d'Octave contre le duc.

Il était tenté de mettre cette subite fureur sur le compte de la jalousie.

Toutefois il s'étonnait qu'Octave eût si vite appris l'aventure dont Elisa était victime.

Peu lui importait, du reste, la cause du duel.

Ce qu'il désirait ardemment, dans un double but de passion et d'intérêt, c'était la mort de celui qui était à la fois et son rival et le trop riche beau-frère de Charlotte, qui convoitait son héritage.

En mettant Jacques Vernier à la poursuite du duc de Kermaria, lord Wigmore était donc à peu près sûr de le mettre sur les traces d'Octave Cléry.

Une fois en présence des événements, il se sentait assez habile pour les diriger selon ses vues.

Aussi ne fit-il aucune difficulté de conduire Jacques Vernier chez la Palmyre.

Ils arrivèrent au nº 23 de la rue Grange-Batelière.

Il était deux heures et demie.

Tout dormait.

Ce quartier, le plus bruyant de Paris, était lui-même plongé dans le plus grand silence.

A peine, par intervalles, entendait-on quelques rares bruits de voiture.

Lord Wigmore ne craignit pas d'accompagner Jacques chez celle qui lui avait ravi sa fille.

Il était merveilleusement déguisé sous ses traits empruntés, et sûr de n'être pas reconnu.

Du reste, le trouble qui allait saisir la Palmyre ne devait pas lui permettre, au milieu de la nuit, à la lumière d'une bougie, de reconnaître qui que ce fût.

Qu'on se figure l'effroi de cette femme lorsqu'elle entendit sonner à sa porte vers trois heures du matin.

Mme Palmyre s'éveilla en sursaut à ce brusque coup de sonnette.

Tout son corps frémit, et elle eut un saisissement qui lui retourna tous les sens.

Qui pouvait venir chez elle à cette heure?

La police!

Sans doute sa hideuse industrie était découverte. Et la justice, qui évite le scandale, la faisait enlever avant le jour.

Vous dépeindre sa frayeur est chose impossible.

Un moment elle se crut mal éveillée, et elle espéra être le jouet d'un cauchemar.

Elle fermait les yeux et se blotissait dans son lit, pour se bien persuader qu'elle dormait.

Mais un second coup de sonnette, plus violent que le premier, vint la faire bondir hors de ses couvertures.

Elle vint pieds nus, à pas de loup, vers la porte du carré, pour écouter et s'assurer du genre de visite qu'elle allait recevoir.

Françoise, la bonne, aussi effarée qu'elle, l'avait précédée.

— Chut! lui murmura tout bas la Palmyre.

On sonna une troisième fois à casser le cordon de la sonnette.

— Qui est là? demanda Françoise d'une voix mal assurée.

— Ouvrez! ordonna une voix rude.

— Qui demandez-vous?

— Madame Palmyre.

— Elle n'est pas ici.

Jacques Vernier eut une imprécation.

Françoise et sa maîtresse respirèrent.

Elles comprirent qu'elles n'avaient rien à craindre.

Les agents dont elles redoutaient la présence ne se seraient pas laissé prendre ainsi à une dénégation.

— Ouvrez tout de même, ordonna lord Wigmore qui déguisa sa voix.

— Retirez-vous ; je ne vous connais pas ! répondit Françoise. Prenez garde que je vous fasse jeter à la rue. N'est-ce pas une abomination de déranger les honnêtes gens à cette heure !

— Si vous n'ouvrez pas, j'enfonce la porte ! hurla Jacques Vernier.

— Au secours ! à l'assassin ! cria Françoise.

— Tais-toi donc ! fit vivement la Palmyre en lui mettant une main sur la bouche ; ne vas-tu pas mettre sens dessus dessous toute la maison ?

La prudente femme redoutait le bruit et l'éclat.

Elle pensait, du reste, que pour parler avec tant de hauteur et d'énergie, les individus qui venaient ainsi la troubler, en pleine nuit, avaient quelque droit d'agir ainsi.

Aussi se hâta-t-elle d'intervenir.

— Je vous prie de vous retirer, dit-elle ; je veux bien ne pas appeler de sergents de ville, qui vous feraient bien vite décamper... mais j'espère que vous allez nous laisser tranquilles.

— Appelez donc ! s'écria Jacques ; je dirai qui vous êtes, et c'est devant tout le monde que je réclamerai ma fille.

La Palmyre, à ces mots, comprit qu'elle allait s'attirer quelque méchante affaire.

Aussi se hâta-t-elle d'ouvrir sa porte.

— Au nom du ciel, qu'y a-t-il, messieurs ? fit-elle avec un air d'honnêteté et d'innocence parfaitement joué.

— Elisa ! ma fille ? lui demanda Jacques avec violence.

— Mademoiselle Elisa Vernier ! s'écria madame Palmyre avec une feinte naïveté.

— C'est bien elle ! fit le père de Pâquerette avec d'sospir.

— Une jeune ouvrière en dentelles.

— Enfin, où est-elle ?

— Mais, mon Dieu, elle est partie, sa jour-née terminée, répondit-elle d'un ton tout naturel.

— Tu mens ! lui dit résolûment lord Wigmore. Elle a soupé ici avec une de ses amies.

— Je vous jure !... protesta Palmyre.

— Pas tant de manières, riposta lord Wigmore, tu es une *allumeuse*, une *marcheuse* ! je te connais. Veux-tu parler ou faut-il te forcer ou te délier la langue ?

Tout en parlant avec cette brutalité, le compagnon avait fait un signe d'intelligence à son interlocutrice.

Celle-ci, un peu rassurée, se hâta de dégager sa responsabilité, et ne comprenant pas où lord Wigmore voulait en venir, elle se tira d'affaires par un faux-fuyant.

Ne voulant donc ni continuer à se compromettre ni compromettre le duc de Kermaria, elle préféra tout rejeter sur le personnage le moins intéressant de cette intrigue.

— Je n'ai rien à redouter de personne, fit-elle ; ces demoiselles sont venues travailler chez moi ; elles sont parties à la fin de leur journée ; le reste ne me regarde pas. Je veux bien, toutefois, vous prévenir que le baron de Barbenthall pourrait vous donner de leurs nouvelles.

— Le baron de Barbenthall ! s'écria Jacques.

— Oui, un ami de cet Octave Cléry, lui murmura lord Wigmore. Venez ; je le connais. Je sais où le trouver. Au revoir, Palmyre ; songe qu'on a l'œil sur toi.

— Les butors ! m'ont-ils fait peur ! soupira la Palmyre lorsque ses deux interlocuteurs furent partis. Je ne pourrai jamais reprendre mon sommeil !

Les deux femmes regagnèrent leur couche, maugréant de leur mauvaise nuit.

Françoise grelottait et la Palmyre était gelée.

— Qu'on vienne encore sonner ! murmura la bonne ; je veux que le diable me croque si je vais ouvrir.

Et elle s'enfonça douillettement dans ses couvertures.

Elle soupira avec béatitude.

Madame Palmyre, de son côté, s'était glissée

entre ses draps glacés, et pour se réchauffer
plus vite, elle avait pris un édredon et l'avait
ajouté à celui qui couvrait déjà son lit.

Une douce moiteur envahit bientôt ses
membres.

Sa peur s'était apaisée.

Le sommeil redescendait peu à peu sur ses
paupières.

Un coup soudain ébranla de nouveau sa
porte.

On heurtait.

— Qu'ils frappent ! qu'ils sonnent ! qu'ils
tombent sur la porte s'ils veulent, je n'ouvre
pas, murmura-t-elle.

Mais, en ce moment, une voix grave qui la
fit frissonner, arriva jusqu'à elle.

— Au nom de la loi, ouvrez, intima la
voix.

Cette fois, il n'y avait pas à se tromper.

Plus morte que vive, elle passa rapidement
une robe de chambre, ralluma sa bougie et se
hâta d'ouvrir.

Un commissaire de police, assisté de deux
agents, se montra soudain à ses regards.

Il était porteur d'un mandat d'amener.

Une voiture cellulaire était à la porte.

Une minutieuse perquisition fut faite chez
la Palmyre. On fit un paquet de tous les papiers compromettants trouvés chez elle, et on
s'en empara pour les besoins de l'instruction.

Des trois jeunes filles qui, dans la journée,
se trouvaient chez madame Palmyre, une seule
y était en ce moment.

C'était la petite Ida-Mignardise.

Elle n'avait que quinze ans.

On lui fit subir un long interrogatoire, ainsi
qu'à la bonne Françoise.

Après quoi, la maîtresse du lieu fut conduite au dépôt de la Préfecture de police
pour y être mise à la disposition de la justice.

Cette arrestation avait eu lieu à la suite
d'une bizarre aventure.

## XXII

### VICTOIRES ET CONQUÊTES DU BARON DE
### BARBENTHALL

Il n'entre pas dans l'économie de notre
récit de raconter le souper qui avait eu lieu
chez la Palmyre.

Il n'avait pas été bien gai.

Un guet-apens n'est jamais amusant.

Et ce souper où le duc de Kermaria voulait
prendre la petite Elisa au trébuchet de
l'ivresse.

Barbenthall fut pourtant assez joyeux. Il
avait affaire à une personne délurée. Henriette, sans être rompue à la vie parisienne,
en avait l'instinct.

Rien ne l'étonnait et les propos les plus
lestes ne l'effarouchaient guère.

Elle en avait entendu bien d'autres dans les
divers ateliers où elle avait travaillé.

Ce n'est pas qu'elle eût franchi ce pas qui
est le Rubicon d'une jeune fille.

Elle était encore en deçà.

Mais son allure dégagée, son regard hardi,
sa parole parfois effrontée lui donnaient un
air d'émancipation qui trompait les plus
habiles.

Il y avait au fond de ce cœur plus de vertu
courageuse que dans bien des âmes envelop-
pées de pudiques faux semblants.

Aussi n'hésita-t-elle pas à s'engager comme
l'on dit dans les petits chemins où la conduisait le baron de Barbenthall.

Elle était sûre d'avance qu'il n'en serait
jamais que ce qu'elle voudrait.

Le petit baron n'avait jamais trouvé autant
de docilité.

Il en était aux anges.

— Ma petite Henriette, disait le baron en
essayant de lui prendre la taille, vous êtes
adorable, parole d'honneur !

— Je le sais, on me l'a dit. Mais si vous ne

vous tenez pas tranquille, d'un revers de main je vous fais voir les étoiles.

— J'en vois une, ça me suffit.

— Eh bien, mon petit, ce n'est pas l'étoile du berger, riposta la fille aux cheveux d'or.

— Henriette, vous voulez me faire mourir ! soupira le baron en versant du champagne à sa voisine.

Pendant ce temps le duc de Kermaria, assis en face, à côté d'Elisa Pâquerette, glissait dans l'oreille de celle-ci d'étranges paroles.

Elisa, les pommettes rouges, le front brûlant, l'œil déjà noyé, l'écoutait vaguement, comme perdue dans un monde inconnu.

La crainte, la timidité, l'inexpérience l'avaient amenée à cet état propice que voulait se ménager le duc.

Bientôt vaincue par les flots de champagne que lui versait adroitement, et coup sur coup son suborneur, elle pencha la tête et cessa d'écouter.

La volonté était partie ; la force était domptée, toute conscience de l'existence avait cessé.

Nous savons que le duc profita de cette situation pour enlever la jeune fille, la transporter dans sa voiture et partir avec elle.

Le baron était demeuré seul en tête-à-tête avec Henriette.

Il était onze heures et demie environ.

Barbenthall eût bien voulu aussi emporter sa conquête.

Mais l'amie d'Elisa avait la tête plus solide que sa compagne.

— Eh bien on nous laisse seuls ! fit Henriette toute surprise.

— C'est un bonheur que j'attendais avec impatience.

— Eh ! pas de bêtise ! Où vont-ils donc ?

— Ils s'envolent sur les ailes de l'amour ! fit le baron, qui se rapprocha de la jeune fille.

Henriette se passa la main sur les yeux.

— Ah ! murmura-t-elle, j'ai bien peur que nous ayons fait une sottise en venant ici. Où est Elisa ? Je ne veux pas demeurer toute seule.

— Mais ne vous effrayez pas, ma colombe, votre amie était un peu indisposée ; elle est allée prendre l'air ; mais elle va revenir.

— Vous me le jurez.

— Foi d'amoureux.

— Oh ! vous faites un drôle d'amoureux, vous ! plaisanta la fillette.

— Comment un drôle d'amoureux ! se récria Barbenthall. Mais je suis un amoureux parfait, au contraire. Songez donc : vingt-cinq ans, cinquante mille livres de rentes et un cœur de flammes ! Je mets tout cela à vos pieds, mon adorée !

— Eh bien, vous parlerez à papa ?

— Ah ! il faut parler à papa ?

— Évidemment.

— Impayable ! impitoyable ! parole d'honneur ! fit le petit baron, qui étouffa un fou rire. Eh bien, buvons à la santé du papa ! Et il versa du champagne plein la coupe d'Henriette.

Celle-ci la vida d'un trait.

— Inouï ! étourdissant ! glapit le baron. Il n'y a que Bouton-d'Or pour avaler le champagne comme ça. Enfoncée Bouton-d'Or !!!

Cependant en déposant le verre, la main de la jeune fille, tremblante, alourdie, avait laissé tomber le cristal, qui s'était brisé.

Elle eut un rire nerveux.

L'ivresse, flot où sombrait sa raison, montait visiblement.

Barbenthall se frottait les mains sous la table.

Il voyait arriver à grands pas le moment où la jeune fille serait livrée sans résistance à ses désirs.

Il jugea que le moment était venu de se jeter aux pieds d'Henriette.

— Qu'est-ce que vous faites ? balbutia celle-ci.

— Je veux vous dire combien je vous aime.

— Mais vous me l'avez déjà dit.

— Ah ! je veux vous le répéter toute ma vie.

— Ce sera bien long.

— Ah ! Henriette, ne riez pas de mon amour !... Si vous vouliez... Regardez-moi.

— Vous vous croyez donc joli garçon ?

— Qu'importe !... je vous adore. Voulez-vous des rentes, des toilettes, une voiture ?

— Je voudrais bien mon lit ! soupira l'enfant, dont le cœur tournait.

— Oui, mon ange !... viens dormir près de moi !...

— Est-il bête !

— Hé quoi ! mes soupirs, mes larmes n'ont su toucher ton cœur !...

— Ah ! vous m'embêtez ; je veux m'en aller.

— Je vous ai effarouchée, ange de pureté...

pardon ! pardon ! je suis fou ! Eh bien, nous partirons ! Je vais vous conduire...

— Chez moi, j'espère.

— Oui, chez vous, où vous voudrez... En enfer, ce sera le paradis !

Barbenthall espérait qu'une fois dans la rue, Henriette, saisie par le froid, perdrait tout à fait la raison.

C'est ce qui arriva.

A peine arrivée sur le trottoir elle trébucha, et le jeune baron dut la soutenir.

— Ah ! mon Dieu ! tout tourne ! fit-elle avec un rire plaintif.

— Et moi, Henriette, m'avez-vous assez

fait tourner ! dit plaisamment Barbenthall.

— Ah ! vous êtes assez tonton pour cela ! fit la jeune fille qui, malgré son état d'ivresse avait encore la riposte alerte.

— Étourdissante ! étourdissante ! ricana le jeune baron en entraînant la fillette vers une voiture.

— Nous allons chez moi, hein ? fit l'enfant.

— Oui, mon ange, foi d'amoureux ! ricana Barbenthall.

— A propos… Elisa… je ne la vois pas… ah ! je ne vois plus rien.

— Oh ! elle est déjà arrivée depuis long-temps… Bien, là, couchez-vous au fond de la voiture ; je vous réveillerai quand nous serons arrivés.

— Bien… passage de l'Industrie… murmura Henriette, qui s'endormait.

— Bon !… rue Bleue, commanda Barbenthall au cocher.

Il n'y a que deux pas de la rue Grange-Batelière à la rue Bleue.

Elles sont toutes les deux situées dans le quartier du faubourg Montmartre et dans le grand centre parisien, tout près des boulevards, c'est-à-dire au milieu du mouvement, du luxe, de la richesse, des plaisirs !

Barbenthall habitait un assez joli entre-sol, meublé sans trop de goût, mais luxueusement.

Comme il menait une vie fort décousue, très-irrégulière ; qu'il prenait très-rarement ses repas chez lui, il n'avait pour tout domestique qu'une femme de ménage et un valet de chambre.

La première soignait l'appartement ; le second était constamment aux ordres du baron pour tous les besoins de son service.

Mais ni l'un ni l'autre ne couchaient dans l'appartement.

La femme de ménage rentrait chez elle le soir venu ; et le valet de chambre se retirait, après avoir tout fait préparer pour son maître, dans une mansarde du sixième étage, d'où le baron le faisait quelquefois descendre au milieu de la nuit lorsqu'il rentrait d'un souper un peu trop arrosé de champagne.

Le petit baron absorbait le cliquot en quantités vraiment incroyables.

Il croyait qu'il trouverait au fond du flacon l'esprit absent de sa cervelle.

Vin champenois vaut mieux qu'eau d'Hippocrène, a dit un poëte.

Mettant ce précepte en usage, Barbenthall croyait après chaque verre avoir un mot ; il cherchait un trait, il était sur le point de le saisir, et il disait une bêtise.

Un soir, il soupait avec T. B., un esprit endiablé.

On venait de se mettre à table que T. B. avait déjà détaché de son esprit plus de perles qu'on n'avait avalé d'huîtres.

Barbenthall, la bouche clouée sous les gerbes étincelantes de la conversation de son convive, se démenait sur son fauteuil comme un ours enchaîné.

Il cherchait à placer un mot qu'il n'avait pas.

— Il me faut du montant, se dit-il.

Les plats les plus épicés passèrent sur son assiette, mais non pas dans son esprit. Il n'eut même pas un seul grain de ce sel qu'il prodiguait furieusement à son souper. Il buvait démesurément et n'en devenait que plus muet et plus sombre. L'ivresse produit de ces effets-là. Il était comme noyé.

— Mais tu vas te soûler, malheureux ! lui cria T. B.

— Le vin donne de l'esprit, hoqueta Barbenthall.

— Oui de l'esprit de vin, riposta T. B.

Quelques secondes après, le pauvre baron roulait sous la table.

Mais T. B., qui avait été intarissable de verve et qui, tout le temps, avait égayé le souper, n'avait pas eu le temps de vider son premier verre.

Donc, le petit baron arriva en quelques minutes devant la porte de sa demeure.

Henriette dormait profondément.

Il prit les précautions les plus minutieuses pour la tirer de la voiture sans trop l'éveiller. Il la porta plutôt qu'il ne la fit monter à son entre-sol.

— Nous sommes bien vite arrivés ! murmura la jeune fille, qui se croyait chez elle et qui sentait vaguement qu'on n'avait pas grimpé cinq étages.

Barbenthall la poussa doucement dans son appartement, et la fit asseoir sur un canapé, tandis qu'il cherchait de la lumière.

L'enfant penchait à droite et à gauche le bout du corps, comme pour chercher un appui.

Ses bras pendaient inertes à côté d'elle.

Ce balancement dissipa un peu son sommeil.

Elle secoua la tête et passa une main sur ses lèvres.

— C'est bête de m'avoir fait boire comme ça! murmura-t-elle.

Barbenthall avait allumé deux ou trois bougies, dont la flamme fit papilloter les paupières d'Henriette.

— Est-ce qu'il fait jour? demanda-t-elle en se frottant les yeux.

— Non, mon ange, fit avec empressement le petit baron; il faut vous coucher.

— Oui, c'est vrai... Oh! je suis bien fatiguée.

Et s'abandonnant au sommeil qui s'acharnait après elle, elle s'accota sur un des côtés du canapé.

Barbenthall vint s'asseoir près d'elle, et lui prit la main.

Elle n'eut pas la force de la retirer.

L'amoureux, enhardi, lui passa un bras autour de la taille.

L'enfant eut un mouvement de résistance et de mauvaise humeur.

Elle tourna la tête vers le baron et le regarda un peu ahurie.

— Qu'est-ce que vous voulez, vous? demanda-t-elle encore inconsciente de sa situation.

— Ce que je veux! exclama le jeune homme avec ardeur, tu me le demandes, friponne!

Et pressant Henriette entre ses bras, il lui prit un baiser avide.

La jeune fille eut comme un choc.

Elle repoussa violemment le petit baron et se leva.

— Où suis-je? fit-elle avec une sorte d'égarement.

— Chez vous! mon amour, chez vous! protesta le baron.

Henriette se passa la main sur les yeux, comme pour en dissiper les voiles qui l'obscurcissaient.

Une carafe d'eau posée sur un plateau se trouvait sur un guéridon.

La jeune fille la saisit avidement, et en appliqua le goulot à ses lèvres.

Elle but une large gorgée.

Son esprit se sentit rafraîchi.

— Ah! je voyais bien que ce n'était pas chez moi ici! s'écria-t-elle avec désespoir.

— Ce sera chez vous si voulez! hasarda le baron avec insinuation.

— Taisez-vous!... c'est infâme ce que vous avez fait là!

— Infâme!... quand mon amour...

— Taisez-vous; je veux m'en aller.

— Oh! à cette heure...

— Eh! que m'importe l'heure! je veux sortir d'ici.

— Mais c'est impossible!

— Ah! fichez-moi la paix, et livrez-moi passage, commanda vivement Henriette.

— Là là, charmant démon, ne vous emportez pas! supplia le jeune crevé qui cherchait à envelopper Henriette de ses bras.

— N'approchez pas! ou je vous casse ce flambeau sur la tête! s'écria celle-ci, qui s'était reculée jusque vers la cheminée, et qui y avait trouvé une arme toute naturelle.

— Mais c'est une furie que cette petite? s'écria le gandin effrayé.

Henriette fit quelques pas pour sortir.

Elle porta la main à son front et elle chancela.

Les fumées du vin lui remontaient au cerveau et paralysaient de nouveau ses forces.

— Ah! je ne pourrai jamais! murmura-t-elle avec désespoir en retombant sur le canapé qui l'avait reçue en entrant.

Le baron cria victoire en lui-même.

Mais il jugea qu'il fallait être plus prudent.

— Henriette, mon ange, ne pleurez pas! fit-il avec une douce soumission, je vous jure que je vous respecterai.

L'enfant haussa les épaules.

— Vous êtes ici chez vous! reprit le baron; commandez, ordonnez; je suis votre esclave. Vous avez besoin de repos; couchez-vous; moi, je dormirai là, sur le tapis...

— Comme Azor, dit la malicieuse enfant, que la répartie n'abandonnait jamais.

— Oui, comme votre chien fidèle, soupira le gandin.

— Je veux bien rester ici, mais je ne veux pas que vous demeuriez là.

— Eh bien! oui; je sortirai... je m'en irai dans la pièce voisine.

— Non, vous reviendriez durant mon sommeil.

— Je vous jure...

— Oui, fiez-vous au serment d'un homme!

— Ah! je ne suis pas comme certains...

— Malheureusement pour vous.

— Méchante!

— Sortez-vous, ou je m'en vais!

— Mais où voulez-vous que je me mette, grand Dieu?

— Est ce que je sais, moi?... Sur le carré.

— Sur le paillasson, n'est-ce pas?

— Juste!

— Comme le chat de ma portière.

— Cela ne me regarde pas.

Barbenthall, qui avait l'air de se jouer et de se soumettre aux caprices d'Henriette, ouvrit la porte et sortit sur le carré.

— Vous voyez bien, lui dit-il piteusement; je ne puis pas.

— Pourquoi?

— Il est mouillé.

— Tant pis.

Et d'un mouvement rapide elle ferma la porte au nez du baron, qui l'entendit rire comme une folle.

— Bonne nuit! lui cria-t-elle par le trou de la serrure. Je vous éveillerai demain matin.

— Ouvrez-moi, cruelle! supplia naïvement le gandin.

Il entendit bientôt les éclats de rire de la jeune fille se perdre dans les profondeurs de l'appartement.

— Eh bien! murmura Barbenthall, me voilà dans une drôle de position... Si T. B. la savait, il en rirait bien... Qu'est-ce que je vais faire? Je ne puis pas dormir là, sur le carré, sur le paillasson, comme me l'a conseillé Henriette; d'ailleurs, il n'est pas propre : il a subi les visites de Minette... Comment rentrer chez moi?... Ah! si je pouvais aller la surprendre au milieu de son sommeil... comme elle serait pincée... Mais pas de clef!

Puis, soudain se frappant le front :

— Ah! que je suis bête!

Et, grimpant doucement l'escalier de la maison, il monta jusqu'au sixième étage.

Il frappa à la chambre de son domestique.

— Jean, lui dit-il assez bas pour n'éveiller l'attention de personne, Jean, tu as une seconde clef de l'appartement; passe-la-moi, j'ai égaré la mienne.

## XXIII

OU IL EST PROUVÉ QU'IL VAUT MIEUX AVOIR LA CLEF DU COEUR D'UNE JEUNE FILLE, QUE LA CLEF DE SON APPARTEMENT.

Vers une heure du matin la rue Bleue était singulièrement mise en émoi.

Une fenêtre s'ouvrait brusquement à l'entre-sol d'une des principales maisons; des cris effarouchés se faisaient entendre.

Bientôt une forme blanche parut à cette fenêtre, enjamba l'appui et se suspendit au balcon.

Un cri d'effroi partit de l'intérieur de l'appartement.

Quelques volets s'entre-bâillèrent en face.

C'étaient quelques curieux attirés par le bruit et retenus par l'étrange spectacle qu'ils avaient sous les yeux.

Deux sergents de ville de ronde dans le quartier accoururent au bruit, et leur étonnement ne fut pas petit.

Jugez-en.

Une jeune femme leur apparut, effarée, échevelée, dans le costume qui est le dernier voile de la pudeur ou de la beauté.

Elle avait tout le corps en dehors, et se trouvait cramponnée à la petite grille qui servait d'appui à la fenêtre; elle était là comme suspendue dans le vide.

Une vive altercation avait lieu entre elle et un personnage qui se trouvait à l'intérieur.

—Au nom du ciel, rentrez! suppliait celui-ci.

— Non! vous êtes un gueux! un manant! Si vous approchez, je me jette en bas!

— Vous allez vous tuer, malheureuse!

— La mort me fait moins horreur que vous.

Les sergents de ville étaient sous la fenêtre.

— Qu'est-ce que vous faites donc là? interpella un des deux agents en s'adressant à la jeune femme, dont la position et la toilette plus qu'étranges avaient le droit de les surprendre.

— Ah! sauvez-moi de ce monstre! lui cria la jeune fille.

— Qu'est-ce qu'il y a? Qu'est-ce que c'est? demandèrent les agents.

— Ah! on m'a attirée dans un guet-apens. J'ai perdu la raison, je ne sais comment; un misérable m'a emportée ici... Si vous ne venez pas à mon secours je me brise la tête sur le pavé.

Un des sergents de ville se hâta de sonner à la porte de la maison, tandis que l'autre courait au bureau de police le plus voisin.

La jeune fille, ainsi accrochée aux barreaux du balcon, était Henriette, le lecteur le sait d'avance.

Qu'était-il arrivé?

On l'a deviné.

Barbenthall avait reçu des mains de son domestique une deuxième clef de son appartement.

Il s'assit d'abord une demi-heure sur la dernière marche de l'escalier, attendant que l'amie d'Elisa fût couchée et profondément endormie.

Puis, lorsqu'il n'entendit aucun bruit, il mit doucement la clef dans la serrure, fit couler le pêne et poussa discrètement la porte, qui ne s'ouvrit pas sans gémir un peu.

Il maugréa tout bas contre l'indiscrétion du bois qui pouvait révéler sa grédinerie.

Pour produire moins de bruit, il avait même ôté ses bottes et il s'avançait prudemment sur la pointe de ses pieds nus.

L'obscurité la plus complète régnait dans toutes les pièces de l'appartement.

Mais Barbenthall en connaissait les êtres, et il pensait qu'il pouvait s'aventurer d'instinct sans craindre de se heurter à un meuble.

Il n'avait pas prévu une chose : c'est qu'Henriette était une fille de précaution.

Redoutant à bon droit quelque entreprise de la part de son amoureux, elle avait eu le soin ingénieux de bouleverser l'ordre des meubles.

Ainsi, elle avait roulé des fauteuils et porté des chaises partout où l'on pouvait passer.

Comme on le voit, elle commençait à se sentir dégrisée.

Barbenthall, sûr de ne pas se tromper sur la topographie de son appartement, marcha droit à sa chambre à coucher.

C'est avant l'entrée de la terre promise que l'échec l'attendait.

Ivre de joie, sûr du triomphe, il se hâta un peu trop et se heurta contre un fauteuil qui le fit trébucher.

Sa chute entraîna celle d'une chaise qui tomba avec bruit sur le parquet. Il s'accrocha à un guéridon qu'il renversa sur lui.

Il n'en fallait pas tant pour éveiller Henriette en sursaut.

Tout ce fracas eût tiré du sommeil la maison tout entière.

La jeune fille sauta lestement à bas du lit et se hâta d'allumer une bougie.

Elle se précipita vers la porte qu'elle essaya de retenir.

Mais déjà le gandin s'était relevé, dépêtré des meubles qui l'embarrassaient et poussait victorieusement la frêle barrière qu'Henriette maintenait avec peine.

Elle avait beau l'accabler d'injures, le sommer de se retirer, le menacer de faire un malheur, avec une ténacité sombre et silencieuse, le baron, poussé autant par le dépit que par l'amour, pesait sur la porte de toutes ses forces.

— Ah! gredin! ah! canaille! vous ne voulez pas vous retirer?

— Non! dit laconiquement le jeune homme.

— Eh bien! vous allez voir!

Et abandonnant la porte, qui céda avec fracas, la jeune fille, pâle, demi-nue, échevelée, s'élança vers la fenêtre, tourna brusquement l'espagnolette, et avant que le baron pût la saisir se suspendit au balcon, tout le corps hors de la chambre.

— Ah! c'est que c'était une fille de résolution, de coup de tête que cette petite Henriette.

Gaie, facile, le cœur sur la main, ah! mais féroce en diable contre toute contrainte et tout attentat.

Était-ce vertu?

Je n'oserais le dire!

Il y a des natures de femme comme ça.

Avec André eût-elle agi avec cette chasteté farouche?

Qui sait!...

Il est vrai qu'André n'eût jamais eu l'idée d'une de ces sottes violences que peut tenter seul un homme indigne d'être aimé d'une femme.

Barbenthall eut immédiatement la conscience de sa position aussi dangereuse que ridicule.

Il poussa un cri d'effroi et fut une seconde dans une angoisse inexplicable.

Nous savons ce qu'il arriva.

En attendant l'arrivée de son chef, le sergent de ville se hâta de monter à l'entre-sol de Barbenthall et de le sommer d'ouvrir.

Le baron, plus mort que vif, tout honteux, tout tremblant, presque livide, vint recevoir l'agent de police.

Celui-ci courut à la fenêtre et aida Henriette à rentrer dans la chambre.

La pauvre enfant, à bout de forces, saisie par le froid, grelottait et était toute roidie.

Ses dents claquaient.

C'était pitoyable de la voir dans cet état.

— Eh bien! votre affaire est bonne, à vous! fit le sergent de ville en s'adressant à Barbenthall, qui se confondait en protestations d'innocence et qui prenait tous les saints à témoin pour attester la pureté de ses intentions.

Au bout d'une demi-heure un commissaire de police arriva amené par un des deux agents.

Il était accompagné d'un secrétaire.

Durant ce temps, Henriette s'était habillée et elle avait recouvré presque toute sa raison.

Les différentes péripéties de cette nuit avaient dû, en effet, dissiper les fumées du champagne.

Elle était toute confuse et ne se rappelait pas sans trouble tous les incidents de cette nuit.

La physionomie piteuse et désolée du baron la dérida et lui rendit tout son aplomb et toute sa gaieté.

La position du jeune Barbenthall était, il faut l'avouer, des plus désagréables.

Il se promettait la plus piquante aventure; une de ces délicieuses conquêtes à raconter joyeusement dans un souper du *Moulin-Rouge* ou de la *Maison-d'Or*.

Et le voilà berné, bafoué et pris dans une vilaine affaire.

L'agent de police qualifiait l'acte, plus que léger auquel il s'était abandonné, de tentative de viol et lui promettait le spectacle de la cour d'assises.

Il y avait flagrant délit. On pouvait se saisir de sa personne sans qu'il fût besoin de mandat d'arrêt.

Au bout de cinq ou six mois de prison comme prévention, de trois ou quatre mois de secret, il verrait son sort décidé.

Comme les faits étaient clairs, patents, avérés, il serait fort heureux de s'en tirer avec cinq ou six ans de réclusion, attendu qu'on pouvait invoquer et obtenir des circonstances atténuantes.

L'attitude du magistrat, amené par le deuxième agent de l'autorité, ne fut pas de nature à calmer les terreurs de Barbenthall.

Le commissaire de police procéda immédiatement à l'interrogatoire d'Henriette.

Il ordonna à un de ses agents de conduire le baron dans une autre pièce, pour qu'il n'entendît pas les réponses de la jeune fille.

— Comment vous nommez-vous ? demanda le magistrat à celle-ci.

— Henriette Férand.

— Votre âge ?

— Quinze ans.

— Votre profession ?

— Ouvrière en lingerie.

— Pourquoi êtes-vous venue dans cette maison ?

— Je n'y suis pas venue ; on m'y a amenée.

— De force ! En plein Paris ! c'est peu vraisemblable ; vous auriez crié.

— Ah ! le pouvais-je, monsieur ! D'abord on m'a trompée ; on m'avait grisée !.. C'est une dame nommée Palmyre qui est cause de tout cela.

Au nom de madame Palmyre, le commissaire de police dressa l'oreille.

Ce nom était déjà signalé à l'autorité.

Jusque-là aucun fait caractéristique n'avait motivé l'arrestation de cette femme.

Mais la police n'attendait qu'une occasion pour agir.

Aussi le magistrat flairait-il immédiatement toute une vile intrigue ourdie en pleine agence de corruption.

— Ah ! ah ! fit-il, vous connaissez cette dame Palmyre ?

— Depuis aujourd'hui seulement, monsieur.

— Et comment êtes-vous allée chez elle ?

— C'est une de mes amies, Elisa Vernier, qui m'y a conduite.

— Quelque fille perdue ! murmura le commissaire.

— Qui ça ? Pâquerette ! exclama Henriette. Elle a à peine quinze ans.

Le commissaire et son secrétaire sourirent en se regardant de la naïveté de la jeune fille.

Ils savaient par expérience qu'on peut ne pas avoir quinze ans et être depuis longtemps une fille perdue.

Les exemples les plus navrants se rencontraient tous les jours.

— Qu'est-ce que c'est donc que cette Elisa ? reprit le commissaire.

— Une ouvrière, comme moi.

— Ah ! et connaissait-elle depuis longtemps cette dame Palmyre ?

— Elle ne la connaissait pas du tout.

— Pourquoi donc alliez-vous dans sa maison ?

— On avait dit à Elisa que c'était une bonne maison de lingerie, qu'on était bien payé et qu'on n'y travaillait pas trop.

Cette naïveté amena un nouveau sourire sur la bouche de l'interrogateur.

— Ainsi, reprit celui-ci, on vous a reçues comme ouvrières ?

— Oui, monsieur.

— Qu'y avait-il chez cette femme lorsque vous êtes arrivées ? et qu'y faisait-on ?

— Il y avait trois jeunes filles comme nous.

— Travaillaient-elles ?

— Non, monsieur, elles prenaient de l'absinthe.

— Cela ne vous a donné aucun soupçon ?

— La patronne nous a dit que c'était fête. Elle nous a invitées à dîner ; nous n'avons pas osé refuser. Il y a eu du champagne à la fin ; c'était bon. Buvez ! buvez ! disait madame Palmyre ; et elle remplissait constamment notre verre. Ma foi, nous avons bientôt été étourdies. Il est venu alors deux messieurs qui paraissaient très-bien. Madame Palmyre disait que c'étaient des clients de sa connaissance, qu'il ne fallait pas les fâcher. Et puis ils étaient très-aimables, ces messieurs. Polis, ah ! mais polis ! Et ils disaient des choses si drôles que nous r[i]ions comme des folles. Jamais nous ne nous sommes tant amusées. Il y en avait un surtout... c'est celui-là qui était farce ! Il était d'un bête ! ah ! mais d'un bête que ça nous faisait tordre de rire. C'est ce monsieur-là qui s'appelle le baron de Barbentball.

— Et que vous disaient ces messieurs ?

— Est-ce que je sais, moi ! Un tas d'histoires... que nous étions gentilles... que si

nous voulions, nous aurions tout ce qu'il
nous fallait... que nous ne travaillerions
plus... que le travail ça vous abîme, et que
ça ne rapporte rien ; qu'en nous amusant jour
et nuit nous gagnerions beaucoup plus d'argent... comme si l'argent se gagne sans
peine et sans travail !

— Enfin vous avez soupé avec ces messieurs ?

— Je ne me rappelle pas bien, car nous ne
savions plus déjà ce que nous faisions... Le
dîner nous avait tout étourdies, et on nous a
fait boire encore. Vers dix heures, on a parlé
de souper. On a apporté une foule de bonnes
choses. Oh ! j'étais bien désolée de n'avoir pas
faim ! Il y avait là des choses que je n'avais
jamais vues. Et des vins ! qu'ils appelaient
du nectar !... Et encore du champagne que ça
moussait plein le verre. Ah ! mon, j'n'y ai
plus vu ! Le cœur me tournait. Je ne sais plus
ce qui s'est passé. On m'a amenée ici... je
croyais aller chez moi... Je me suis pourtant
un peu reconnue et j'ai joué un bon tour à ce
monsieur qui m'a conduite ici. Je l'ai flan-
qué à la porte de son appartement et j'ai voulu
le faire coucher sur le carré. C'était bien fait
n'est-ce pas ? Mais le brigand avait une seconde clé... et quelque temps après je me suis
réveillée en sursaut, tant ça faisait un bruit
du diable. C'était ce gredin qui voulait me
surprendre et abuser de mon sommeil. Je n'ai
fait ni une ni deux. La fenêtre était là ; je m'y
suis élancée, et je me serais jetée là, oui si ce
n'était pas venu à mon secours. Voilà comme
je suis, moi ; rien de force, tout de bon gré.
Et puis je ne suis pas une fille perdue... Oh !
mais non... je ne mange pas encore de ce
pain-là. J'aime rire ; mais il ne faut pas que
ça dépasse les bornes. Et voilà, monsieur le
commissaire.

Ce récit moitié sérieux, moitié comique,
révéla sur-le-champ la vérité au magistrat
qui instruisait cette affaire.

La vraie coupable, c'était Palmyre.

Aussi, après avoir fait subir un court interrogatoire au baron de Barbenthall, il le laissa
provisoirement en liberté, lui faisant donner

sa parole, de se présenter à la première
requête.

Le baron eut le bon goût de ne pas vouloir
nommer son compagnon de table et de plaisir, le duc de Kermadia.

Le commissaire de police n'insista pas, assuré qu'il était de se faire promptement révéler
ailleurs le complice du baron.

Le magistrat, après avoir fait reconduire
chez elle Henriette Férand, à qui il adressa
quelques félicitations sur son héroïque conduite, se rendit immédiatement chez le juge
de service pour se faire délivrer un mandat
d'amener contre madame Palmyre.

Nous avons vu comment cette patronne du
vice avait été deux fois tirée de son sommeil
agité [...]

La [...] par le père Vernier et lord
W[...], [...]

[...] deuxième fois par un commissaire de
police, dont la présence vint tout à coup réa-
liser ses terreurs.

[...] conduite au dépôt de la Préfecture de police pour être interrogée le lendemain [...]

[illegible]

[illegible]

[...] va me donner mon
congé, c'est sûr. D'un mois je n'oserai paraître
sur le boulevard... on rirait trop. La conduite
de cette Palmyre est impardonnable ! Nous
mettre sur les bras ces petites filles intrai-
tables, sauvages... Il paraît qu'il y en a encore dans Paris. Je ne l'aurais jamais cru !...
Qu'est-ce que j'ai donc répondu au commissaire de police ? Qu'on me pende si j'en sais
quelque chose... J'étais sens dessus dessous.
J'ai été bête, oh ! ça, j'avoue que j'ai été bête.
Avait-il l'air scandalisé, ce vertueux magistrat ! Je l'ai tout de même fourré dedans !...
Il a cru que j'étais gris !... Je n'était pas gris
du tout !... allons donc, on sait boire !... C'est
égal, j'ai été bête ! J'aurais dû être spiri-

Il n'y avait en ce moment sur la route que Georges Bora et sa victime.

tuel!... Dans ces positions délicates, on ne se tire d'affaire que si l'on est très-spirituel.

« — Jeune homme, que faisait cette jeune fille ainsi suspendue dans la rue à votre fenêtre, à une heure du matin?

« — Monsieur, aurais-je dû répondre, elle attendait l'omnibus!... »

Voilà qui eût été drôle! Ah! comme il aurait ri! Il était désarmé. Vrai, je n'ai pas été très-spirituel.

En ce moment on sonna violemment à la porte du pauvre baron.

Barbenthall bondit sur le fauteuil dans lequel il s'était laissé aller.

Il devint livide.

Venait-on le chercher pour le conduire en prison?

— Jean, murmura-t-il d'une voix éteinte à son valet de chambre qu'il avait mandé près de lui, va ouvrir et dis à ces messieurs que je suis bien malade.

Il ne mentait pas; le pauvre garçon était dans un état lamentable.

Jean revint au bout de quelques secondes.

— Qui est là? fit le baron d'une voix anxieuse.

— Monsieur, répondit le domestique assez

inquiet, ce sont deux inconnus. Il y a un vieux bonhomme furieux qui demande sa fille.

— Oh ! mon Dieu, je suis perdu fit Barbenthall, le père, maintenant !

Et il faillit se trouver mal.

Mais Jacques Vernier avait ouvert brusquement la porte.

Où est-il, ce misérable ! hurla l'ouvrier.

— Calmez-vous !... votre fille est partie... intacte, je vous le jure ! lamenta le baron qui croyait avoir affaire au père d'Henriette.

— Partie ! s'écria Jacques.

— Oui, avec le commissaire de police.

Ces mots firent éprouver à Jacques et à lord Wigmore, son compagnon, une étrange émotion.

Tous les deux eurent peur.

Que voulaient dire les paroles du baron !

— Elisa enlevée par la police ! fit Jacques avec un subit abattement.

— Pas Élisa, Henriette, fit observer Barbenthall.

— Ce n'est donc pas ma fille ! s'écria Vernier dont le visage s'éclaira.

— Ah ça ! qui êtes-vous et que voulez-vous ? demanda le baron, qui prit de l'aplomb en voyant qu'il n'avait pas affaire au père d'Henriette.

— Qui je suis ? Le père d'un enfant qu'on veut perdre ! Ce que je veux ! Sauver ma fille et punir son suborneur, éclata Jacques avec violence.

— Mais, monsieur...

— Élisa, où est-elle ?

— Élisa, c'est donc l'autre ? demanda Barbenthall ahuri.

— Oui... c'est l'autre, intervint lord Wigmore qui voulait diriger les recherches de Vernier.

— Eh bien... fit le baron, elle est avec... l'autre.

— Et où est-il, ce misérable ! interpella Jacques.

— Chez lui sans doute.

— Venez, venez ! dit lord Wigmore à Jacques ; hâtons-nous... Je sais où nous trouverons le ravisseur de votre fille. Courons, si vous ne voulez pas arriver trop tard.

— Ah ! malheur à lui ! s'écria Vernier en levant au ciel ses poings menaçants.

— Eh bien, en voilà une nuit ! lamenta le baron lorsqu'il fut seul. Est-ce qu'il ne va pas venir encore quelqu'un ! Eh bien ! je m'y frotterai désormais aux petites filles novices ! Décidément, ces fruits sont... trop verts ; c'est ce que doit se dire un renard comme moi.

## XXIV

### LA PRISONNIÈRE DU DUC DE KERMARIA.

Le duc de Kermaria avait une superbe maison de campagne à Enghien.

Il la tenait d'un oncle qui la lui avait léguée, et qui l'avait fait construire à l'époque où Enghien attirait le monde de l'aristocratie, c'est-à-dire sous la Restauration ; Louis XVIII l'avait mise à la mode.

Aujourd'hui Enghien n'est plus qu'un souvenir.

Il ne reçoit que des étrangers qui croient encore à sa réputation et quelques vieilles douairières qui en ont fait leur faubourg Saint-Germain d'été.

Les chemins de fer, qui le croira ? ont tué les environs de Paris.

Asnières, Sceaux, Enghien, tous ces rendez-vous célèbres de la foule élégante, sont aujourd'hui abandonnés.

Ils sont trop près de Paris.

Les côtes de la Normandie, au nord ; les Pyrénées, au sud, ont aujourd'hui toute la vogue. Vals, qui est à cent cinquante lieues, commence à devenir célèbre.

Laissez terminer l'isthme de Suez, et vous verrez un jour nos fantasques Parisiennes aller faire dans le Gange leurs ablutions et leurs baignades.

A moins qu'elles n'aillent prendre des glaces au pôle Nord.

Il y aurait des trains express pour cela.

Le duc de Kermaria, cette nuit-là, était enchanté d'avoir une délicieuse propriété à proximité de Paris.

Ce n'est pas que la campagne fût belle à cette époque. La neige couvrait tous les coteaux qui entourent Enghien; un épais brouillard s'étendait sur le lac et sur ses abords. Les grands-peupliers se dressaient comme des squelettes énormes.

Çà et là quelques cèdres, quelques pins, quelques vernis du Japon, ornements des parcs, gardaient leur feuillage persistant et paraissaient animer la nature.

Il était trois heures du matin lorsque la voiture du duc descendit la rue principale, côtoya le lac, et prit à droite une allée toute bordée de cottages en ce moment silencieux et déserts.

A l'extrémité de l'allée, la voiture s'arrêta devant une grande grille surmontée d'un écusson doré, l'écusson des ducs de Kermaria.

C'était là l'entrée de la villa, sorte de petite maison où notre personnage avait l'habitude d'abriter ses passagères amours.

Il sonna lui-même à la porte et attendit avec assez d'impatience que l'on vint ouvrir.

Des pas crièrent enfin sur le sable.

— C'est toi, Clémence? demanda Kermaria.

— Oui, monsieur le duc, fit une femme assez jeune qui s'avança alors rapidement et ouvrit la grille.

— Éclaire-nous, lui commanda le maître.

— Certes, je n'attendais pas monsieur le duc cette nuit, fit observer Clémence.

— Bah! ne t'ai-je pas averti qu'il fallait m'attendre toujours?

La voiture suivait une allée de marronniers conduisant à la cour principale et au perron de la villa.

— Va vite préparer la chambre rose.

Le duc appelait ainsi une pièce tendue de satin rose recouvert de mousseline brodée.

Rien de plus coquet, de plus élégant, de plus voluptueux que ce réduit où l'art et le goût avaient réuni tout ce qui peut servir à l'agrément, à la toilette, aux caprices de la femme.

Clémence fit flamber un bon feu dans la cheminée, renouvela l'air, secoua rapidement les meubles, enleva les housses et prépara tout pour recevoir le duc et sa société, comme elle disait.

Pendant ce temps, Kermaria avait reçu Élisa dans ses bras et la transportait dans un salon du rez-de-chaussée.

La malheureuse enfant ne s'était pas éveillée, tant était forte et durable l'influence du champagne qu'on lui avait fait prendre.

Il renvoya sa voiture, et lorsque tous ses ordres eurent été exécutés par Clémence, il ordonna à celle-ci de se rendre à Paris dans la voiture qui l'avait amené et qu'il faisait partir.

Il voulait être seul dans cette maison isolée, au milieu de cette campagne presque déserte l'hiver.

Un quart d'heure après, en effet, il n'y avait dans cette demeure seigneuriale qu'une enfant, vierge encore, terrassée par l'ivresse, et cet homme riche, noble et puissant, ce viveur sans âme, ce duc, qu'un sot mariage et de viles relations avaient conduit à mépriser la femme.

Il était seul avec cet ange de beauté, la couvant du regard, comme un satyre guette d'un œil fauve, au coin d'un bois, la jeune proie qu'il a choisie.

Ce qui protégeait en ce moment la pauvre Pâquerette, c'était son inertie, son lourd sommeil.

Il voulait le regard clair ou troublé de l'enfant, son sourire ou ses larmes, ses luttes ou ses caresses.

Comme le minotaure antique, il lui fallait sa victime vivante, pantelante.

Il attendait le réveil de l'enfant.

Élisa avait été transportée dans cette chambre que Clémence avait préparée.

Le duc se disait qu'il y avait là tout ce qu'il fallait pour l'étonner, pour l'enchanter, pour la séduire.

La tentation était là, dans chaque objet; parfums pénétrants, tapis moelleux, meubles somptueux, bijoux riches, étoffes élégantes.

Ah! qui refuserait d'être la reine de ce palais où l'on avait réuni des merveilles?

Dans un grenier qu'on est bien à vingt ans, a dit un poëte.

Aujourd'hui on se trouve mal dans un grenier, même à vingt ans, attendu que l'amour a perdu toutes les illusions qui l'enrichissaient autrefois.

Mais de tout temps on a préféré un château à une chaumière, du moment qu'il y a un cœur dedans, et le duc pensait que, malgré ses cinquante ans, il pourrait offrir son amour et sa villa à la petite Pâquerette.

Mais Pàquerette eût préféré dormir à la belle étoile, le front sur la poitrine d'Octave, que dans ce beau château, en face de ce duc qu'elle n'aimait pas.

Elle n'avait que quinze ans.

Ce long voyage de Paris à Enghien, ce passage de l'intérieur glacé d'une voiture à la chaude atmosphère d'une chambre joyeusement chauffée agirent sur le cerveau d'Elisa.

Elle s'éveilla.

Le duc s'était prudemment esquivé de la chambre, ne laissant pour toute lumière qu'une lampe suspendue au plafond, et dont la douce lumière filtrait à travers l'albâtre.

Tous les meubles noyés dans la pénombre revêtaient des formes étranges.

Élisa, en s'éveillant, porta la main à son front.

On eût dit qu'il était étreint dans un cercle de fer.

C'était l'effet du champagne.

Cependant, en se retournant sur le lit où on l'avait déposée tout habillée, elle sentit un profond bien-être.

Ce lit était certes plus doux et plus moelleux que la dure paillasse qui recevait d'habitude ses pauvres petits membres fatigués après quatorze ou quinze heures de travail quotidien.

Elle eut un profond soupir.

Ses yeux se fermèrent, puis s'ouvrirent de nouveau.

Elle regarda.

— Où suis-je? murmura-t-elle.

La chambre se dessinait vaguement à sa vue.

Elle ne reconnaissait rien autour d'elle de sa petite chambre si étroite, si froide, si nue.

Ces grandes glaces, ces fauteuils capitonnés, ces rideaux aux plis amples et soyeux l'étonnaient et l'effrayaient.

Elle crut se souvenir et se dit qu'on l'avait sans doute gardée à coucher chez madame Palmyre.

— Oh! mon Dieu, ce vin qu'on m'a fait boire m'a étourdie! se dit-elle; j'ai perdu toute raison... Qu'est-ce qu'on va dire de moi? Il est peut-être tard... c'est étrange, je n'entends aucun bruit de voiture... Le vent mugit profondément... on dirait de grands arbres qui secouent leurs branches... Pourtant il n'y a pas de jardin rue de la Grange-Batelière.

Elle alla vers la fenêtre et l'ouvrit doucement.

La nuit était très-noire et elle ne put rien distinguer autour d'elle.

— Qu'est-ce que ça veut dire! murmura-t-elle; la rue n'est pas éclairée.

Il faisait très-froid et Élisa se sentait frissonner.

L'air était vif, imprégné de senteurs agrestes qu'on ne respire pas à Paris. Une humidité glaciale montait du lac. Les arbres froissaient leurs branches et gémissaient au vent de la nuit.

— Mon Dieu, où suis-je? j'ai peur! fit Pâquerette qui se troublait et pâlissait.

Elle alla à la porte et essaya de l'ouvrir.

Vains efforts; elle était prisonnière.

Dans quel but l'avait-on ainsi enfermée? Quels étaient les desseins de ceux qui la détenaient?

Dans sa naïveté, dans son innocence, elle ne soupçonnait rien du piége horrible dans lequel elle était tombée.

Toutefois un vague instinct du péril la mit sur la défensive.

La lampe suspendue au plafond l'éclairait mal.

Elle la décrocha et alluma deux des bougies fixées aux candélabres de la cheminée.

Alors toute la splendeur de la chambre dans laquelle elle se trouvait vint éblouir ses yeux.

En présence de cette richesse elle se sentit comme confuse et intimidée.

Rêvait-elle?

Si Henriette eût été près d'elle, elle lui aurait crié :

— Pince-moi pour voir si je rêve!

Elle fut d'abord saisie d'une admiration naïve.

Certes ce luxe n'était pas fait pour entretenir ses terreurs.

L'esprit humain est ainsi fait.

Le laid l'épouvante et le beau le rassure.

Élisa se sentit moins tremblante en présence de ces somptuosités.

Une seule chose la gênait.

Tout cela était si frais, si élégant, qu'elle n'osait pas s'asseoir.

Il y avait des fleurs éclatantes et parfumées dans une jardinière. Cela égayait l'âme.

Un portrait était appendu près de la cheminée.

Un fort beau jeune homme, à la mise élégante, au visage à la fois doux et fier, rayonnant de bonté, d'orgueil et d'intelligence.

C'était celui du duc, à vingt-cinq ans.

Ce n'était pas là le visage d'un malfaiteur.

Elisa avait confiance dans cette figure sympathique.

Sans doute, c'était l'image du maître de la maison.

— Si quelqu'un me menace, pensait-elle, ce bon monsieur dont voilà le portrait me protégera.

Et déjà elle se mettait sous sa garde, la pauvre enfant!

Pourtant elle réfléchit.

Pourquoi l'avait-on amenée là ?

Que lui était-il donc arrivé depuis la veille ?

Par un puissant effort, elle parvint à conduire ses souvenirs et à recomposer les scènes qui avaient eu lieu chez madame Palmyre.

Elle revit le singulier intérieur de cette femme, la vie libre qu'on y menait; elle se rappela, comme avait fait Henriette, les vins capiteux qu'on lui avait fait boire, et les deux personnages qui avaient joué un rôle si singulier dans le souper qu'on les avait presque forcées de prendre.

Elle se rappela les propos brûlants, les paroles insidieuses, les regards ardents, les gestes hasardés du duc de Kermaria.

Le souvenir de cet homme la frappa soudain.

Elle se rapprocha vivement du portrait qu'elle avait sous les yeux, et le regarda longtemps.

Bien que le duc eût vieilli, bien que les plaisirs enivrants eussent fatigué son visage, le duc avait encore conservé beaucoup des traits reproduits sur cette peinture.

La coupe du visage, le regard, le grand air de distinction, tout était le même.

Dans son ingénuité, Elisa crut que c'était là l'image du fils, et que l'autre c'était le père.

Elle comprit alors.

On l'avait attirée dans une maison isolée, après lui avoir fait perdre la raison; en silence, cette obscurité, ces grands arbres lui prouvaient qu'on l'avait entraînée loin de Paris, sans doute dans un but infâme.

Elle frisonna.

— Je suis perdue! dit-elle. Que faire! Prisonnière, dans cette maison, loin de toute habitation, je ne puis échapper au sort qui m'attend! Crier! Personne n'entendra ma voix. Résister! on aura bientôt brisé ma résistance! Fuir!... Oui, la fuite... voilà mon salut. Mais cet appartement est-il loin du sol? Ne vais-je pas me briser sur le pavé, si je saute à bas? Les arbres s'agitent au-dessus de ma tête, et qui m'indique que je ne suis pas à un étage supérieur. Peut-être n'y a-t-il qu'un premier à franchir... Mais où irai-je? A la garde de Dieu. L'important est de sortir d'ici.

Elle voulut d'abord calculer à peu près exactement la distance qui la séparait du jardin.

Pour cela, elle prit un morceau de bois dans le foyer et le laissa tomber par la fenêtre.

L'objet atteignit rapidement le sol, et rendit un bruit très-rapproché.

— Bon, je suis au premier étage, se dit Pâquerette. Je ne puis pourtant faire ce saut. Je pourrais me blesser et tomber de nouveau entre les mains du misérable qui m'a conduite ici.

Elle fit alors ce que tout le monde eût fait à sa place.

Il y avait deux longs draps au lit ; elle les noua fortement l'un à l'autre, les tordit, attacha un bout au pied d'une armoire qui se trouvait près de la fenêtre, et laissa pendre le reste au dehors.

Il s'agissait de se laisser glisser le long de cette corde improvisée.

La jeune fille n'avait pas l'habitude de ces descentes familières à ceux qui connaissent la gymnastique, mais fort insolites pour elle.

Aussi lorsqu'elle se sentit suspendue dans le vide, se sentit-elle un peu troublée et près d'être prise de vertige.

Mais il fallait se sauver, et elle reprit tout son sang-froid.

A quinze ans on a la légèreté de l'hirondelle.

Aussi eut-elle bientôt atteint le sol sur lequel elle se laissa aller avec bonheur.

Sous ses pieds elle sentit le sable.

C'était donc une cour ou une allée.

Elle avait peur de donner l'éveil ; aussi marcha-t-elle avec beaucoup de précaution se guidant aux murs qu'elle suivait, se dirigeant du côté d'où venait le vent.

Ainsi protégée par la nuit autant que par la sécurité à laquelle s'abandonnait le duc, elle arriva à la grille.

Terrible déception.

Elle était fermée.

Ses petites mains se meurtrirent à la secouer sans pouvoir l'ébranler.

Elle pleura et tomba à genoux désespérée.

Qu'allait-elle devenir ?

Elle pouvait se cacher. Sans doute la maison était entourée d'un parc ou d'un grand jardin. Un berceau, une charmille lui offriraient un abri.

Mais on ne peut guère s'abriter l'hiver. Les branches n'ont pas de feuilles. Tout dans la campagne est sans ombre et sans mystère, et dès que le duc aurait constaté sa fuite, il lui serait facile de la retrouver dans un jardin dépouillé et sans végétation.

Elle allait crier.

Mais sa voix, avant d'éveiller un voisin ou un passant, avertirait le duc de sa fuite, et elle retomberait immédiatement en son pouvoir.

Ah ! si son ravisseur n'avait pas pris le soin d'empêcher une évasion par la fenêtre, c'est qu'il était bien sûr que sa proie ne pouvait lui échapper.

En ce moment elle aperçut dans le lointain la lanterne d'une voiture.

Le véhicule avançait rapidement, éclairant de ses feux passagers l'avenue et le lac dont elle suivait le bord.

C'était le salut qui lui arrivait sans doute.

Elle espéra.

Elle attendit.

La voiture s'arrêta, en effet, devant la grille.

Elisa allait implorer du secours, lorsqu'une crainte la retint. C'était peut-être un ennemi qui allait descendre de la portière entr'ouverte ; le duc ou un complice.

Une ombre sauta lestement à terre et fit un geste.

La voiture repartit et s'éloigna.

Elisa retint un cri.

Il lui semblait reconnaître l'homme qui se présentait.

Non ; ce n'était pas possible ! Lui ! allons donc ! c'était son imagination frappée, son cœur préoccupé qui sans cesse lui créait sous les yeux le fantôme d'un être aimé.

Si c'était lui, que venait-il faire dans ce lieu où elle était retenue prisonnière ? Venait-il la délivrer ?

Son âme le lui disait.

Mais comment aurait-il appris le danger qui la menaçait.

Un amant qui aime bien ne sait-il pas tout par pressentiment, par intuition ?

Ah ! l'amour prête de merveilleuses facultés. Il transforme les cœurs, illumine les âmes.

Pauvre enfant !

Elle croyait tout cela.

Cependant un coin de lune surgissait à travers les éclaircies, et de l'horizon filtrait une pâle lueur à travers les ombres.

La surface du lac présenta des traînées grisâtres, qui formaient par places comme une sorte de glacis.

L'ombre qu'avait entrevue Elisa se découpa un peu plus distinctement dans le clair obscur.

Elle approcha de la grille.

Elisa s'élança, l'âme traversée d'une immense joie.

C'était bien lui !

Ce fut comme un éclair.

Elle s'arrêta immobile, pâle, terrifiée, sans voix.

Une autre ombre venait de jaillir.

Il y eut un bond de tigre, un coup sourd, un cri terrible, le bruit lourd d'un corps qui tombe.

Et la nuit reprit son silence lugubre et sa solitude funèbre.

Elisa avait poussé un cri rauque, elle avait levé les bras au ciel ; puis échevelée, les yeux hagards, elle avait couru vers la villa.

Elle tomba inanimée sur le perron.

Cependant le duc de Kermaria avait pénétré dans la chambre où il avait enfermé Pâquerette.

Elle était vide, on le sait.

La fenêtre était ouverte ; un drap pendait au dehors.

Il y avait eu évasion.

Le duc sourit.

Il savait que la jeune fille n'avait pas pu aller bien loin, attendu que la grille était fermée et que le parc était entièrement clos de murs.

Elisa était sans doute dans les allées, cherchant une issue qu'elle ne devait pas trouver.

Muni d'une lampe il descendit donc au jardin. Mais, en ouvrant la porte, il reçut une bouffée de vent qui éteignit la lumière qu'il portait.

Il ne s'en aventura pas moins au dehors, persuadé qu'il lui suffirait d'appeler la jeune fille et de la rassurer pour la faire sortir d'un des massifs qui ornaient le parc.

Aux premiers pas qu'il fit, ses pieds se heurtèrent contre un obstacle qui le fit trébucher.

Il faillit rouler à terre.

Le duc était un cœur ferme, d'un courage éprouvé.

Et pourtant il frissonna.

C'est quelque chose de sinistre que la rencontre fortuite d'un corps étendu à terre.

Le duc se baissa et posa la main sur l'obstacle qui l'avait arrêté.

Il sentit des vêtements de femme, des membres inertes.

Son front devint livide, et fut tout à coup inondé d'une sueur froide.

Point de doute : c'était la jeune fille qu'il avait enlevée.

Elle avait voulu échapper au sort qui lui était réservé, elle avait voulu fuir le déshonneur et elle s'était sans doute brisé le crâne sur une des marches du perron.

Le duc fut saisi d'effroi.

D'un coup d'œil, il mesura la terrible situation qu'il s'était créée.

— C'est épouvantable ! fit-il hors de lui. Quelle horrible affaire je me suis mise sur le dos ! Si cette enfant est morte, je suis perdu.

Et prenant la jeune fille dans ses bras, il la transporta dans le salon du rez-de-chaussée et la déposa sur un canapé.

Puis, s'empressant de rallumer sa bougie, il revint rapidement vers le corps immobile de la jeune fille.

Elle était livide et ne donnait aucun signe de vie.

Pourtant, le duc constata avec un certain soulagement que le front de l'enfant ne présentait aucune blessure.

Il alla décrocher une petite glace et la présenta aux lèvres d'Elisa ; la surface polie du cristal se couvrit d'une légère vapeur.

Elle respirait.

Elle vivait !

Un soupir profond sortit de la poitrine du duc qui essuya son front couvert de sueur.

Il chercha alors à la ranimer, à lui faire reprendre ses sens.

Inutile tentative.

L'évanouissement résistait à tous ses efforts.

Si elle allait expirer ! Que deviendrait-il en présence du cadavre de cette fille ?

C'était un abîme qui se creusait sous ses pas.

Sans doute on croirait à un meurtre, à un assassinat.

Son attentat seul ne suffisait-il pas pour amener sur lui de terribles châtiments ?

Il était comme fou.

Seul ! Personne pour porter secours à cette enfant qui ne répondait à aucun de ses appels suppliants.

Où courir durant cette nuit fatale ? Appeler un médecin, c'était avouer sa faute ou son crime.

Il perdait la tête et il était prêt à se briser le front contre les angles du mur, tant il était saisi de désespoir.

Il retourna près du corps d'Elisa et reprit les soins qu'il avait interrompus.

A genoux, près d'elle, couvant du regard les moindres mouvements des muscles de son visage, il attendait le réveil avec une anxiété affreuse !

Des sels énergiques qu'il lui fit respirer rappelèrent enfin la jeune fille à la vie.

Elle ouvrit les yeux et les promena avec égarement autour d'elle.

Puis elle les arrêta sur le duc de Kermaria à genoux près d'elle.

— Oh !... Octave ! fit-elle avec une expression de radieuse joie. Octave, je vous croyais mort... ah ! que je suis heureuse.

Et elle lui mit les mains autour du cou, et le regarda avec des yeux fixes et égarés.

Elle avait un triste sourire sur ses lèvres.

Le duc de Kermaria poussa un cri d'épouvante.

La pauvre enfant était folle !


## XXV

### LES COMBINAISONS DE GEORGES BORA.


Après l'esclandre ridicule qu'il avait causé chez Paul Cléry, Georges Bora sortit en proie à une indicible irritation.

Il était furieux contre Charlotte, contre William Peel, l'Américain, contre le ban-quier, contre tout le monde et surtout contre lui-même.

Il avait été stupide, il le sentait bien.

Impossible de réparer l'atroce maladresse dont il avait usé.

Un duel allait s'ensuivre.

C'est surtout ce qui le tracassait.

La bravoure n'était pas sa vertu dominante.

Du reste, il faut avouer que les vertus dont était doué Georges Bora n'étaient pas nombreuses. Des sept péchés capitaux, un seul lui faisait défaut : la paresse.

Ah ! il faut l'avouer, Georges Bora était d'une activité dévorante... pour le mal.

Donc il fallait se battre, aller le matin même sur le terrain, exposer sa poitrine au feu ou à la lame d'un mari outragé.

Il savait bien que dans ces circonstances le diable est toujours du côté de l'amant, et que la chance tourne d'habitude contre le mari.

Mais cette règle n'est pas sans exception.

Il redoutait pour lui l'exception.

Ce n'est pas qu'il fût sans expérience au pistolet ou à l'épée.

Comme il menait la vie du gentleman parisien, de haut aventurier, il fréquentait nécessairement les tirs, les salles d'armes et il connaissait, pour en avoir reçu des leçons, Pons, Gatechair, les deux Robert, etc.

Le vieux Grisier, trop tôt enlevé à l'art de l'escrime, à qui il a rendu tant de services, lui avait même fait compliment sur son jeu souple et serré, tout en lui recommandant plus d'audace.

Ah ! c'est que c'était un homme prudent que maître Georges Bora, si prudent qu'on pouvait même dire qu'il était lâche.

Il disait que c'était une affaire de nerfs.

Le danger lui portait sur les nerfs et c'était fini, il tremblait comme une femme.

Or, Paul Cléry, tout mari qu'il fût, était un adversaire redoutable.

Lui aussi était passé maître dans tous les exercices du corps qui demandent du coup d'œil, du sang-froid et de l'adresse.

Notre homme avait donc l'agréable perspective d'être tué proprement.

Triste veuvage, soupira Charlotte.

De quelque manière que l'on soit tué, vous avouerez que ce n'est pas agréable.

Savant ou inexpérimenté, le coup qui vous abat est toujours un mauvais coup.

Georges Bora était trop content de vivre pour songer à mourir.

D'abord il se demanda comment il pourrait éviter ce duel.

Il ne vit aucune issue que la fuite et le déshonneur. Banni de l'élégante société qui le mettait en relief, et qui lui permettait d'exercer ses ténébreuses industries, cela n'était pas acceptable.

Il en était là de ses perplexités, lorsqu'il reçut la visite de lord Wigmore.

Depuis quarante-huit heures, le faux Anglais était devenu son ami, son confident, ou plutôt son complice!

Les deux coquins opéraient de compte à demi.

Lord Wigmore lui raconta donc tout ce que lui avait dit madame Cléry dans l'entretien secret qu'il venait d'avoir avec elle.

Le lecteur se rappelle les coupables espérances de Charlotte.

D'abord elle s'était laissé aller à la pensée

qu'un duel l'affranchirait du lien qui l'attachait à un mari ruiné.

Mais lord Wigmore avait changé la direction de ses espérances en lui montrant que Paul Cléry était très-habile et très-brave, et qu'il pourrait être très-riche encore s'il venait à hériter de son frère Octave.

Or, Octave avait, lui aussi, une affaire terrible à vider avec le duc de Kermaria.

Une double chance s'ouvrit : la première, de lui voir la poitrine trouée ou la tête cassée par le duc, la seconde, de profiter de l'occasion de ce duel pour le faire disparaître.

Octave avait annoncé l'intention d'aller, cette nuit même, chercher le duc partout où il pourrait le trouver.

Or, lord Wigmore savait, lui qui avait tout préparé, que cette nuit même M. de Kermaria, après avoir soupé chez la Palmyre, en tête-à-tête avec Élisa Vernier, était parti pour sa maison de campagne d'Enghien.

Tout se combinait à merveille pour favoriser les projets des ennemis d'Octave.

Celui-ci, apprenant la retraite de son adversaire, ne manquerait pas d'aller le relancer dans sa villa.

Quelle occasion !

Octave aimait Élisa.

Sa jeune amante se trouvait au pouvoir du duc.

Qu'un coup de couteau vînt étendre le jeune homme à la porte de M. de Kermaria, qui pourrait-on accuser de ce meurtre ?

Le duc.

L'assassinat d'Octave Cléry fut donc arrêté.

Charlotte avait tacitement accepté les conséquences de ce crime, qui devait enrichir son mari.

Lord Wigmore avait, pour le perpétrer, un instrument docile :

Jacques Vernier.

Georges Bora était au courant de cette trame ténébreuse, et il avait même aidé à la tisser.

Mais à côté de ce dessein, qui ne servait guère sa situation, Georges ourdit secrètement un contre-projet.

Un espoir subit s'était allumé dans cette âme mauvaise, dans ce cœur à la fois lâche et cupide.

Que madame Cléry héritât de son beau-frère, il ne demandait pas mieux; mais la mort d'Octave ne le débarrassait pas, lui, de son adversaire, de Paul Cléry.

Or, Georges Bora redoutait beaucoup cette rencontre.

Lord Wigmore avait conçu l'idée de faire assassiner le frère du mari de Charlotte.

Georges eût bien préféré que le coup destiné à Octave fût dirigé contre Paul.

Mais ce n'était pas là l'affaire de lord Wigmore.

Bora se fût volontiers passé de son complice pour frapper traîtreusement son adversaire, mais la querelle qu'il avait eue la veille avec lui, eût immédiatement mis la justice sur les traces du meurtrier.

Il fallait donc que Georges s'abstînt de toute tentative contre le mari de Charlotte, ou qu'il fût complétement étranger à ce crime.

Vous connaissez ce qu'en philosophie on appelle la filiation des idées ?

Ce phénomène se produisait naturellement dans le cerveau de Bora.

L'idée de la mort de Paul Cléry engendra celle du veuvage de madame Cléry.

Bora était l'amant de Charlotte.

Charlotte était riche; elle pouvait l'être bien davantage en réunissant à la sienne la fortune d'Octave.

Et pourquoi pas, si Octave et Paul venaient à être tous les deux frappés mortellement dans la même nuit ?

Charlotte riche, Charlotte veuve, pourquoi Georges Bora ne l'épouserait-il pas ?

Il n'avait qu'à le vouloir, qu'à l'exiger.

Par leur contrat de mariage, Charlotte et Paul avaient stipulé que le survivant recueillerait l'héritage du conjoint décédé.

Or, voici la combinaison qu'arrêta Georges Bora.

Le père de nos deux victimes est mort hier soir.

Rien à craindre de ce côté pour la succession.

Octave succombera cette nuit, vers trois heures du matin.

Paul sera frappé vers six heures.

Il suffit que l'antériorité du trépas de son frère puisse être constatée, pour que celui-ci ou ses ayants droit puissent recueillir la succession d'Octave.

L'essentiel est de disposer les choses pour que le double assassinat se produise dans les conditions exigées par l'intérêt de Charlotte.

Demain, Charlotte sera libre, et avant un an elle se nommera madame Bora.

A cette pensée, le visage de notre individu s'était subitement illuminé; mais un souvenir éteignit tout à coup cette joie.

Ses traits se contractèrent.

Il baissa le front et se prit à songer.

Puis, reprenant le calme et la sérénité qui ne l'abandonnaient pas longtemps :

— Bah ! murmura-t-il, elle est morte, sans doute… je l'espère… Il le faut !

Du reste, ajouta-t-il, si un obstacle surgissait de ce côté, je saurais bien le briser.

C'était une ténébreuse existence que celle de cet homme : mystérieuse dans le passé, sombre dans l'avenir, louche dans le présent.

Quoi qu'il en soit, son plan fut bientôt arrêté.

Le voici :

Il s'agissait d'accompagner ou de suivre Octave Cléry à Enghien, et de le frapper lui-même, tandis qu'il mettrait l'homme de lord Wigmore sur une fausse piste et dirigerait son bras contre le banquier.

Le lecteur comprendra mieux cette combinaison en la voyant mettre en œuvre.

Georges Bora épia les démarches de son complice lord Wigmore.

Il vit le faux Anglais entrer, vers une heure du matin, dans cette petite maison du quartier de Montrouge, où se trouvait l'atelier de fabrication de billets de la banque de New-York; Wigmore en sortit, un quart d'heure après, en compagnie de Jacques Vernier.

Bora se mit à leur poursuite.

Il put constater ainsi leur visite rue du Faubourg-Saint-Denis, puis rue de la Grange-Batelière, chez la Palmyre, en dernier lieu chez le baron de Barbenthall.

Comme nos deux hommes sortaient de chez le baron, Georges Bora les accosta.

Lord Wigmore fut assez étonné de cette brusque rencontre.

— Qu'y a-t-il donc ? demanda-t-il avec inquiétude à son complice.

— Il y a, répondit Bora, que vous courez depuis une heure à la recherche d'un homme que vous ne trouverez pas.

— Octave Cléry !

— Oui.

— Vous savez donc où il est ! demanda Wigmore.

— Je viens de l'apprendre.

— Ah ! tant mieux, cela va abréger nos recherches.

— Octave Cléry est allé passer, en société d'une fort jolie fille, la nuit qui précède son duel.

— Sur votre vie, vous allez me dire où ils sont ! fit Jacques qui ne douta pas que cette fille fût Élisa.

— Très-volontiers ; c'est un peu loin ; rue de la Pompe, 37, à Passy.

Jacques s'élança vers la voiture.

— Attendez donc, lui cria Bora; si vous voulez pincer votre homme, ne faites pas de bruit. Embusquez-vous près de la porte; Octave sortira vers cinq heures ou cinq heures et demie. Le jour ne se lève qu'à sept heures… Vous me comprenez, le reste me regarde.

Jacques fit un geste énergique et s'élança dans la voiture qui l'avait amené.

Lord Wigmore voulut le suivre.

Georges Bora le retint.

— Demeurez, cher, lui conseilla-t-il; laissez cet homme aller seul. Il suffit à la besogne. Par prudence abstenez-vous de le suivre.

— Mais reconnaîtra-t-il celui qu'il doit frapper ?

— Il l'a vu une fois; cela suffit; du reste, l'homme qui sortira ce matin du n° 37 de la rue de la Pompe ne peut être qu'Octave Cléry. Il n'y a donc pas à se tromper.

Jacques Vernier était déjà loin.

Lord Wigmore, du reste, ne demandait pas mieux que de laisser Vernier seul poursuivre la victime destinée à périr.

Vous rentrez chez vous? demanda-t-il à Bora.

— Oui, vous savez que je me bats vers huit heures; j'ai six heures devant moi; je vais les employer à dormir.

— Quels sont donc vos témoins?

— Je ne sais trop... Bressac, Naudier, sans doute... M. Cléry a le choix des armes. Savez-vous si on se bat à l'épée ou au pistolet ?

M. Cléry a choisi l'épée.

— Tant mieux, fit négligemment Bora, je pourrai le désarmer sans le blesser.

— Vous en parlez bien à votre aise... Cléry est de première force.

— Cher, je suis sûr de mon coup, répondit Bora avec une singulière expression que lord Wigmore ne remarqua pas assez. Mais je vous quitte. Vous savez, quand on n'a pas dormi de la nuit, on n'a pas la main sûre.

— A demain, et bonne chance! lui cria son complice.

— Merci, dit Georges, en s'éloignant lentement.

Mais lord Wigmore n'eut pas plutôt disparu qu'il se dirigea rapidement vers une voiture qui l'attendait non loin de là.

Un vigoureux trotteur piaffait d'impatience.

— Enghien, murmura Georges Bora à l'oreille du cocher.

On eût dit que le cheval avait entendu ce mot, car il partit comme un trait avant même que le cocher l'eût effleuré du bout de son fouet.

Bora roulait depuis une demi-heure, lorsqu'en se penchant dehors la portière, il aperçut à une centaine de mètres devant lui une voiture qui précédait la sienne.

Il l'atteignit bientôt et poussa un cri de surprise.

Il fit ralentir le pas de son cheval et salua.

C'était Octave Cléry qui, on le sait, se rendait à la maison de campagne du duc de Kermaria.

Octave avait, à prix d'or, appris d'un laquais du duc, à Paris, le lieu où M. de Kermaria devait passer la nuit.

Octave, on le sait, voulait venger l'honneur de sa maison.

Avant d'ensevelir son père, il voulait punir celui qui l'avait si terriblement offensé.

Le jeune homme reconnu Georges Bora et lui rendit froidement son salut.

Il n'ignorait pas la querelle qui s'était élevée entre son frère et lui, à propos de sa belle-sœur, et il lui répugnait d'accueillir amicalement celui qui était accusé d'avoir fait à Paul le même outrage que son père avait reçu du duc de Kermaria.

Bora ne voulut pas remarquer cette froideur.

—Que je suis heureux de vous rencontrer, dit-il avec empressement; vous ne m'en voulez pas, j'en suis sûr, du petit différend qui s'est élevé entre M. Cléry et moi... Un simple malentendu, je vous jure.

— Est-ce que vous désireriez ne pas vous battre? ricana Octave.

— Certainement; mais pas dans le but que vous supposez. Il est toujours désagréable d'être exposé à tuer une personne qu'on a appelée son ami. Du reste, ce combat est inévitable; et je me rends en ce moment chez un ami commun, M. Naudier, qui voudra bien, en cette douloureuse occasion, me prêter son assistance.

— Je tiens M. Naudier pour un galant homme. Mais je l'ai vu hier soir à Paris, ce me semble.

— Oui, il est parti par le dernier train. Il travaille à une grande toile pour la prochaine exposition. Il est venu s'enfermer dans son atelier d'Enghien; il trouve là la solitude, le grand jour, la grande nature.

— Oui, il a un merveilleux talent; mais mon cheval ne peut suivre le vôtre, permettez, cher monsieur Bora, que je vous laisse aller.

— A revoir, cher monsieur, croyez-moi toujours votre ami.

Et Georges Bora partit à fond de train.

Trois quarts d'heures après il arrivait à Enghien et s'arrêtait à l'hôtel d'Angleterre.

Il avait vingt minutes d'avance sur Octave Cléry.

Tandis qu'on lui préparait un appartement, il se fit indiquer la demeure du peintre Léopold Naudier.

Un garçon de l'hôtel s'offrit pour l'accompagner.

— Non, non, lui répondit-il; soignez bien mon cheval, faites servir à souper au cocher; je trouverai bien tout seul la maison que vous m'indiquez.

Et il s'éloigna rapidement dans une direction opposée à celle de la villa du duc de Kermaria.

Il eut soin de faire remarquer cette circonstance en criant au garçon:

— C'est à droite, n'est-ce pas?... Bien!... Je serai de retour dans une demi-heure.

Mais lorsque la porte de l'hôtel se fut refermée, il revint rapidement sur ses pas, glissa le long des murs et prit sa course vers la villa du duc de Kermaria.

Il arriva devant la grille du parc cinq minutes avant d'entendre crier, sur le sable de l'avenue, la voiture d'Octave.

Deux énormes peupliers s'élevaient à droite et à gauche de la grille.

Bora se blottit derrière le tronc de l'un d'eux et attendit.

Deux lanternes parurent bientôt sur la route.

Georges serra le manche d'un long couteau catalan dont il avait eu soin de s'armer.

La voiture d'Octave Cléry venait de s'arrêter devant la porte. Le jeune homme en descendit et, avant de sonner, renvoya d'un signe le véhicule qui l'avait amené.

Il n'y avait en ce moment sur la route que Georges Bora et sa victime.

Dans l'allée du parc, de l'autre côté de la grille, on le sait, Élisa Vernier venait de reconnaître son amant, celui qu'elle espérait être son sauveur, Octave Cléry.

L'assassin bondit soudain hors de son sinistre abri; toute la lame de son couteau pénétra dans le dos d'Octave, qui tomba comme foudroyé.

Elisa poussa un cri terrible.

Peu de temps après, ainsi que nous l'avons dit, le duc de Kermaria relevait la pauvre insensée, étendue sur les marches du perron de sa villa où elle était venue s'affaisser.

Georges Bora s'était esquivé.

— A cette heure, murmura-t-il, Paul Cléry hérite de trois millions... Avant le jour Charlotte héritera de son mari.

Il prit sa course pour arriver rapidement chez Léopold Naudier.

En passant près du lac, il jeta son couteau tout rouge et encore chaud du sang d'Octave.

L'eau rendit une plainte sinistre.

Bora, pourtant, n'était pas troublé en arrivant chez le peintre.

— Cher maître, lui dit-il, excusez-moi si je viens vous éveiller au milieu de la nuit; mais j'ai un service d'ami à réclamer de votre obligeance.

— Enchanté de vous être agréable, répondit Naudier en se frottant les yeux.

— Trois heures et demie! fit remarquer Georges Bora en tirant sa montre. Il faut que nous soyons à Paris avant sept heures.

— Nous avons le temps... Vous avez une affaire sans doute?

— Oui... j'ai besoin que vous m'assistiez...

— Volontiers... qui donc est votre adversaire?

— Paul Cléry... A propos, savez-vous qui je viens de rencontrer?... son frère...

— Octave?

— Oui.

— Tiens! Est-ce qu'il est ici en partie fine?

— Hum! je ne le crois pas... j'ai entendu parler de faits très-graves entre son père et le duc de Kermaria.

— Ah! bah!... mais qu'est-ce que vous avez donc à la main... il y a du sang.

— Du sang! exclama Georges Bora qui devint livide et qui cacha rapidement sa main... oh! ce n'est rien... je me suis essayé un peu... tantôt au pistolet... et l'éclat d'une capsule m'a blessé... oui, c'est l'éclat d'une capsule... vous pensez bien que ce ne peut être autre chose?

— Parbleu! du moment que vous me le dites... mais reposez-vous un instant avant de partir. Avez-vous soupé?

— Non, cher, et vous?

— Je vis ici en garçon et je n'ai pas grand'chose à vous offrir.

— Ne cherchez rien; on met notre couvert à

l'hôtel d'Angleterre où je suis descendu. Toutefois, j'accepterai volontiers un verre de rhum. Je suis gelé !

— En effet, vous tremblez.

— Et comme Bailly, si je tremble ce n'est pas de peur, ricana Georges Bora.

Et il porta à ses lèvres un verre de vrai jamaïque, dont sa main agitée laissa répandre plus de la moitié sur le parquet.

— Décidément, vous avez très-froid, lui fit observer Naudier.

— Partons vite, nous trouverons un bon feu à l'hôtel.

En arrivant à l'hôtel d'Angleterre, Georges Bora lava le sang qui tachait sa main droite.

Puis, avec la pointe d'une épingle, il se fit une égratignure.

C'était un homme de précaution, et il voulait justifier aux yeux de Naudier l'explication qu'il avait donnée des traces sanglantes remarquées sur ses doigts.

— Et maintenant, invita-t-il en s'asseyant devant une table bien servie, en face d'un feu bien flambant, soupons gaiement.


## XXVI


### LES DEUX CADAVRES.


Vers sept heures du matin Georges Bora arriva au bois de Vincennes, dans une des allées qui avoisinent le champ des courses.

Rien dans l'attitude de cet individu ne trahissait les préoccupations qui devaient agiter son âme.

Il était accompagné de Léopold Naudier et de Bressac, qui avaient bien voulu lui servir de témoins.

Bora avait insisté pour qu'on amenât un médecin, bien qu'il sût d'avance que la rencontre ne dût pas avoir lieu. Mais il ne négligeait aucune circonstance qui pouvait concourir à éloigner de lui tout soupçon, lorsque le meurtre commis sur Paul Cléry serait découvert.

Il faisait très-froid; les arbres de la forêt étaient couverts de givre. Un épais brouillard couvrait la rivière et le lac allait se condenser aux branches et sur les chemins en poudre blanche.

Paul n'était pas encore sur le terrain.

— Est-ce qu'il va nous faire attendre ! s'écria Bressac.

— J'espère bien qu'il ne viendra pas, murmura Georges en laissant contracter ses lèvres sous un sourire équivoque.

Toutefois, comme il ne savait pas si Vernier avait réussi dans sa criminelle tentative, il jetait des regards inquiets, anxieux, vers toutes les issues.

Une demi-heure s'écoula,

— On ne fait pas geler les gens comme cela, réclama Bressac.

— Voyons, Bora, donnez-vous du mouvement, conseilla Naudier; si vous demeurez là, immobile, le froid va vous saisir et vous tremblerez comme une feuille en tenant votre épée ou votre pistolet.

— Et on dira que vous avez peur.

— Vous voyez bien que non, messieurs, rassura Georges, car je ne tremble pas même de froid.

— Bah ! c'est comme ça, dit Bressac, que Beauvallon put autrefois tuer impunément Dujarrier. Je n'accorde plus que cinq minutes à M. Paul Cléry; pendant ce temps, remuez-vous, mon cher Bora; cela vous réchauffera un peu.

Neuf heures sonnèrent.

Naudier et Bressac poussèrent un cri de furieuse impatience.

— Nous ne pouvons pas attendre plus longtemps, dirent-ils.

— Messieurs, je vous en prie, insista Bora qui pourtant aurait déjà voulu être parti, tant il redoutait de voir ressusciter son adversaire.

Tous nos personnages allaient s'éloigner lorsqu'ils aperçurent une voiture qui roulait vers eux à toute bride.

Georges pâlit affreusement.

Son adversaire était-il vivant ? Allait-il le voir sauter à bas de la voiture et s'élancer vers lui prêt à soutenir le combat ?

Mais alors pourquoi ce long retard ?...

Peut-être n'avait-il été que blessé.

Le véhicule s'arrêta à une vingtaine de pas de nos quatre personnages.

La portière s'ouvrit.

Georges sentait son cœur défaillir dans sa poitrine.

Malgré le froid rigide qui glaçait l'atmosphère, son front suait.

La première personne qui s'élança hors de la voiture fut lord Wigmore.

Bora interrogea avidement du regard la physionomie de l'Anglais ; mais il ne put rien y lire.

Puis apparut Montal, l'agent de change, le deuxième témoin de Paul Cléry.

Celui-ci était très-pâle ; il avait le front sombre et menaçant.

La portière se referma.

Georges Bora s'appuya contre le tronc d'un arbre.

Paul Cléry ne se rendait pas sur le terrain.

— Messieurs, débuta Montal, j'ose espérer que vous nous avez excusés de vous avoir fait attendre si longtemps.

Les témoins de Bora demeurèrent immobiles et ne répondirent pas.

— Je croyais, reprit Montal, que d'avance vous connaissiez notre honorabilité, le courage de M. Cléry, et j'étais persuadé qu'en voyant notre retard, vous vous disiez qu'il devait être arrivé quelque chose d'étrange et d'extraordinaire. Et, en effet, messieurs, ce qui arrive est bien étrange et bien horrible.

— Qu'est-ce donc ? demandèrent Bressac et Naudier en se rapprochant de l'agent de change.

Georges Bora crut devoir demeurer à l'écart.

— Nous avions rendez-vous chez moi à six heures et demie avec Paul Cléry et lord Wigmore. Milord, seul, a été fidèle au rendez-vous. Nous avons attendu trois quarts d'heure, en proie à une véritable inquiétude, car nous connaissions le courage de M. Cléry et nous ne soupçonnions pas, certes, un acte de lâcheté.

Naudier et Brissac s'inclinèrent en signe d'acquiescement.

A huit heures, ne pouvant plus attendre, nous nous sommes rendus chez notre ami.

Il n'était pas chez lui.

Vivement contrariés, nous allions nous retirer, lorsqu'une voiture s'est arrêtée devant la porte de sa demeure.

C'était Paul Cléry qu'on ramenait, c'était notre ami.

A ces mots, Georges Bora tressaillit visiblement.

— C'était son cadavre, termina Montal en lançant à Bora un regard terrible.

Naudier et Bressac poussèrent un cri de surprise et d'effarement.

— C'est étrange et horrible, en effet ! dit le peintre profondément ému.

— Est-ce un suicide ou un assassinat ? demanda Bressac.

— C'est un assassinat, fit Montal avec force ; mon pauvre ami a reçu dans le dos un coup de poignard qui a pénétré jusqu'au cœur.

— Ah ! c'est affreux !

— Oui, affreux, extraordinaire, inexplicable ! s'écria Montal. Paul devait se battre ce matin et on l'assassine cette nuit !... Ne trouvez-vous pas là, messieurs, une coïncidence bizarre.

— Que voulez-vous dire ? demanda Georges qui se dressa et s'avança menaçant vers l'agent de change.

— La douleur vous égare, monsieur Montal, intervint Léopold Naudier ; nous savons tous qu'on ne peut faire ici à personne l'outrage de le soupçonner.

— Mais...

— Monsieur Montal, notre ami Georges Bora, dont nous répondons, a passé la nuit chez moi à Enghien, affirma Naudier.

— Mais, qui donc avait intérêt à faire assassiner Cléry ? s'écria l'agent de change.

— Eh ! mon Dieu, intervint lord Wigmore, sans doute quelque malfaiteur vulgaire.

— Non, non, exclama Montal; on a trouvé sur Cléry sa montre et son argent, ce n'était donc pas un voleur !

— Messieurs, fit alors Bora avec force, assez de soupçons, assez d'outrages ! Monsieur Montal va rétracter immédiatement ses paroles et me faire des excuses, sinon, il prendra la place de celui dont nous déplorons la mort.

— Des excuses ! protesta l'agent de change.

— Ah ! c'est trop d'insultes ! s'écria Bora en sautant sur une des épées que tenait Naudier et dont il souffleta le visage de Montal.

Celui-ci poussa un hurlement de fureur.

Et bondit sur l'autre épée.

Les fers s'engagèrent immédiatement.

Bora était enchanté de l'occasion que lui offrait l'agent de change de faire preuve de courage.

En effet, s'il avait redouté jusqu'à commettre un crime, pour éviter une rencontre avec Paul Cléry, il n'avait rien à craindre de l'agent de change.

Montal savait à peine tenir une épée, Georges ne l'ignorait pas.

Les témoins voulaient faire cesser ce duel.

— De grâce, messieurs, laissez-nous, supplia Georges, M. Montal est inexcusable.

— La douleur de la perte d'un ami l'a égaré, dit Bressac.

— Vous n'y êtes pas, messieurs, ricana Georges; ce qui fait que M. Montal éprouve une douleur si vive, c'est que M. Cléry laisse chez lui un découvert d'un million.

L'agent de change poussa un cri de fureur et chargea vivement son adversaire.

Mais Georges Bora l'arrêta court en lui traversant l'épaule d'un coup d'épée.

— Là, monsieur, fit-il à l'agent de change après l'avoir couché sur le terrain, cela vous fera-t-il rattraper votre million.

Montal s'était évanoui.

Tandis qu'on s'empressait autour de lui, lord Wigmore alla vivement à Georges Bora qui se tenait à l'écart, prêt à se retirer.

— Ah ! ça, mon cher, que veut dire tout ceci ?

— Cela veut dire que madame Cléry est veuve et qu'elle hérite de son mari.

— Son mari ! Mais il est ruiné.

— Son frère était très-riche.

— Comment, était?... Puisque cet imbécile de Vernier s'est trompé et qu'il a pris Paul pour Octave.

— Oui, mais il y a quelqu'un qui a fait l'ouvrage de ce Vernier.

— Et qui donc ?

— Le duc de Kermaria, répondit Bora avec un singulier sourire.

— Décidément, mon cher, vous êtes très-fort.

— Vous croyez donc vous être associé à un niais.

— Non, mais c'est égal, c'est très-fort... Cette pauvre Charlotte!... doit-elle être heureuse... Vous partagerez bientôt son bonheur.

— Dans dix mois seulement !

— Bah ! dix mois ! vous n'êtes pas homme à attendre si longtemps... Un mari règne; un amant gouverne; vous gouvernerez dès demain, j'en suis sûr, en attendant de régner.

Cependant après avoir reçu les soins intelligents du médecin amené par Georges Bora, Montal fut placé, avec précaution, dans une voiture et tous nos personnages reprirent le chemin de Paris.

Bora et lord Wigmore étaient venus dans la même voiture.

— Il faut que ce matin même j'entretienne madame Cléry de choses importantes, dit Georges à son complice. Vous étiez ami de son mari; vous pouvez sans inconvenance vous présenter chez elle; priez-la de me recevoir secrètement et dites-lui bien qu'il y va de sa fortune.

— Mais après la scène d'hier ?

— Charlotte ne boude jamais contre la fortune; et je vous le répète, il s'agit de la sienne.

Georges fut, en effet, reçu dans la journée par madame Cléry.

— Vous êtes veuve, vous êtes libre, lui dit Georges.

— Triste veuvage ! soupira Charlotte.

— Jeune, belle ! vous avez dix-neuf ans,

DÉPOT LÉGAL
Seine
1874
BIBLIOTHÈQUE NATIONALE

Un des gardes employés à la surveillance du bal vint me dire qu'il était temps de partir.

Charlotte ; c'est un nouvel et splendide avenir qui s'ouvre devant vous.

— Hélas ! Georges, ne savez-vous pas que Paul me laisse de cruels embarras.

— Oui, et ce pauvre Montal, que j'ai si mal accomodé ce matin, se croit ruiné par la mort de votre mari ; mais il sera bientôt consolé de sa blessure en apprenant que ce pauvre Paul était plus riche qu'on ne supposait.

— Que voulez-vous dire ? demanda Charlotte qui attacha sur Georges des regards étonnés.

— Hélas ! ma chère Charlotte, la fortune a de singulières ironies ; elle nous arrive sou-

vent au moment où nous ne pouvons plus en profiter.

— Je ne vous comprends pas.

— Vous ne me comprenez pas ! Mais vous n'ignorez pas que votre beau-père est mort hier, laissant des titres et des propriétés qui valent plus d'un million.

— C'est vrai, mais sur cette somme il n'avait pas deux cent mille francs à recueillir.

— Oui ; son frère, préféré par le vieux Cléry, avait la plus grosse part de l'héritage.

— Mais Octave n'a-t-il pas dit hier à feu votre mari qu'une triste fatalité pesait sur sa famille. Hier le père meurt; ce matin le plus jeune fils est misérablement assassiné, et cette nuit...

— Cette nuit!... fit Charlotte haletante et agitée de frissons.

— Ah ! c'était un implacable ennemi que M. de Kermaria ! c'est lui qui est cause que la mère de Paul et d'Octave est morte de chagrin; c'est lui qui a poussé le père au désespoir, au suicide, c'est lui enfin qui, cette nuit, a eu raison de votre beau-frère.

— Octave ! mort ! s'écria madame Cléry, qui se dressa plus pâle qu'un cadavre.

— Mort ! confirma Georges d'une voix sombre.

— Vous me faites peur ! fit Charlotte avec égarement.

— Peur ! exclama son amant, mais ne savez-vous pas que votre mari a été tué après son frère ?

— Ah ! Georges, vous m'épouvantez.

— Moi ?

— Oui... vous ! comment connaissez-vous si bien le secret de toutes ces morts, les circonstances de toutes ces catastrophes?.. sans doute vous les avez épiées, préparées ! Qui donc avez-vous assassiné ? quels sont vos complices ?

— Silence, malheureuse ! s'écria Georges, si on vous entendait, vous qui m'accusez, on pourrait vous croire ! Mais, songez donc, étais-je, moi, l'ennemi de votre famille ! C'est une fatalité qui la poursuit. Pourrait-on vous accuser, vous qui en profitez ?

— Ah ! non, c'est impossible ! reprit Charlotte que tous ces coups soudains avaient fini par émouvoir. Ce triple deuil en une nuit, c'est horrible, et je vous le répète, Georges, cela fait peur ! cela épouvante !

— Allons, allons, Charlotte, du calme ; au bout de ce triple trépas, il y a deux millions pour vous apaiser et vous consoler.

— Oui, oui... je suis riche... je suis jeune, je suis libre... Mais Octave... est-il réellement mort, lui !...

On frappa à la porte du boudoir de madame Cléry.

Charlotte alla ouvrir.

Sa femme de chambre lui remit un télégramme daté d'Enghien.

La dépêche portait ces mots :

« Octave trouvé. cette nuit inanimé devant « la grille du parc du duc de Kermaria, Police « informe.

« NAUDIER. »

Madame Charlotte poussa un cri terrible et tomba sur un siège, livide, effarée.

Georges Bora, qui venait de lui prédire cette mort, lui apparaissait comme le démon du crime et de l'assassinat.


## XXVII


### L'INSTRUCTION.


Parmi les papiers saisis chez la Palmyre, se trouvait la lettre que Gorgozza avait écrite à celle-ci.

Dans cette lettre, on se le rappelle, la chanteuse recommandait à la prévenue de prendre chez elle la petite Élisa.

Quels rapports existaient entre la Palmyre et l'Italienne? voilà ce que se demanda le juge chargé d'instruire l'affaire.

La lettre était conçue en termes assez généreux; pourtant une expression assez louche pouvait faire croire que la cantatrice, ce qui était vrai, avait voulu tendre un piége à la fille de Vernier.

Un magistrat fut donc commis pour aller faire immédiatement une perquisition chez Gorgozza.

Celle-ci fut fort troublée en voyant la tournure que prenait un événement dont elle n'avait pas calculé les conséquences.

Comme elle était intelligente et qu'elle avait un tact très-pur, elle comprit qu'elle ne pourrait se tirer d'affaire qu'au moyen d'une apparente sincérité.

Aussi, aux premières questions qui lui furent adressées :

— Je dois d'abord avouer, dit-elle au commissaire qui prenait acte de ses réponses, que je ne me nomme pas Gorgozza et que je ne suis pas Italienne.

— Ah ! et quelle est votre nom véritable, et quel est le lieu de votre naissance ? lui demanda le magistrat.

— Oh ! mon Dieu, je vais vous dire toute la vérité ; il n'y a là rien qui puisse être une charge contre moi. Je suis cantatrice, vous le savez ; comment le suis-je devenue ? c'est une triste histoire. Les succès, je pourrais même dire les triomphes que j'ai obtenus en Italie, ne m'ont pas fait oublier le souvenir douloureux de mon passé.

« Il y a longtemps de cela ?

« J'avais quinze ans ; j'habitais, rue du Temple, une petite mansarde où je vivais seule du produit de mon travail. La mort m'avait privée fort jeune de mes parents que j'ai peu connus ; des voisins m'avaient recueillie et presque adoptée.

« Sur le même carré vint habiter un jeune homme dont la vue fit sur moi une vive impression.

« Il vivait solitaire, paraissait fort triste ; une pâleur constante couvrait son visage, du reste assez beau.

« Mais plus que sa beauté, l'air de souffrance répandu sur toute sa personne émut mon cœur et l'intéressa à ce jeune homme.

« J'avais une fort jolie voix dont j'ignorais alors la valeur.

« Je chantais sans art comme chantent les oiseaux du ciel.

« Ma voix avait le pouvoir de charmer un peu les chagrins de mon voisin, car, aux premières notes de mes gaies chansons, il ouvrait sa porte et prenait plaisir à m'écouter.

« C'est ainsi que nous fîmes connaissance.

« Peu à peu il s'habitua à me voir, à m'écouter, et il ne prenait pas d'autre distraction que de venir le soir causer avec moi et écouter ma voix.

« Dès qu'il me quittait il retombait dans sa douleur qui dégénéra en sombre désespoir.

« Un jour il ne vint pas frapper à ma porte, et pourtant je savais qu'il était chez lui.

« Je l'aimais et son absence était pour moi pénible et douloureuse.

« Ne sachant à quoi l'attribuer, je me sentis inquiète, et je fis mille suppositions.

« — Peut-être est-il malade ? me dis-je.

« Frappée de cette appréhension, je me décidai à aller heurter à sa porte.

« Elle était fermée.

« Effrayée, j'avertis le concierge.

« — Mais c'est l'odeur du charbon ! s'écria-t-il.

« Et d'un violent coup d'épaule il enfonça la porte.

« Georges Bora, ainsi se nommait mon voisin...

— Georges Bora ! interrompit le commissaire avec étonnement.

— Vous le connaissez ! s'écria Gorgozza avec étonnement.

— Peut-être... mais veuillez continuer, répondit le magistrat en prenant une note.

— Georges Bora, reprit la chanteuse, était étendu sur son lit, livide, défait, expirant.

« Près de lui, brûlait un fourneau rempli de charbon.

« Le malheureux avait voulu s'asphyxier.

« Nous nous hâtâmes d'ouvrir la fenêtre de sa mansarde, et l'air arrivant en abondance le rendit à la vie.

« Mais les conséquences de cette tentative de suicide lui furent funestes.

« Le délire s'empara de Georges. Une fièvre terrible brisa son corps et son esprit. Longtemps on désespéra de le sauver.

Je ne quittai pas son chevet. Au milieu des hallucinations qu'amenait la fièvre, le malheureux prononçait un nom de femme tantôt avec horreur, tantôt avec des élans passionnés qui torturaient mon cœur.

« Il ne m'aimait pas, une autre avait tout son âme.

« C'est pour cette autre qu'il avait voulu se tuer.

« Pourquoi vous dire ce que je souffris ? Dieu seul le sait ! Dieu, et ceux qui ont aimé sans espoir !

« Un jour que Georges paraissait moins souffrant, et que j'étais moins malheureuse, — j'espérais qu'il m'aimerait peut-être à mon tour, — je lui chantai une douce mélodie, pleine de larmes et de sentiment.

« Il me serra les mains avec effusion et se prit à pleurer.

« Je fus bien heureuse. Il m'attira à lui et me baisa les mains en signe de réconnaissance.

« Une femme seule peut guérir ces maladies qui prennent leur source dans les meurtrissures du cœur.

« Georges fut guéri par mes soins, soins assidus, tendres, infatigables.

« Il crut pouvoir oublier celle qui l'avait fait tant souffrir, et prit pour de l'amour pour moi ce qui n'était que de la reconnaissance. Il me fit des aveux que j'étais toute disposée à croire sincères, et qui l'étaient peut-être. On se trompe souvent soi-même. Il me raconta l'histoire banale de sa vie. Une fille sans âme, qui avait peut-être eu du cœur autrefois, l'avait chassé de chez elle après lui avoir tout pris, son amour et sa fortune. Pauvre, désespéré, il était venu se réfugier à ce cinquième étage de la rue du Temple où je l'avais connu. Ne pouvant supporter sa misère et surtout son abandon, il avait voulu se tuer. Il m'avoua tout cela.

« Mais, en me racontant ce passé plein d'amertume, il renaissait, disait-il, à un autre avenir plein de charmantes promesses, et qui devait le payer de toutes ses souffrances injustement endurées.

« J'étais seule, libre, sans expérience, j'acceptai tout ce qu'il me dit.

« Je l'aimais !

« Quelque temps après nous fûmes unis.

« Quel beau jour pour moi ! Georges paraissait heureux. En moi tous les bonheurs rayonnaient.

« Nous étions bien pauvres. Mais est-ce que je sentais la misère.

« Jeune, aimante, aimée, j'étais pleine de courage.

« Ah ! s'il avait voulu, si l'autre...

« Ma joie ne devait pas durer une journée.

« Les pauvres gens, un jour de noce, ne font pas de grands festins. La fête n'est pas autour d'eux ; elle est dans leur âme.

« Mais ma joie ne devait pas durer tout un jour.

« Nous avions remercié nos témoins, et nous étions demeurés seuls, Georges et moi.

« — Comme nous ne sommes pas riches, me dit mon mari, nous ferons un gentil petit dîner tous les deux et puis nous danserons.

« — Nous danserons, m'écriai-je étonnée, et comment ?

« — Nous irons au bal.

« — Au bal !

« — Oui, pour vingt sous, dans un établissement public, nous sauterons tant que nous voudrons.

« — Moi, dans un bal public, en robe blanche et en couronne de mariée, y songez-vous ! Tout le monde nous regarderait.

« — Eh bien ! que tout le monde te regarde ! N'es-tu la plus jolie de toutes les femmes ! Et puis, qui est-ce qui nous connaît ? On dira ce qu'on voudra. Tu ne danseras qu'avec moi, et personne n'osera dire quoi que ce soit, je te le promets.

« Je ne consentis au désir de mon mari qu'à la condition de prendre une robe de couleur et de dépouiller les fleurs qui ornaient mon front.

« Je ne voulais pas être ridicule.

« Ce fut dans un bal de la rue Saint-Honoré qu'il me conduisit. Son nom, j'ai voulu l'oublier, car le souvenir qui s'y rattache est terrible.

« L'orchestre était joyeux et retentissant ; la salle splendidement éclairée ; la foule bruyante et animée.

« Cet aspect me troubla un peu d'abord et m'étourdit. Je me pressai contre Georges qui me serra amoureusement le bras qu'il me tenait.

« Il paraissait heureux et fier.

« Des femmes hardies, qui paraissaient connaître Georges, lui souriaient d'un air narquois, et me regardaient insolemment.

« Des jeunes gens disaient tout haut, en passant, leur opinion sur ma personne.

« C'était la première fois que je paraissais dans un établissement de ce genre, et je me sentais tour à tour rougir et palir.

« Mais l'orchestre joua une valse, Georges m'entraina dans ses bras ; et bientôt j'eus tout oublié de ce qui s'agitait autour de moi, pour m'abandonner tout entière au bonheur de me sentir emportée dans un tourbillon, la poitrine pressée contre celle de mon mari.

« Je m'habituai vite aux mœurs de l'endroit, en prenant soin de ne pas trop les remarquer.

« Je ne songeais qu'à nous deux.

« Tout le reste n'existait pas.

« Vers neuf heures du soir, un mouvement étrange se produisit dans le bal.

« Les hommes et les femmes s'empressèrent vers l'entrée. Un murmure parcourut toute cette joyeuse assemblée ; on désertait la danse.

« Quel événement venait ainsi se produire qui attirât l'attention des danseurs ?

« C'était une célébrité de l'endroit qui faisait son entrée dans ce lieu de plaisir, célébrité banale, cascadeuse vantée, comme on en trouve dans tous les établissements de ce genre.

« C'était une assez belle fille ; robe trainante, effrontément relevée sur le devant ; bottes mordorées ; toquet à haute aigrette menaçante ; le tout porté avec une crânerie qui faisait l'admiration des habitués de l'endroit.

« Georges pâlit en la voyant ; je sentis qu'il avait profondément tressailli.

« Je reçus comme un choc violent au cœur.

« J'avais compris.

« — C'est-elle ! lui dis-je douloureusement frappée.

« — Oui, me répondit-il d'une voix éperdue.

« — Ah ! Georges, tu aimes encore cette femme ?

« — Non ! non !

« — Partons, alors.

« — Elle croirait que je la fuis.

« » — Qu'importe ; j'ai peur !

« — Enfant, n'es-tu pas plus belle mille fois que cette fille ?

« Et il me conduisit devant une glace.

« Oui, je crois que j'étais plus jolie qu'elle.

J'avais du moins de plus qu'elle ma jeunesse toute fraiche, mon amour tout virginal, un dévouement inaltérable, et une honnêteté que la trahison et la vengeance n'avaient pas pervertie.

« Mais il aimait l'autre.

« De ce moment, je souffris des douleurs amères. Je sentais que Georges me montrait à cette femme comme un défi.

« En me produisant, c'est d'elle qu'il s'occupait. Je n'étais qu'un instrument de représailles.

« — Au nom du ciel, partons, Georges, je t'en supplie ! implorai-je.

« — Pas encore ! me répondit sa voix implacable.

« Je quittai son bras, et je m'assis pleurante sur une banquette.

« Georges haussa les épaules, et fit quelques pas dans la salle du bal.

« Son œil inquiet cherchait quelqu'un au milieu des groupes tourbillonnants.

« Les danses cessèrent ; les quadrilles se dispersèrent dans la salle.

« *Cette* fille vint à passer près de Georges.

« A la pâleur livide qui couvrit le visage de mon mari, je sentis toutes les luttes qui l'agitaient.

« Quelle puissance avait sur lui cette femme !

« Elle s'arrêta en face de lui et le regarda avec des yeux d'une étrange expression.

« Son sourire était à la fois moqueur et bienveillant.

« Georges était immobile ; il se sentait défaillir.

« — Tu ne me dis donc rien ? fit cette femme ; je parie que tu m'en veux.

« Allons, voyons, la paix ; donne-moi la main et soyons ami.

« — Il est trop tard, lui dit Georges d'un air contraint.

« — Mon cher, quand on se trouve avec une jolie femme, plus il est tard, mieux ça vaut, lui répondit-elle cyniquement.

« — Laissez-moi, je vous prie, ma femme est là.

« — Ta femme ! ta femme ! Et qui donc ? cette innocente qui fait galerie là-bas ! C'est avec cette petite robe d'organdi que tu files le parfait amour ?

« — Je vous dis que c'est ma femme.

« — Ta femme pour de vrai ! exclama la cascadeuse d'une voix pleine de sarcasme.

« Mais...

« Et depuis quand, grand Dieu !

« — Depuis aujourd'hui.

« Cette fille partit d'un grand éclat de rire.

« Puis tout à coup elle arrêta son hilarité.

« Elle me regarda, jeta plusieurs regards à Georges, se frappa le front du bout de son doigt ganté.

« Une idée infernale venait de lui traverser l'esprit.

« L'orchestre joua les préludes d'une polka.

« — Tu sais que tu étais mon meilleur danseur, dit-elle d'un ton câlin à Georges ; me refuseras-tu une polka d'adieu ?

« C'était un défi.

« Georges l'accepta. Il se croyait fort contre elle ; ah ! peut-être éprouvait-il déjà un certain bonheur à serrer dans ses bras celle qu'il avait tant aimée.

« Je souffrais horriblement. Mais je n'osais pas bouger de la place où je me trouvais, encore moins aller arracher mon mari à la fatale influence qui, je le sentais, cherchait à l'enlacer.

« Mes yeux se voilèrent ; tout tourbillonna autour de moi ; mon cœur défaillait ; je n'entendais plus les notes de l'orchestre. Bruits, danses, tout était pour moi vague, sourd, sombre comme un abîme.

« Georges et sa maîtresse s'étaient perdus dans les groupes des danseurs.

« Bientôt je ne l'aperçus plus.

« Que les heures qui s'écoulèrent furent longues ! Quelles souffrances ! quelles angoisses n'éprouvai-je pas ! Des jeunes gens m'entouraient, me faisaient de grossières propositions. Mes larmes faisaient rire les femmes qui fréquentent ces sortes de lieux de plaisir.

« Quelques personnes paraissaient avoir pitié de ma douleur dont personne ne soupçonnait la cause.

« — Son amant l'a plantée là ! disaient les uns.

« — Elle a faim peut-être, disaient les autres.

« Qui aurait pu croire qu'il y avait là une jeune femme de seize ans, le soir de ce jour qui doit être le plus beau, le plus charmant de la vie, une enfant belle et pure, lâchement, stupidement abandonnée par un fou qui lui avait préféré une drôlesse de la pire espèce !

« J'attendis Georges jusqu'à la fin du bal.

« Il ne reparut pas.

« Il avait paru plaisant à une drôlesse d'enlever son mari à une pauvre jeune femme le jour même de ses noces.

« C'est à ce caprice que Georges dut de recouvrer une nuit les faveurs de celle qui l'avait chassé.

« Peu à peu les habitués de l'établissement quittèrent la danse ; la salle se dégarnit et se vida. Les musiciens replièrent leurs instruments. Les employés commencèrent à éteindre les mille becs de gaz qui illuminaient ce lieu de fête et de joie.

« Ce que je souffrais alors, je ne pourrais vous le dire.

« Il y avait de l'effroi, de la honte, de l'humiliation, toutes les tortures d'un cœur broyé.

« J'étais folle.

« Je me levais en chancelant ; mes jambes ne pouvaient me soutenir. Je m'appuyai contre une colonne, et je demeurai là comme anéantie.

« Un des gardes envoyés à la surveillance du bal vint me dire qu'il était temps de partir.

« — En v'là une qui n'a pas fait ses frais ! ricana un garçon de l'établissement.

« — Allons ! allons, il faut sortir d'ici, me dit alors rudement le garde qui se méprenait certes sur ma situation.

« Ces mots impérieux me rendirent un peu de fierté, c'est-à-dire un peu de force.

« Je me traînai vers la porte.

« La fraîcheur du soir me ranima un peu. J'allai où ? je n'en sais rien. De tout ce qui s'agitait autour de moi, je n'entendais rien ni ne voyais rien.

« Machinalement j'arrivai devant la porte de notre petit logement.

« Une dernière espérance me traversa le cœur.

« — Il est peut-être rentré avant moi, me dis-je.

« Personne.

« J'étais bien seule, bien abandonnée !

« Ma robe blanche était jetée sur le lit ; ma couronne d'oranger était sur la commode.

« Furieuse, je voulais me jeter sur ces objets et les déchirer.

« Leur vue me paraissait une ironie.

« Pauvres fleurs virginales, pauvre robe d'innocence que j'aurais pu porter certes à un deuxième hyménée si dans les premiers six mois qui suivirent mon mariage Georges Bora avait pu mourir !

» Que n'est-il mort, lui ou moi !

« Je ne suis pas une bien malhonnête femme ; mais il y a des faute dans ma vie !

« Et lui ! qu'est-il devenu ?

« — Vous le saurez bientôt répondit le magistrat.

« — Ah ! le malheureux, un premier crime en amène un autre ; car son abandon fut un crime.

« Laissez-moi passer sur ma première chute ; elle fut un acte de vengeance.

« Comme j'avais souffert, je voulus faire souffrir les autres.

« J'étais entrée dans un théâtre comme figurante ; on remarqua ma voix ; un jeune compositeur me donna des leçons de chant. J'obtins un engagement pour la province. De là je gagnai l'Italie où je commençai à me faire connaître.

« Grâce au dévouement d'un homme que j'ai trompé et qui s'est bien vengé, je devins célèbre.

« A Naples, celui à qui je devais tout découvrit le secret d'indignes faiblesses.

« Il partit emportant le seul être que j'aimasse au monde, mon petit André, mon enfant.

« Je ne l'ai plus revu, ni lui, ni mon fils.

« Que sont-ils devenus ? Mon enfant, mon André, s'il existe encore, comment le retrouver ?

« J'étais célèbre !

« Toutes les grandes villes de la péninsule retentissaient de mes succès.

« J'étais bien malheureuse.

« Autant j'avais pleuré autrefois à l'abandon de mon mari, autant je redoutais alors de le voir reparaitre.

« Mon vrai nom pouvait le mettre sur mes traces.

« Je pris celui de Gorgozza, qui est bien le mien, car je l'ai conquis, et il a quelque renommée.

« Voilà ma vie.

« Je revins à Paris, poussée par un sentiment maternel. Quelque chose me disait que je trouverais ici mon enfant ; son père est Français.

« Et, maintenant, comment vous expliquerai-je ma conduite vis-à-vis de cette jeune fille que j'ai envoyée chez cette dame Palmyre ?

« C'est bien simple.

« Mademoiselle Vernier, qu'on m'avait indiquée comme excellente ouvrière, avait rempli à merveille une tâche dont je l'avais chargée.

« J'ai cru la récompenser et l'envoyer dans une bonne maison.

« On m'a trompée ; j'en suis désolée. »

Gorgozza, dans ce récit en apparence plein de franchise et bien fait pour disposer en sa faveur celui qui était chargé de l'interroger, avait manqué, on le voit, de sincérité.

Ainsi, elle avait eu bien soin de taire, et son amour effréné pour le malheureux Octave Cléry, et ses idées de vengeance contre Pâquerette.

— Voudriez-vous me dire, madame, de quelle façon vous avec connu madame Palmyre ? demanda le commissaire de police qui attachait à cette question une certaine importance, car la réponse qui allait être faite devait donner la mesure de la bonne foi de la chanteuse.

— Mon Dieu, monsieur, de la façon la plus simple. J'achète souvent des costumes de théâtre. Madame Palmyre est venue quelquefois m'offrir à bas prix des étoffes, des dentelles, des bijoux dont je soupçonne maintenant l'origine.

La réponse était plausible.

En effet, il arrivait souvent à la Palmyre de vendre, pour le compte des jeune filles avec qui elle était en relation, le produit des nombreux cadeaux qu'elles avaient l'art de se faire donner.

— Je vois, madame, qu'il n'y a aucune charge contre vous, dit le commissaire, et c'est par pure formalité que je vais visiter votre appartement. Voudriez-vous avoir l'obligeance de me faire ouvrir vos meubles.

Le magistrat ne jeta qu'un regard distrait sur les objets qui se trouvait chez la chanteuse.

Pourtant, dans un petit tiroir, six pièces d'or attirèrent son attention.

Pourquoi ? Parce qu'elles étaient seules ; qu'elles étaient toutes neuves ; et qu'en les remuant on ne leur avait pas fait rendre un son clair.

— Mais ce sont des pièces fausses ! s'écria le magistrat après les avoir examinées.

La Gorgozza se troubla.

— Je le sais, fit-elle après s'être un peu remise de son émotion ; aussi, vous voyez, je les ai séparées du reste de mon or...

— Où les avez-vous reçues ? fit le commissaire en fronçant les sourcils.

— En Italie ; elles sont étrangères.

— Depuis combien de temps êtes-vous à Paris ?

— Depuis cinq mois.

— Eh bien ! madame, il n'y a pas cinq jours que ces pièces sont fabriquées.

A cette remarque inattendue, Gorgozza devint pâle.

Elle eut peur.

Aussi c'est avec peine, et d'une voix étranglée, qu'elle reprit :

— Monsieur, j'ai soupé hier dans un restaurant du boulevard, au coin du faubourg Montmartre, et vous pourrez vous assurer que j'ai bien pris sous ma responsabilité cinq pièces fausses.

— Est-ce erreur ou générosité de votre part ?

— Erreur sans doute, balbutia la chanteuse, qu'intimidait le regard du magistrat.

— Voudriez-vous me dire le nombre des convives qui vous tenaient compagnie ?

— Douze, je crois.

— Vous devez connaître leur nom ?

— Sans doute ; mais je ne les ai pas tous présents à la mémoire.

— Je vous aiderai dit le commissaire.

Ces derniers mots épouvantèrent Gorgozza.

— J'ai l'honneur de vous écouter, madame, dit froidement le magistrat.

Gorgozza cita onze noms.

Il est bien entendu qu'elle déclina le dernier nom, sans peine, celui d'Octave Cléry.

Le magistrat sourit en la voyant rougir.

— Cela fait onze, madame, fit-il remarquer.

— C'est tout, alors.

— Permettez...

— Je vous jure...

— Madame, vous venez, par votre hésitation, de perdre celui que vous avez voulu sauver. Le douzième convive que vous ne voulez pas nommer, le faux monnayeur que vous connaissez bien, c'est Georges Bora !


XXVIII


Henriette et André.


Il était près de quatre heures du matin lorsqu'Henriette put rentrer chez elle.

Elle était bien émue.

Et pourtant elle était heureuse.

Des larmes plein les yeux, des rires plein les lèvres, elle volait pour arriver plus vite au passage de l'Industrie.

Ce n'est pas qu'elle eût peur, quoiqu'il fît nuit noire. C'était une brave enfant défiant le danger.

Mais son âme s'inondait de joie à la pensée du péril auquel elle venait d'échapper ; cette joie lui donnait des ailes, car il lui tardait d'aller raconter son aventure.

A qui ? à André, par Dieu ! N'est-ce pas le

Il avait paru plaisant à une drôlesse d'enlever son mari à une pauvre jeune femme le jour de ses noces.

souvenir d'André qui lui avait donné le courage et la force de résister aux attaques du baron de Barbenthall.

Elle arriva sur le carré de son cinquième étage et s'arrêta tout essoufflée.

Son cœur battait sous sa main avec une violence qui provenait autant de l'émotion qu'elle éprouvait que de la course qu'elle venait de fournir.

Il y avait de la lumière chez le père Vernier.

La clé était sur la porte; elle entra vivement.

André seul se trouvait dans la première pièce.

L'aspect du jeune homme était triste, presque sombre; il avait le front plongé dans une main et le coude appuyé sur la table.

— Elisa est-elle rentrée? demanda immédiatement Henriette.

— Ah! vous voilà! fit André d'un ton de douloureux reproche... non, Elisa n'est pas rentrée.

— Ah! mon Dieu! si vous saviez ce qui nous est arrivé! s'écria la fille aux cheveux d'or en joignant les mains.

— Un malheur ? demanda le jeune homme avec inquiétude.

— Ah ! certes, c'aurait été un grand malheur si je n'avais pas su me tirer de là ?

— Vous m'effrayez, Henriette ; mon Dieu… Elisa !…

— Ah ! plaise au ciel qu'elle en réchappe comme moi !

— Mais où est-elle ? Il faut courir à son secours.

— Où est-elle ? le sais-je ? La secourir ! si je l'avais pu, je ne serais pas ici.

— Mais, si sa vie est en danger…

— Sa vie, non…

— Quoi donc ? demanda André qui devint pâle et qui sentit son cœur se tordre.

— Ah ! vous savez bien ce qu'il peut arriver à une jeune fille à qui un misérable a tendu un guet-apens.

— Perdue ! fit André avec accablement.

— Perdue ! non, si elle aime.

— Si elle aime !

— Oui… c'est ce qui m'a sauvée, moi, dit Henriette avec un élan et une franchise pleins de naïveté.

Puis, réfléchissant à ce qu'elle venait de dire, elle rougit de confusion et se sentit toute tremblante.

— Ah ! bien, tant pis, je l'ai dit ! s'écria-t-elle moitié riant, moitié honteuse.

— Ah ! il est bien heureux, lui ! murmura André en songeant qu'Élisa ne l'aimait pas.

— C'est ce qui vous trompe ; il ignore son bonheur.

— Vous avez donc du plaisir à le torturer.

— Moi, oh ! non, je suis plus franche que ça ; mais je ne sais pas s'il m'aime, lui.

— Pauvre enfant ! fit André en prenant la main d'Henriette et l'attirant vers lui.

La jeune fille se sentit toute frissonnante.

— Vous me plaignez ! fit-elle cependant avec un léger dépit mêlé de surprise.

— Quand on aime et qu'on doute… ou qu'on désespère… on est si malheureux.

— Comme vous dites ça ! Est-ce que vous seriez malheureux, André ?

— Moi !… non… fit le jeune homme avec un trouble visible.

Henriette était si jolie ; elle avait tellement conscience de sa jeunesse et de sa beauté ; il y avait tant d'innocence et de sérénité dans son âme qu'un doute ne lui vint pas à l'esprit à cette réponse embarrassée de son interlocuteur.

Elle aimait.

Elle trouvait tout simple et tout naturel qu'on l'aimait.

Aussi son regard était-il brillant de joie et pétillant de malice.

— Vous êtes donc bien sûr d'elle ? demanda-t-elle avec un petit air de défi et sur un ton calin.

— Mais… que voulez-vous dire ?

— Ah ! mon Dieu ne vous effrayez pas !… voilà que vous tremblez et que vous êtes pâle comme si vous étiez arrivé à votre dernier jour.

— Aussi vous dites de ces choses !…

— Ça vous ferait donc bien de la peine si elle ne vous aimait pas ? interroges la jeune fille avec un tendre intérêt.

André regarda Henriette d'un œil effaré.

— Répondez-moi… vous me ferez plaisir, insista l'enfant.

— Eh bien, dit André, Henriette, s'il ne vous aimait pas, lui… que deviendriez-vous ?

— Moi !… s'écria la jeune fille que cette idée bouleversa tout à coup.

— Mon Dieu, comme vous pâlissez !

— Ah ! écoutez… c'est sérieux, je le sens, dit-elle en comprimant son cœur de la main. Rien que ce que vous venez de dire m'a fait un mal affreux. Ce n'est qu'une supposition, cependant… Voulez-vous que je vous dise ? S'il ne m'aimait pas, il n'y aurait pour moi que deux moyens de guérison : Me tuer ou me perdre ; faire la noce ou me jeter dans la Seine. On noie son chagrin dans la rivière ou dans le champagne.

— Henriette, que dites-vous ! s'écria André qu'épouvantaient ces paroles.

— Une chose toute naturelle, ce me semble. Qu'est-ce qu'il peut vous rester sur la terre lorsqu'on vous a broyé le cœur ? Il vaut bien mieux mourir, allez.

— N'ayez pas de ces idées ; vous êtes si

jeune, si jolie ! Qu'est-ce qui ne vous aimerait pas !

— Voilà la première fois que vous me dites des choses gentilles, sourit Henriette qui vit presque une déclaration dans les paroles d'André.

— Voyons, dites-moi le nom de celui que vous aimez ; je suis sûr que toute son âme vous appartient.

— Vous croyez ! murmura la jeune fille qui noya ses regards chargés de flammes dans les yeux étonnés du jeune homme. Je ne puis pas vous dire ça, à vous.

— Pourquoi donc ?

— Tiens !... parce que...

— Voulez-vous me faire deviner ?

— Je veux bien, mais comment ! Ah ! ça m'embarrasse... Attendez... Cette nuit, André, c'est cet amour, c'est sa pensée qui m'a sauvée. Je sens que si je n'avais pas eu au cœur ce sentiment qui le possède, je n'aurais eu ni tant d'ardeur à me défendre ni tant de courage à tout braver. C'est quelquefois dangereux de n'avoir rien au cœur. Eh bien ! à celui qui m'a ainsi arrêtée au bord de l'abîme, à qui je dois mon âme pure et mon corps chaste, ne dois-je pas exprimer toute ma reconnaissance !

— Certes.

— Eh bien, merci, André ! s'écria Henriette en sautant au cou du jeune homme ; c'est vous qui m'avez sauvée.

Et après cet élan passionné, elle s'enfuit toute rouge, et alla se réfugier dans sa chambre.

— Grand Dieu ! elle m'aime ! murmura André tout bouleversé, pauvre enfant !

Et il tomba comme anéanti sur son siége.

Il prit son front à deux mains et songea.

Pensées douloureuses ! songes amers !

Elle l'aimait !

Et lui !

— Elisa ! Elisa ! pourquoi t'ai-je rencontrée ! murmura-t-il.

L'amour a une singulière puissance sur une nature droite et ingénue.

Les corrompus, les roués, s'éprennent de la résistance, l'indifférence les aiguillonne. Il suffira qu'une femme les déteste pour qu'ils l'adorent.

Il n'en est pas tout à fait de même pour un cœur neuf.

Aussi André ne put-il demeurer totalement indifférent aux naïfs et charmants aveux d'Henriette.

Il avait bien senti le froid de l'indifférence d'Elisa, et maintenant il déplorait l'erreur de son cœur.

Il regrettait cet amour perdu !

Il glissa sur cette pente fleurie qui s'appelle les rêves de l'âme.

Le sentiment qu'Elisa avait fait naître en lui n'était pas tellement profond qu'il ne pût être effacé. Paquerette, du reste ne ressentait pour lui qu'une amitié fraternelle. Elle n'avait pas laissé ignorer par des demi-aveux la récente passion qui avait envahi son cœur.

Henriette ! Elle était si gaie, si franche ! quel adorable naturel.

Elle venait de dévoiler toute son âme avec une ingénuité qui ne permettait pas de se méprendre sur ses véritables instincts.

Mais quel feu étrange et profond dans les yeux d'Elisa ! quel charme dans ses traits, dans l'expression de son visage ! Tout en elle séduisait : sa voix douce et pénétrante ; la grâce élégante de sa taille ; la fraîcheur et la suavité de son sourire.

Et il soupirait.

Mais est-ce qu'Henriette n'avait pas, lorsque son cœur s'émouvait, ce même regard ardent, ce même charme tendre et caressant dans la voix. Son œil avait parfois des éclairs pleins de malice, lorsqu'il n'exprimait pas dans ses profondeurs bleues et sereines un amour infini. L'esprit, l'espièglerie avaient fait leur nid au coin de ses lèvres. Sa bouche chantait la gaieté et l'amour comme l'oiseau chante le printemps. Pas de nuages avec elle. Elle était pauvre et ne désirait pas la richesse, et elle avait préféré l'amour d'un jeune homme sans nom, sans fortune, aux splendides fantaisies d'un riche baron... Elisa, elle, n'avait pas eu cette modestie dans ses aspirations ! Qui aimait-elle ? Un homme de ce monde qui méprise l'obscurité et l'indigence. Son amour ne pouvait avoir un mobile bien avouable, car elle ne devait pas ignorer qu'Octave ne l'épouserait jamais.

André, ainsi lancé dans cet ordre d'idées, devenait amer et injuste pour Elisa.

Il y avait au fond de son jugement encore de l'amour et beaucoup de jalousie.

Il en était là de ses réflexions dans lesquelles flottait son cœur, lorsqu'il entendit un cri perçant parti de la chambre qu'Henriette occupait sur le même carré.

Voici ce qui était arrivé.

Nous avons laissé le baron de Barbenthall furieux de l'aventure qui lui était arrivée.

Il sentait que, pendant longtemps, il serait la fable du monde qu'il fréquentait.

Et puis, il faut le dire, comme il avait l'habitude de ne se mettre en relation qu'avec des femmes dont l'or lève tous les scrupules, il fut fort étonné de la résistance d'Henriette.

Il avait trop pris au pied de la lettre cet axiome mis en circulation par certains moralistes suspects : Un homme du monde paye très-cher les dernières faveurs d'une fille du peuple, dont un de ses pareils a eu pour rien les premières.

Cela est vrai trop souvent. Mais les exceptions sont si nombreuses qu'elles détruisent, au lieu de la confirmer, la règle qu'on a voulu établir.

Donc, l'amour-propre du baron de Barbenthall avait reçu un choc terrible.

Il fut vivement frappé du spectacle que lui fournit Henriette, préférant s'exposer à se briser la tête sur le pavé que de se laisser approcher.

— Quelle vertu! s'écria-t-il, depuis Lucrèce on n'en a pas vu de semblable. On vante, se disait-il, la chasteté de Suzanne! Mais elle avait affaire à des vieillards hideux... Tandis qu'Henriette était seule avec moi qui suis jeune et qui ne suis pas vilain garçon. J'ai de l'œil! J'ai du galbe! Je n'oserais pas le répéter tout haut, continua le baron, en se dandinant devant sa glace, et en se caressant la barbe et les cheveux, mais la petite Anna... elle était folle de moi!... Et Titine des Variétés, quand elle m'écrivait, mettait toujours en tête de ses lettres: *mon gentil loulou*. On n'écrit pas ça à un vilain homme. Cora raffolait de mes yeux! Césarine était amoureuse de ma tournure. Et cette petite Henriette!... quelle tigresse! En voilà de la vertu! Hum! qu'elle était jolie, avec sa mine effarée, ses défis, son air effarouché. Quels yeux! quels cheveux! quelle taille! Et quelle jambe! car j'ai vu sa jambe quand elle s'est enfuie vers la fenêtre. Ma parole d'honneur sa jambe me trotte par la cervelle. J'avais beau lui dire que je lui ferais un sort! que j'avais quarante mille livres de rente; elle préférait piquer une tête!... Elle a mis la mienne à l'envers! Eh bien! oui, je l'aime! Je suis pincé! Que faire! Ah! palsambleu! je suis riche pour deux; je n'ai pu en faire ma maîtresse; j'en ferai ma femme. Cela sera très-original.

Et, sur cette résolution, le baron de Barbenthall, qui, nous le savons, connaissait l'adresse d'Henriette, s'était fait immédiatement conduire rue du Faubourg-Saint-Denis, à l'entrée du passage de l'Industrie.

Le baron était en habit noir et en gants blancs.

Il grimpa résolument les cinq étages d'Henriette et frappa, non sans une certaine crainte, à la porte de sa mansarde.

Henriette alla ouvrir, et faillit être renversée par l'étonnement de voir chez elle le baron.

C'est ce qui lui fit pousser le cri perçant qu'André avait entendu.

L'idée lui vint d'abord de courir à sa fenêtre; mais comme elle était à tabatière, et qu'il était difficile de l'escalader, elle préféra saisir un pot à eau, dont elle se fit une arme défensive.

— Rassurez-vous, Mademoiselle, s'empressa de dire le baron; je ne viens pas renouveler la scène ridicule de cette nuit; je viens, au contraire, vous présenter mes excuses et implorer mon pardon.

— Monsieur, dit Henriette avec volubilité, je reçois vos excuses, je vous pardonne, et je vous prie de...

Et ce disant, elle lui montra la porte, en frappant du dos de sa main gauche sur le bout des doigts de sa main droite.

— Filer ! Je comprends ce signe expressif.

Mais écoutez-moi, ô trop farouche jeune fille, si vous ne voulez pas que je quitte votre cinquième étage par la route que vous aviez prise pour fuir mon entresol.

— Est-il drôle ! fit Henriette ; qu'est-ce que vous me voulez ?

— Ma présence en ces lieux, mon habit noir, mes gants blancs, à huit heures du matin, ne vous disent-ils pas ce que je désire ?

— Votre présence ! un habit noir, des gants blancs ! Est-ce que c'est un rébus ?

— C'est de l'amour !

— Encore ! s'écria la jeune fille, qui s'empara de nouveau de son pot à eau.

— Calmez-vous !... Il est pur !

— Vous m'ennuyez.

— Vertueuse Henriette, moi, Dieudonné, baron de Barbenthall, j'ai l'honneur de demander votre main.

— Hein ! ma main ! fit Henriette, qui reçut cette demande comme un coup dans la poitrine.

— J'attends votre réponse à genoux.

— Relevez-vous, il n'y a pas de tapis.

— Ah ! vous en aurez chez moi ! chez vous !

— Baronne, moi, une pauvre petite ouvrière.

— Je suis riche.

— Sans naissance, sans éducation !

— La beauté est un blason ; et la femme en sait toujours trop ; il n'y a qu'elle qui soit de tous les mondes.

— Eh bien ! non ; j'en aime un autre.

— O ciel ! vous aime-t-il, lui ?

— Est-ce que je sais !

— Est-il noble ?

— Qu'est-ce que ça fait à l'amour !

— Est-il riche ?

— Que m'importe !

— Mais s'il ne vous aime pas ?

— Je serai bien malheureuse, voilà tout.

— Malheureuse, vous ? Non ! non ! Acceptez mon nom, ma fortune, et les plaisirs, le luxe, les honneurs, mes soins incessants vous auront bientôt fait oublier un amour vulgaire.

— Vous voulez une réponse ?

— Je l'implore.

— Eh bien ! une seule personne peut la faire pour moi.

— Ah ! je comprends ! Vous voulez que je m'adresse à un père, un frère...

— Venez, venez !

Et Henriette, entraînant le baron, lui fit traverser le carré et l'emmena dans la chambre voisine.

C'était chez Vernier.

André ne vit pas sans étonnement apparaître un inconnu en costume de cérémonie.

— Vous ne savez pas ce que vient faire monsieur ? demanda l'espiègle enfant à André.

— Comment pourrais-je ?... balbutia celui-ci.

— Eh bien ! monsieur est baron ; il est riche, a des mille et des cents ; et il veut m'épouser.

— Vous épouser ! s'écria André tout pâlissant, car il venait, dans son rêve de tantôt, de rattacher son cœur à l'amour d'Henriette.

— Oui, monsieur, confirma Barbenthall, qui croyait avoir affaire au frère de la jeune fille ; je me présente chez vous avec les intentions les plus pures ; et je vous demande la main de mademoiselle Henriette.

— Répondez, André, fit la jeune fille dont le cœur battait et qui était blanche comme si on allait décider de sa vie.

— Henriette, je voudrais avoir un beau nom, une grande fortune à vous offrir... Mais je ne suis qu'un pauvre enfant trouvé qui n'ai que mon amour ! Aussi je dois vous dire : Acceptez, Henriette.

— Et moi, je refuse, André ! car vous venez de dire le seul mot que j'attendais ! Vous m'aimez, c'est tout ce que je désire.

— Eh bien ! et moi ! fit le baron stupéfait.

— Vous ! fit gaiement Henriette, vous serez, si vous voulez, le parrain de notre premier.

— Ah ! ça non, par exemple ! s'écria Barbenthall en s'enfuyant furieux.

Sur le carré il fut violemment heurté par un individu, pâle, effaré, les cheveux hérissés, qui se précipita dans la chambre.

— Sapristi ! faites donc attention ! tempêta le baron. Maudit soit le butor !

Mais celui à qui s'adressait cette injure ne l'entendit pas.

Il avait fermé la porte derrière lui, et il écouta avec anxiété les bruits de l'escalier.

— Dieu soit loué ! fit-il d'une voix brisée, ils ont perdu ma trace.

Cet homme était Jacques Vernier.

Il était terrible à voir. Sa poitrine sifflait ; il écumait ; ses yeux étaient hagards ; tous ses vêtements étaient en désordre. Il y avait des taches de sang à sa chemise, sur ses mains.

— Mon Dieu ! s'écrièrent André et Henriette, est-ce qu'il vous est arrivé malheur ?

— Non... non... ce n'est rien ! Elisa, où est-elle ?... est-elle rentrée ?... Oh ! grand Dieu, j'entends du bruit dans l'escalier... on monte... où me cacher... ah ! chez Henriette.

Et d'un bond il fut de l'autre côté du carré, dans la chambre de la jeune fille.

Il était temps.

Des agents de l'autorité parurent devant sa porte et envahirent son domicile.

— Un homme s'est réfugié ici, dit un des agents.

— Nous n'avons vu personne, s'empressa de répondre Henriette qui ne perdait jamais son aplomb et sa présence d'esprit.

— Vous vous trompez.

— Cherchez.

On visita dans tous ses recoins le logement de Vernier.

Furieux de ne rien trouver, les agents questionnèrent un peu brutalement Henriette et André.

— Qui êtes-vous et que faites-vous ici ? leur demanda-t-on ?

— Mais, je suis une voisine de M. Vernier et une amie de sa fille, dit la jeune fille.

— Ah ! ah ! vous demeurez en face.

— Oui, messieurs.

— Eh bien ! nous allons visiter votre chambre.

— Mais, messieurs, je vous jure !... balbutia Henriette qui était devenue toute pâle.

Un des agents ne la laissa pas achever.

Il sortit du logement de Vernier et se dirigea vers la chambre de la jeune fille.

La clé était sur la porte.

André et Henriette tremblaient de tous leurs membres.

Mais lorsqu'on eut pénétré dans la mansarde, on s'aperçut qu'elle était vide.

Vernier avait disparu.

Les deux enfants respirèrent et se regardèrent avec une étrange surprise.


## XXIX


### SUR LES TOITS.


Revenons au cabinet du juge d'instruction ; car c'est à la préfecture de police que se dénouera bientôt cette histoire toute parisienne.

Divers papiers se trouvent sur la table du magistrat qui les compulse, les lit avec soin et les annote.

Parmi ces documents se trouve la lettre que le *Chanteur*, avant d'être assassiné, avait cachée chez lui, qui avait été trouvée par Sorbier et remise, par les soins de celui-ci, à lord Wigmore.

Comment ces papiers étaient-ils tombés entre les mains de la justice ? Nous allons le dire en quelques mots.

La police avait, depuis quelque temps, l'œil ouvert sur Georges Bora, dont elle soupçonnait la coupable industrie.

Les aveux de la Gorgozza avaient achevé de l'éclaircir.

Aussi Bora fut-il arrêté le matin même.

Une minutieuse perquisition, opérée chez lui, amena la découverte de pièces importantes qui révélèrent l'existence d'une véritable association de faussaires et de faux monnayeurs.

Pour Georges Bora l'accusation devait plus tard ajouter à ses méfaits le crime d'assassinat.

Mais n'anticipons pas sur les événements qui doivent avoir ici leur développement logique.

Lord Wigmore fut arrêté à son tour, grâce à des révélations qui furent faites par son complice.

L'Anglais était sur ses gardes, et on ne trouva rien chez lui qui pût le compromettre.

Mais un incident vint singulièrement compliquer leur situation.

La veille, Sorbier avait été pincé au moment où il pratiquait avec une certaine dextérité ce qu'on appelle le vol à la tire.

On trouva chez lui des souliers tachés de sang.

Interrogé sur ce fait, il raconta ce qui lui était arrivé la nuit du 31 décembre, dans une impasse de la rue d'Allemagne.

Il était monté chez le *Chanteur*, qu'on venait d'assassiner.

Jacques Vernier était l'auteur de ce meurtre, le lecteur s'en souvient.

Mais la justice, qui ne tenait pas encore le fil de tous ces crimes, était bien tentée de rendre responsables de cette mort les trois bandits qu'elle tenait sous sa main.

C'est alors que lord Wigmore, pour écarter de lui l'accusation d'assassinat, dut remettre au juge d'instruction les papiers que Sorbier avait trouvés chez le *Chanteur* et qui révélaient tout le passé de Jacques Vernier.

On se rappelle alors que la nuit même du crime, sans doute après sa perpétration, Jacques avait été arrêté sur le boulevard de la Chapelle, près d'un jeune homme évanoui.

Il était armé d'un large couteau, celui qui avait servi à frapper le *Chanteur*.

On se transporta au domicile de ce dernier.

Là, un affreux spectacle s'offrit aux yeux de la commission chargée de l'enquête.

Mais, circonstance étrange, il n'y avait qu'un cadavre dans ce bouge.

La Faucheuse avait disparu.

Sans doute la hideuse maîtresse du *Chanteur* n'était pas morte.

Lorsque Sorbier avait pénétré dans ce taudis ensanglanté et qu'il avait constaté la présence de deux corps inanimés, il ne s'était pas aperçu que la Faucheuse respirait encore.

Des traces de sang, que l'on suivit tout le long de l'escalier et que l'on perdit dehors, parce que la pluie les avait probablement effacées, fournissaient la preuve que la deuxième victime de Jacques était parvenue, malgré le coup de couteau qu'elle avait reçu, à quitter ces lieux funèbres.

On la retrouvera bientôt.

Mais un chef d'accusation ne s'écartait de la tête de Bora et de lord Wigmore que pour faire place à un autre.

On avait découvert rue de la Pompe le cadavre de Paul Cléry.

On connaissait les relations de Georges Bora avec le jeune banquier.

On apprit, en outre, leur querelle de la veille en plein bal, le rendez-vous qu'ils s'étaient donné au bois de Vincennes.

Plus de doute.

Bora avait voulu se défaire par un assassinat d'un adversaire dangereux.

Mais le prévenu déclara que la nuit même du crime il avait passé la nuit à Enghien.

L'alibi fut prouvé !

Des agents vinrent même déclarer qu'on était sur les traces du véritable assassin.

Rétrogradons de quelques heures et revenons à Jacques Vernier au moment où il vient de frapper Paul Cléry.

En voyant tomber celui qu'il prenait pour le séducteur de sa fille, Jacques se précipita vers la petite porte du jardin laissée entr'ouverte.

Il espérait trouver Pâquerette sur ce seuil ensanglanté.

Personne ne parut.

Sans doute, la jeune fille avait été laissée dans la maison, attendant l'aube pour la quitter à son tour.

Jacques pénétra dans le jardin qui précédait la maisonnette. Les allées étaient désertes. Une lumière brillait à une fenêtre du rez-de-chaussée d'un petit bâtiment qui s'élevait à quelques pas de là.

— Pâquerette est là ! se dit-il.

Et il s'approcha de la fenêtre.

D'épais rideaux empêchaient de voir ce qui se passait à l'intérieur.

Mais la porte de l'allée n'était pas fermée à clef.

Jacques put donc pénétrer dans la maison sans effraction ni escalade, quoique aucune considération ne pût l'arrêter en ce moment.

Il était en proie à une si grande surexcitation, il était si persuadé de trouver là sa fille, trompée ou coupable, qu'il eût tout brisé pour arriver jusqu'à elle.

Comme il tournait le bouton de la porte de la chambre où il avait aperçu de la lumière, il entendit une voix qui le fit frissonner.

— C'est toi, Paul? demandait la voix.

Ce n'était pas celle de sa fille.

Fou, égaré, il poussa brusquement la porte.

Au fond de la pièce, faiblement éclairée par une seule bougie, se trouvait un lit perdu dans la pénombre.

Une jeune femme s'y trouvait couchée.

Jacques saisit la lumière et s'approcha rapidement de cette femme que l'effroi, le saisissement, avaient tout à coup rendue muette d'épouvante.

— Fatalité! ce n'est pas elle! fit Jacques d'une voix rauque.

— Qui êtes-vous? Que voulez-vous? au secours! balbutia enfin la jeune femme d'une voix étranglée.

— Où est Elisa? demanda Jacques d'une voix tonnante.

— Elisa!... Je ne sais pas ce que vous voulez dire!...

— Ma fille!

— Votre fille!

— Oui... elle est ici.

— Ici... mais je ne la connais pas... Il n'y a que moi ici!... fit l'inconnue pâle et tremblante.

— Mais cet homme, ce misérable, qui vient de tomber sous mes coups, il m'a pris ma fille!

— Lui... Paul... assassiné... votre fille!... ah!... au secours! au secours!

Et la jeune femme, bondissant hors du lit, s'élança dans le jardin, fuyant pieds nus, les cheveux flottants, à travers les allées, faisant retentir les airs de ses cris perçants.

Jacques comprit qu'il était perdu s'il demeurait plus longtemps dans cette maison.

Ces clameurs ne devaient pas, en effet, tarder à attirer les voisins ou quelque ronde de police.

Il se hâta donc de quitter ces lieux, et ce ne fut pas sans éprouver une grande agitation qu'il passa près du cadavre de Paul Cléry.

Un doute affreux lui avait traversé l'esprit.

L'homme qu'il avait frappé avait-il réellement trompé sa fille? N'était-il pas le jouet d'une ruse infernale?

Sans doute, pour mieux assurer sa main, lord Wigmore avait allumé son ressentiment.

Les curieux commençaient à envahir la rue de la Pompe. De toutes parts on accourait vers le lieu d'où partaient les cris.

Jacques, enveloppé à droite et à gauche par la foule des curieux, allait être acculé comme dans une impasse.

Le jour commençait à poindre. Mais sa lueur naissante, luttant avec les becs de gaz de la rue, pénétrait vaguement les ombres de la nuit.

Vernier se glissa le long des murs, et parvint à gagner un terrain vague où il se cacha.

La police fit procéder aux constatations légales et à la levée du corps, qui fut reconnu et ramené rue Notre-Dame-des-Victoires.

Vers sept heures du matin, Jacques, n'entendant plus aucun bruit dans la rue, crut qu'il pourrait, sans être remarqué, regagner Paris.

Il sortit prudemment de sa cachette.

Mais il n'avait pas fait dix pas, que l'on remarqua son air égaré, son visage pâle, le désordre de ses vêtements, le sang qui les souillait çà et là.

Déjà tout Passy avait connaissance du crime qui avait été commis.

Aussi se montra-t-on immédiatement cet homme à l'aspect sinistre.

— C'est l'assassin! cria-t-on de toute part.

Et l'on se mit à la poursuite de Jacques.

Ce fut une course effrayante, durant laquelle l'assassin, toujours poursuivi par des clameurs

Un jeune homme était étendu à terre, baigné dans son sang.

accusatrices, croyait à chaque instant sentir tomber sur lui la main des hommes acharnés à le poursuivre.

Il parvint à dépister un moment les recherches, et il gagna la rue du Faubourg-Saint-Denis. Mais il avait été filé tout le long de la route, et le lecteur a vu comment la police fit subitement invasion chez lui.

Jacques s'était réfugié dans la chambre d'Henriette.

Mais, lorsqu'on était venu l'y relancer, on ne l'avait pas trouvé.

C'est par la fenêtre à tabatière qu'il était parvenu à gagner les toits.

Il se cacha quelque temps derrière le tuyau d'une cheminée. Mais comme il savait qu'on ne tarderait pas à le découvrir, il se décida à tenter de s'enfuir de toiture en toiture.

Certes, la route était périlleuse. Il fallait ramper à plat ventre sur les tuiles inclinées et glissantes. Mais il était doué d'une agilité extraordinaire.

Heureusement pour lui, du reste, la pente n'était pas trop forte, et il put gagner la crête du comble. Il suivit cette ligne culminante et arriva à une maison voisine.

Là, le chemin devenait singulièrement dangereux.

En effet, la pente du toit était plus rapide, et l'ardoise remplaçait la tuile.

Il fallait une merveilleuse agilité pour pouvoir se hasarder sur cette route vertigineuse. Mais comme il suivait toujours la crête, il courait moins de risque.

Jacques parcourut ainsi, heureusement, trois ou quatre maisons.

Mais, fatigué par une nuit sans sommeil, par les courses furieuses qu'il avait fournies, brisé par les diverses et terribles émotions qu'il avait éprouvées, il se sentit faiblir, et il lâcha pied.

Affreuse angoisse.

Il glissa avec une vitesse incroyable sur la pente inclinée du toit qui le menait à l'abîme, à la mort.

Il n'avait poussé qu'un cri.

Livide, les cheveux hérissés, les yeux ternes, il rayait de ses ongles, en roulant, les ardoises du toit.

Il arriva au bord et fut lancé dans le vide.

Mais cet homme ne voulait pas mourir.

Par un prodigieux et suprême effort, il saisit des deux mains les bords de la gouttière et s'y cramponna.

Il resta ainsi quelques secondes, suspendu à vingt mètres du pavé.

Personne ne l'avait remarqué.

Appeler du secours, c'était se livrer.

Il ne pouvait, pourtant, demeurer longtemps dans cette horrible position.

Heureusement pour lui, le poids de son corps entraîna une partie de la gouttière, qui se détacha des crampons rouillés auxquels elle était fixée.

Il se crut perdu.

Il était sauvé.

En effet, sans abandonner le bord du zinc qui le soutenait, il arriva au niveau de l'appui d'une fenêtre éclairant une petite chambre haute.

La fenêtre était ouverte.

Il lui fut facile de pénétrer dans la chambre à portée de laquelle il était arrivé.

Il souffla bruyamment et s'essuya le front.

Tous ses membres furent pris alors d'un tremblement nerveux ; il eut comme un éblouissement.

Le vertige, que longtemps il avait combattu, le saisissait enfin et le terrassait.

Mais il n'avait plus à lutter, et il put se laisser aller sur le carreau.

La pièce dans laquelle il avait pénétré lui paraissait inhabitée, et rien ne vint troubler ce moment de faiblesse pendant lequel il se sentit comme anéanti.

Lorsqu'il revint à lui, il jeta autour de lui des regards inquiets.

La chambre dans laquelle il se trouvait était assez pauvrement vêtue.

Pas de rideaux à l'unique fenêtre par où elle recevait le jour.

A droite, une petite commode en noyer; une table en bois blanc, dans un angle, à gauche. Au-dessus, un mauvais porte-manteau auquel étaient accrochées quelques hardes de femme.

Chose étrange ! ces hardes présentaient un aspect sinistre.

Etait-ce l'effet de son imagination surexcitée, était-ce l'hallucination que laisse après lui le crime, mais ces vêtements paraissaient teints de sang.

Jacques frissonna et recula d'horreur, sans quitter du regard ces dépouilles rouges.

Il était en proie à une terreur indescriptible.

Une mauvaise robe appendue au mur causait cette épouvante.

C'est que le corsage offrait une plaque de sang large et épaisse.

Au milieu de cette tache, une déchirure béante : un trou évidemment fait par un couteau ou un poignard.

Tout cela accusait le meurtre.

Où se trouvait-il donc, grand Dieu !

Il promena alors autour de lui ses yeux hagards, et découvrit dans le fond de la pièce un lit, ou plutôt un grabat, sur lequel était étendue une pâle créature.

C'était une femme de vingt à vingt-cinq ans, aux traits livides, au visage flétri.

Les pommettes rouges annonçaient que la

fièvre agitait en ce moment cette malheureuse.

Pourtant elle paraissait dormir.

Jacques s'approcha doucement et se pencha vers cette femme.

Il leva les bras au ciel et tomba à genoux, foudroyé de stupeur.

C'était la Faucheuse, la maîtresse du *Chanteur*, qu'il avait poignardé dans la nuit du 31 décembre.

— O destin ! murmura-t-il, cette femme que j'ai voulu, que j'ai dû tuer, doit-elle me perdre, doit-elle me sauver !

En ce moment la Faucheuse s'éveilla.

— J'ai soif ! fit-elle d'une voix sourde.

Jacques hésita. Puis il se leva et se dirigea vers la table où une potion se trouvait toute préparée.

Il la prit et l'alla présenter à la blessée en détournant la tête.

— Buvez, fit-il d'une voix à peine intelligible.

La Faucheuse poussa un cri rauque.

Elle l'avait reconnu.


## XXX


### LE BLESSÉ.


Ce roman ressemble à un drame de Cour d'assises.

C'est qu'en effet c'est devant la justice que les crimes se dénouent.

Nous sommes donc encore forcé de suivre une nouvelle commission judiciaire qui se rend à Enghien.

Sa tâche sera plus lugubre que ne pense le magistrat qui la conduit.

On avait appris chez le baron de Barbenthall, le lecteur ne l'a pas oublié, qu'Élisa Vernier avait été entraînée chez le duc de Kermaria.

La police fut informée le matin même que le duc s'était, dans la nuit, fait conduire à Enghien.

Nul doute qu'il n'allât consommer dans sa villa l'attentat dont la Palmyre lui avait fourni l'objet.

Il était à peine jour lorsqu'on arriva sur les bords du lac, non loin de la grille qui fermait le parc de M. de Kermaria.

Il faisait très-froid ; le temps était sombre ; Enghien est presque inhabité l'hiver ; les passants étaient donc très-rares.

Pourtant, un groupe de personnes stationnait devant la porte de la villa. Les visages paraissaient pâles et consternés.

Le magistrat supposa que quelque événement extraordinaire était venu compliquer la situation, et il ordonna au cocher qui le conduisait de presser ses chevaux.

Deux minutes après, il descendait de voiture ; le groupe s'écartait à sa vue.

Un jeune homme était étendu à terre, baigné dans son sang, à deux pas et en face de la grille du parc de la villa.

Un agent partit immédiatement pour aller requérir la présence du maire et celle du juge de paix du canton.

On procéda immédiatement aux constatations légales.

Un médecin avait été appelé.

Le corps fut relevé avec toute la prudence qu'exigeait son état, et on le transporta chez le duc, dans un salon du rez-de-chaussée de sa maison de campagne.

Qu'on juge de la stupéfaction, de la terreur de M. de Kermaria, lorsqu'il se trouva en présence de ce jeune homme assassiné à sa porte même.

— Octave Cléry ! s'écria-t-il ; lui !... mort !... poignardé !... Oh ! est-ce possible !

— Vous connaissez ce jeune homme ? lui demanda-t-on.

— Mais c'est un de mes amis !

— Lui connaissiez-vous des ennemis ?

— Aucun.

— Il n'y avait entre vous et lui aucune rivalité, aucun sujet de haine ?

— Mais cette question renferme un soupçon, monsieur, fit observer le duc avec hauteur.

— Répondez, je vous prie, reprit le magistrat.

— Il n'y avait entre Octave et moi rien qui pût motiver même un sentiment de froideur ; mais, quand bien même la haine la plus vive nous eût divisés, je ne vois pas de raison de me questionner sur cela dans cette triste circonstance.

— Nous verrons cela tout à l'heure. Monsieur le docteur, continua le magistrat en se retournant vers le médecin, qui examinait l'état d'Octave Cléry, pouvez-vous dire comment ce jeune homme a été frappé ?

— Le blessé, répondit le docteur, a reçu dans le dos une blessure assez profonde. Elle n'a pas pourtant amené la mort. M. Cléry allait sans doute sonner à la grille, lorsqu'un individu embusqué a dû bondir sur lui et le frapper à l'improviste. La lame, mince et effilée, a pénétré dans le poumon. Il y a environ quatre heures que ce crime s'est accompli. Il était donc deux ou trois heures du matin.

— Le blessé est-il en danger de mort ?

— Il respire encore, mais comme il y a eu hémorrhagie intérieure, je redoute un funeste accident. Je viens de lui piquer la veine, pour amener le sang en dehors ; mais l'écoulement n'a lieu que goutte à goutte. Cependant, il me semble que l'oppression diminue.

— M. Cléry devait-il vous trouver ici cette nuit ? demanda le magistrat au duc de Kermaria.

— Je ne le pense pas.

— Dans quel but pensez-vous, alors, qu'il se soit rendu à Enghien ?

— Je l'ignore.

— Vous n'étiez pas seul ici ?

— Mais... fit le duc qui se troubla.

— Répondez, monsieur le duc ; la question que je vous adresse est plus grave que vous ne pensez.

Kermaria crut comprendre que la police était sur la trace du rapt qu'il avait commis. Aussi devint-il aussi livide que l'était Octave, dont on désespérait de sauver les jours.

Il venait de mesurer du regard l'abîme qui se creusait sous ses pas.

Il se vit accusé de tentative de viol sur une jeune fille dont on allait découvrir le pitoyable état. La pauvre enfant était folle, folle de terreur ou de désespoir : résultat épouvantable du crime qu'il avait voulu commettre.

Complication plus sinistre encore, un cadavre était trouvé devant la grille de son parc.

Il n'y avait certes aucun rapport, aucune connexité entre ce double drame.

Mais ce rapport allait naître tout à coup d'une façon terrible.

Le juge renouvela sa question.

— Il est vrai, répondit le duc avec un trouble croissant ; je ne suis pas seul ici.

— Quelle est la personne avec qui vous vous êtes trouvé ?

— Mon Dieu ! monsieur le magistrat, ceci est un des secrets de la vie intime.

— Il ne peut exister en ce moment de secret pour nous.

— Pourtant, il peut être très-douloureux pour une femme qui s'était confiée à la discrétion d'un galant homme, de voir violer le secret de sa vie.

— Veuillez me conduire auprès de cette personne, et si sa présence chez vous ne se rapporte à aucun des tristes événements de cette nuit, soyez persuadé qu'elle sera ignorée de tous.

— Je ne puis.

— Monsieur le duc, vous me forcez de passer outre.

Et il pénétra dans les divers appartements de la villa.

Dans une des chambres, on découvrit la pauvre Elisa accroupie dans un coin.

Sa vue produisit sur le juge une impression de poignante douleur.

— Mon Dieu, pauvre enfant ! murmura-t-il.

Le médecin qui se trouvait près du corps d'Octave fut immédiatement appelé.

Il constata avec effroi la folie dont avait été subitement atteinte la jeune fille.

— Mais c'est horrible, cela ! fit le magistrat avec indignation. Votre conduite, monsieur le duc, a donc été bien infâme envers cette enfant que vous ayez ainsi tué sa raison ?

— Je vous jure, protesta Kermaria, que

rien de ma part n'a pu motiver ce désespoir. J'ai commis, je le sais, un acte coupable ; moins coupable qu'il ne paraît. Cette enfant je l'ai amenée ici, sans violence. Ma conduite, à son égard, a été des plus respectueuses. Je l'avais laissée seule dans une chambre. Lorsque je suis revenu, elle avait disparu. Un drap se trouvait attaché à la fenêtre ; elle s'est crue prisonnière, et elle a pris un expédient romanesque pour s'échapper, lorsqu'elle était parfaitement libre. Je suis descendu dans le jardin ; je l'ai trouvée étendue sans mouvement sur les marches du perron. Épouvanté, je me suis empressé de la transporter ici et de lui prodiguer mes soins. Lorsqu'elle est revenue à la vie, jugez de ma stupeur, de mon effroi : elle était folle !

— Ne pourrait-on pas obtenir de cette malheureuse quelque renseignement ? demanda le juge au médecin.

— Je vais tâcher de la questionner, répondit le docteur. Connaissez-vous monsieur ? demanda-t-il d'une voix douce à Elisa, en lui désignant le duc.

Pâquerette ne bougea pas ; ses yeux demeurèrent fixes et hagards ; ses lèvres remuèrent avec précipitation sans rendre un son imperceptible.

Cependant on crut démêler le nom d'Octave dans ces balbutiements incohérents.

— Octave ! s'écria-t-on avec surprise, car tout le monde ignorait l'amour de Pâquerette pour le blessé qu'on venait de recueillir.

— Octave ! Octave ! reprit la voix d'Elisa dont le regard venait de s'animer à ce nom ! Il l'a tué ! Octave !... il venait à mon secours ! Il est mort, mort !...

La pauvre enfant dit ces choses sur un ton de voix à la fois doux et monotone qui navrait le cœur.

Mais cette phrase était une révélation.

Elisa était dans un danger terrible.

Octave Cléry accourait à son secours.

C'est en ce moment qu'on le frappait peutêtre mortellement.

L'accusation se formulait désormais, claire, terrible contre le duc de Kermaria.

Qui menaçait Elisa ?

C'était lui.

Qui avait intérêt à se débarrasser d'un obstacle, même au prix d'un assassinat ?

Toujours lui.

Il le comprit si bien qu'il jeta un cri d'angoisse et de désespoir.

— Ah ! je suis perdu ! fit-il en jetant vers le ciel ses bras qui protestaient.

— Vous comprenez, monsieur le duc, lui dit le magistrat, qu'en présence de charges aussi accablantes, je dois m'assurer de votre personne.

— Mais je suis innocent !

— Tout vous accuse, même la main de cette pauvre folle.

— Et l'accusation est insensée. Voyez vousmême. M. Cléry a été frappé dans le dos, par derrière, au moment où il allait sonner à cette grille. J'étais dans le parc, vous ne l'ignorez pas ; c'est donc en pleine poitrine qu'il eût dû recevoir le coup.

— Les choses ont dû se passer différemment. N'avez-vous pas avoué que vous aviez laissé cette enfant seule quelques instants ? C'est durant votre absence que le meurtre a été accompli. Eh bien ! où étiez-vous en ce moment ? Pourquoi vous éloigner ? Sans doute, vous aviez entendu du bruit, le roulement d'une voiture, peut-être. Vous avez eu peur d'être dérangé dans vos coupables desseins. Vous êtes sorti. M. Cléry s'est présenté à votre porte. Et un crime a été consommé. Cette jeune insensée a dû voir l'assassin ; et si elle avait sa raison, j'en suis convaincu, c'est vous qu'elle accuserait.

— Elle m'accuserait ! s'écria le duc ; eh bien, qu'elle parle ! elle me voit ; est-ce que ma présence la frappe et l'épouvante ? Est-ce que ma vue ne lui arracherait pas un cri d'horreur ? Est-ce qu'elle ne reculerait pas d'épouvante en reconnaissant celui qui est accusé d'avoir frappé Octave ? Elisa ! Elisa, dites, dites, que je ne suis pas un assassin !

Et le duc désespéré, suppliant, les mains jointes, se mit presque aux genoux d'Elisa.

— Ah ! fit celle-ci en se couvrant de ses mains le visage et en reculant avec effroi.

— Eh bien ! vous le voyez, dit le juge, sa terreur vous accuse ! vous lui faites peur !

— Ah ! c'est horrible ! fit le duc abîmé, anéanti.

En ce moment, le médecin vint annoncer que le blessé commençait à reprendre ses sens.

— Ah ! c'est lui qui me sauvera ! s'écria le duc.

— Une confrontation est-elle possible ? demanda-t-on au docteur.

— Je ne puis l'autoriser, répondit celui-ci ; toute fatigue, toute émotion serait en ce moment fatale à M. Cléry.

On dressa un rapport détaillé des différentes scènes qui venaient d'avoir lieu.

Chaque circonstance de cette funèbre instruction, il faut bien l'avouer, était une charge contre le ravisseur d'Elisa.

Rapt, tentative de viol, assassinat, le tout avec préméditation, tels étaient les chefs d'accusation qui pesaient contre lui.

Le résultat des débats ne pouvait être douteux.

Si un miracle ne venait pas prouver l'innocence de Kermaria, il était si bien enveloppé dans les mailles de fer de sa folle et terrible aventure, qu'une condamnation capitale était inévitable.

Quelle atténuation donner à son attentat, à ses crimes ?

Aucune.

C'était donc l'échafaud qui l'attendait.

Le duc se sentit si bien perdu, qu'avant de se laisser conduire à Paris, il essaya de se donner la mort.

Cette tentative, que la vigilance des agents de l'autorité fit avorter, vint augmenter la conviction du juge.

Le duc considérait donc une condamnation comme inévitable, puisque, pour en fuir les effets, il avait voulu s'empoisonner.

Octave Cléry ne put être transporté à Paris.

Sur les instances du duc de Kermaria, il fut installé dans sa villa, et on mit à sa garde Clémence, une des servantes de la maison.

Le médecin avait procédé à un premier pansement et il avait affirmé qu'à moins d'accidents qu'il ne prévoyait pas, le blessé pourrait sous peu de jours être à même de répondre à un interrogatoire.

Pâquerette, elle, ne pouvait être laissée à Enghien ; sa présence à Paris était nécessaire pour le complément de l'instruction, tant de l'affaire Kermaria que de celle qui concernait madame Palmyre.

Du reste, il fallait statuer sur le sort de l'enfant, la rendre à sa famille ou la placer dans une maison spéciale de santé.

Le docteur avait assuré qu'on pourrait, avec un traitement énergique, lui rendre la raison.

Le duc de Kermaria et la jeune fille furent donc mis sous la garde de l'autorité ; une voiture était là qui avait amené le commissaire judiciaire. On y fit monter le prévenu et sa victime, et le triste cortége prit la route de Paris.


## XXXI


INTRIGUES.


Charlotte était veuve, mais les événements n'avaient pas suivi la marche que leur avait assignée Georges Bora.

Celui-ci était sous les verroux, lord Wigmore lui-même était écroué à la Conciergerie.

Enfin, Octave Cléry n'avait pas succombé à sa blessure.

Charlotte se voyait libre, à dix-neuf ans, encore riche et belle.

Mais ce n'était pas là ce qu'elle avait espéré.

Elle sentit immédiatement que la liquidation des affaires de son mari allait lui créer des embarras dont elle serait longtemps la victime.

Sans doute elle avait à exercer des reprises s'élevant à cinq cent mille francs, le tout légalement hypothéqué sur des immeubles dont le prix de vente dépasserait certainement ce chiffre.

Mais madame Cléry était un esprit net, positif.

Elle prévit immédiatement, à travers les lenteurs de la procédure qui allait s'engager, un état de gêne dans ses revenus qu'elle ne pouvait éviter.

Au milieu de son chagrin, elle eut une consolation.

Elle songea que son mari étant mort, elle n'aurait pas, du moins, à partager avec lui le produit de sa dot.

Paul étant ruiné, s'il n'avait pas succombé, il eût bien fallu qu'il se mit aux crochets de sa femme.

Qu'on nous pardonne cette locution triviale. C'est madame Cléry qui l'employait.

Ah ! si au lieu de se nommer Paul, son mari s'était appelé Octave !

Octave ! c'était lui, le fils préféré de feu Pierre Cléry ; il était riche ; il n'avait pas aventuré sa fortune dans de folles spéculations.

Elle maudissait le hasard, la fatalité qui, au lieu de lui faire épouser l'aîné, l'avait jetée dans les bras du plus jeune.

Mais Octave était libre.

Des liens de parenté, mieux que cela, des liens d'affection les unissaient.

Pauvre Octave !

Il était en ce moment sur un lit de souffrance, à Enghien, entouré de trois mercenaires, dans la maison même d'un ennemi.

N'était-elle pas sa sœur ? Mieux que cela, une amie tendre et dévouée ?

Charlotte sentit naître immédiatement pour son beau-frère de beaux sentiments auxquels, jusqu'à ce jour, elle avait été tout à fait étrangère.

Octave Cléry avait cent cinquante mille francs de rentes.

Charlotte se regarda dans une superbe glace biseautée. Elle sourit à ses dix-neuf ans, à son veuvage, à sa liberté.

Qu'elle était belle sous son costume noir, à la fois sévère et élégant.

Les sombres couleurs de ses vêtements fai-

saient ressortir l'admirable blancheur de sa peau. Ses yeux avaient un éclat éblouissant. Ses manières, grâce à sa position de veuve, prenaient un caractère de décence qui la rendaient aussi charmante qu'une vierge.

Est-ce qu'avec toute cette prestigieuse beauté elle ne pouvait pas, grâce aux longs tête-à-tête que lui ménageait la maladie de son beau-frère, espérer de séduire Octave.

Allons donc !

— Dans un an, se dit-elle, je serai toujours madame Cléry. Seulement, je ne serai pas veuve, mais j'aurai cent soixante-quinze mille livres de rentes.

Et dès le lendemain, elle quitta l'hôtel de la rue Notre-Dame-des-Victoires où l'on avait partout mis les scellés, et elle alla s'installer à Enghien, au chevet du lit de son beau-frère.

Ah ! c'était une admirable comédienne.

Au bout de trois jours, Octave fut hors de danger, et le médecin permit à Charlotte d'entamer conversation avec son beau-frère.

Une vague tristesse, répandue sur tous les traits de madame Cléry, lui prêtait un grand charme. Elle avait, lorsqu'elle le voulait, la voix douce et pénétrante. C'était une de ces précoces coquettes chez qui l'art de l'amour est inné.

Tout chez elles est une arme dont elles se servent à-propos. Soupirs, regards, larmes, sourires, tout en elles prend une forme enchanteresse.

Octave aimait Pâquerette.

Mais il croyait Elisa infidèle, et il s'abandonna à l'action incessante de la coquetterie de Charlotte.

Des journées entières ils demeuraient la main dans la main, pénétrés de cette douce amitié que l'intimité amène entre un homme jeune et une jolie femme, et qui glisse si facilement vers l'amour.

Octave n'oublia pas entièrement Elisa ; je n'oserais le dire. Mais chaque jour il souffrit moins de l'idée de l'avoir perdue.

Pourtant un incident avait un moment arrêté la marche de ce sentiment nouveau qui tendait à envahir le cœur d'Octave.

Il avait remarqué les vêtements noirs de Charlotte.

Il eut une larme dans les yeux et son visage s'assombrit.

— Qu'avez-vous, Octave? lui demanda la jeune femme avec affection.

— Ah! Charlotte, ce costume funèbre me rappelle un triste souvenir.

— Octave! Octave!

— Un triste souvenir et un terrible devoir.

— Que voulez-vous dire, grand Dieu!

— Mon père...

— Eh bien?

— Mort sans être vengé.

— Vengé!

— Oui... il a reçu un outrage sanglant... oh! que Dieu hâte ma guérison, pour que je puisse enfin tenir au bout d'une épée cet infâme duc de Kermaria.

Octave ignorait tous les événements qui avaient suivi la tentative de meurtre commise sur sa personne.

— Octave! Octave! calmez-vous, supplia Charlotte qui lui prit les mains.

— C'est un devoir, amie.

— Un devoir! Et si vous succombez!...

— Dieu l'aura voulu.

— Ah! ne dites pas cela, vous me faites peur! Je tremble et je pleure.

— Vous pleurez, Charlotte; vous avec donc pour moi une affection bien sincère?

— Vous en doutez, ingrat!

— Non, j'ai tort; n'êtes-vous pas pour moi l'ange du dévouement! Pardon du doute que j'ai pu émettre; jusqu'à ce jour je n'avais pas connu votre cœur.

— Oui, vous me supposiez légère, égoïste, coquette... Vous me rendez enfin justice.

— Oui, Charlotte, vous êtes un cœur d'or; j'en suis bien heureux pour mon frère.

— Ah! ciel, quel souvenir me rappelez-vous là, Octave!

Et la jeune femme cacha dans ses mains son visage qu'elle inonda subitement de larmes.

— Charlotte, Charlotte, pourquoi cette douleur? pourquoi ces sanglots?

— Ah! c'est que vous ne connaissez pas toutes nos infortunes, Octave.

— Grand Dieu! vous me faites frémir.

— Ah! je suis bien malheureuse!

Et Charlotte, se jeta dans les bras du jeune homme, qui la tint longtemps sur son cœur.

Elle eut comme un accès de désespoir; tout son corps s'agita sous les élans de sa douleur; ses magnifiques cheveux se dénouèrent, et son visage pâle, encadré de leurs larges bandeaux détachés, avait quelque chose de poignant.

Octave se sentit remué jusque dans ses entrailles.

— Au nom du ciel, Charlotte, qu'avez-vous?

Le malheureux ignorait l'assassinat dont son frère avait été victime.

— Ah! Octave, si vous m'abandonnez, s'écria-t-elle, que vais-je devenir?

— Ma sœur, expliquez-vous, au nom du ciel!

— Ne comprenez-vous pas ma douleur?...

— Quoi!... Paul, mon frère...

— Ah! depuis huit jours, près de vous, je le pleure.

— Mort! mort! fit Octave qui éclata en sanglots.

Il y eut un moment de silence durant lequel Octave et Charlotte donnèrent un libre cours à leurs regrets.

Puis, lorsqu'ils eurent épuisé leurs larmes, le blessé voulut savoir les circonstances qui avaient accompagné la mort de son frère.

C'est alors qu'il se souvint que la veille, Charlotte, par sa conduite légère, avait obligé Paul à provoquer Georges Bora.

Ce souvenir vint arrêter un moment les progrès que faisait dans le cœur du jeune homme l'empire que prenait Charlotte.

Mais la jeune femme était aussi perspicace qu'habile.

Elle devina donc la nature des pensées qui, tout à coup, avaient envahi l'esprit de son beau-frère.

Aussi redoubla-t-elle de coquetterie câline.

— Ami, s'écria-t-elle, qu'avez-vous? Serais-

Duc de Kermaria.

je assez malheureuse pour perdre votre affection au moment où j'en ai le plus besoin?

— Pardon, Charlotte!... oui; je l'avoue, un moment, j'ai senti au cœur un reproche contre vous,... Il vous aimait tant!... C'est pour vous qu'il est mort.

— Pour moi! oui... peut-être. Mais, m'aimait-il bien sincèrement? Ah! il avait toute mon âme... Mais, lui,... ah! Octave, si vous saviez!

— Dites-moi tout.

— Non, non!... ce serait m'humilier!... et puis on ne doit pas accuser ceux qui ne sont plus.



— Accuser mon frère!

— Je lui ai pardonné, Octave! mais sa mort même est un outrage contre moi.

— Un outrage!

— Oui, mon ami..., Savez-vous où on a trouvé Paul! Ah! quelle honte!

— Parlez, Charlotte, parlez!

— Et moi qui croyais à son amour! Mon Dieu, je suis donc bien disgraciée de la nature! Je suis donc laide et vieille à dix-neuf ans, Octave, que mon mari m'abandonnait pour... ah! tenez, c'est affreux!

En disant ces mots, Charlotte montrait à Octave ses grands beaux yeux, son visage dont la coupe fine et élégante avait un charme étrange, sa taille, suavement onduleuse, tout son être distingué, frais, potelé; elle était vraiment belle dans cette pose artistement abandonnée.

Le jeune homme en fut ébloui.

Il lui prit les mains et les pressa avec effusion comme pour protester contre le délaissement coupable dont elle se plaignait.

— Quel avenir m'était réservé? poursuit-elle. Il en aimait une autre. Il sortait de chez elle lorsqu'un misérable l'a frappé. Qui sait? Peut-être un frère, un père, un époux! Dieu l'a cruellement puni! Malgré cela, malgré ses fautes, malgré son indifférence, je l'aimais! Ah! c'est que nous sommes ainsi faites, nous autres pauvres femmes! Aimer et souffrir, voilà notre vie! Et pourtant, si quelqu'un savait nous connaitre, nous apprécier, quel trésor d'amour et de dévouement il trouverait en nous. Octave, Octave, si jamais une femme vous confie son avenir, ah! ne brisez pas ainsi son cœur, ne torturez pas ainsi son âme!

Par une habile transition, Charlotte avait ainsi amené son beau-frère à parler de lui-même; elle l'avait mis en question.

Le jeune homme, aux derniers mots de Charlotte, ne put s'empêcher de tressaillir.

Ce qu'on venait de lui dire irritait une blessure récente.

Lui aussi il avait aimé; lui aussi, avait mis un moment l'espoir de sa vie en un être adoré.

Élisa l'avait trompé; il le croyait, du moins.

Mais n'avait-il pas près de lui une femme aussi jeune, aussi belle que celle qu'il avait d'abord choisie? Elle avait toutes les délicatesses, tous les sentiments exquis qu'il souhaitait à une compagne. Et de plus, elle possédait ce tact, cette distinction, elle avait les talents que l'on acquiert pour avoir le droit d'appartenir au monde dans lequel sa fortune lui permettait d'entrer.

Charlotte avait amené Octave, par une savante manœuvre, dans cette région d'idées et de sentiments qui lui permettaient de mettre à profit sa beauté et son veuvage.

Le malade éprouvait chaque jour plus de charme dans ce commerce intime.

Charlotte, à part les goûts effrénés pour le luxe et les plaisirs dont elle était possédée, à part son égoïsme, la sécheresse de son cœur, était une enchanteresse.

Elle avait l'esprit brillant et cultivé. Elle trouvait en elle mille ressources pour émerveiller un jeune homme pourtant déjà blasé. Elle savait agréablement effleurer tous les sujets de conversation, et si elle n'allait pas au fond des choses, elle savait, tout en s'arrêtant à leur surface, leur prêter une forme piquante. N'est-ce pas là aujourd'hui tout le talent des personnages en vogue? Sa voix était très-sympathique, et elle savait assez de musique pour aborder à première vue des morceaux difficiles.

N'était-ce pas là tout ce qu'il fallait pour faire oublier à un malade les longues heures d'inaction à laquelle il est condamné?

Nous devons dire que ce temps passa comme un songe pour Octave Cléry.

Les circonstances favorisaient admirablement Charlotte.

Les premiers mois de son veuvage la forçaient à se tenir dans la solitude, la maladie de son beau-frère motivait sa présence auprès de lui.

Elle pouvait donc agir librement sur le cœur d'Octave, sans regretter la perte d'un temps qu'elle ne devait employer que dans la retraite.

Enfin la convalescence arriva, et le jeune homme se prit à regretter le temps où il avait besoin des soins assidus de Charlotte.

Mais celle-ci n'était pas femme à abandonner si facilement la riche proie qu'elle convoitait.

Les médecins, pour hâter l'entier rétablissement d'Octave, avaient conseillé un voyage soit en Italie, soit dans le midi de la France.

Il fallait donc se séparer.

Adieu donc les longues causeries, les charmants tête-à-tête; adieu ces silences prolongés, plus éloquents que les plus vives conversations, car alors les sentiments s'échangent par l'entremise des regards, des douces pressions de mains; on apprend ainsi ce que la langue n'oserait dire.

Octave avait-il entièrement oublié Elisa?

Non, certes; la fraîche image de l'enfant venait souvent s'interposer entre lui et Charlotte. Et alors son cœur battait vivement pour Pâquerette.

Mais l'influence de sa belle-sœur, insidieuse, habile, incessante, chassait vite de son esprit, sinon de son cœur, toute pensée qui pouvait être pour une rivale.

— Je ne vous verrai pas de longtemps, Octave, dit la jeune femme en soupirant, lorsque les préparatifs de départ furent sur le point d'être achevés.

— Croyez-vous, Charlotte, que je pourrai oublier votre dévouement. Ah! ma pensée sera sans cesse occupée de votre souvenir.

— Vous m'oublierez.

— Est-ce possible! Tous les jours je vous écrirai de mon esprit, toujours de plus en plus triste à mesure que je m'éloignerai d'ici. Les médecins ont tort de me condamner à cet exil.

— Un exil!

— N'est-ce pas m'exiler que de quitter des lieux et des êtres qui me sont chers? Quel sort va être le mien? Toujours seul, dévoré par l'ennui. Ah! Charlotte, je ne vous aurai plus près de moi.

— Croyez-vous, ami, que je ne vois pas avec peine ce départ qui va vous priver de mes soins dévoués. Et puis, vous l'avouerai-je, avec vous j'avais fini par oublier un peu mes chagrins. Les regrets amers vont me reprendre dans ma triste solitude. Ah! pourquoi partez-vous?

— Je resterai, Charlotte! s'écria Octave.

— Non, non, partez! votre santé l'exige.

— Eh bien! pourquoi nous quitter alors? N'avez-vous pas besoin autant que moi de diversion à vos peines? Partons tous les deux, comme deux amis.

— Y songez-vous! Que dirait le monde?

— N'êtes-vous pas ma sœur?

— Je suis veuve, Octave.

— Oui, je pourrai alors vous appeler d'un nom plus doux...

— Que voulez-vous dire?

— Venez, venez, Charlotte, ne me laissez pas aller seul et malheureux par les chemins. Et si le monde vous blâme, et si le monde voit dans ma conduite plus que de l'amitié, eh bien! je vous supplierai, lorsque le temps sera venu, de faire taire le monde, en éternisant par un lien plus tendre notre union formée par l'amitié et le dévouement.

— Octave! Octave! que dites-vous? s'écria Charlotte en simulant un trouble et une confusion qu'elle était loin d'éprouver.

Ce qu'elle ressentait, la jeune femme astucieuse, c'était une immense joie; sa ruse, toute sa tactique avaient réussi.

— Songez, Charlotte, que vous êtes jeune, insista Octave, et que je me sens au cœur un profond désir de consacrer ma vie, que je vous dois, à vous faire une existence heureuse et brillante, l'existence dont vous êtes digne. Le voulez-vous, Charlotte?

— Ce que je veux, moi, ami, c'est votre guérison.

— Vous voulez donc que je parte?

— Il le faut bien.

— Ah! vous êtes impitoyable!

— Ingrat! Puisque je vous accompagne!

— Ah! Charlotte, s'écria Octave en la prenant dans ses bras, je vous devrai deux fois la vie.

En ce moment une femme se présenta sur le seuil du salon où avait lieu cette scène.

Cette femme était la Gorgozza.


## XXXII

### LE PASSÉ DE JACQUES VERNIER.

Nous avons laissé l'assassin de Paul Cléry en présence de celle qui, deux jours auparavant, avait été aussi sa victime.

La Faucheuse avait jeté un cri de fureur en reconnaissant celui qui avait poignardé son amant.

Elle tenait sa vengeance.

Aussi, réunissant toutes ses forces, elle se mit à crier à l'assassin.

Jacques bondit vers elle, et d'une main lui étreignit la gorge, tandis qu'il se servait de l'autre pour lui bâillonner la bouche.

La malheureuse devint violette et commença à râler.

Pourtant, Jacques répugnait à un nouveau crime.

— Ta fortune si tu veux te taire, dit-il rapidement à la Faucheuse; la mort, si tu cries.

Il y avait tant de résolution dans le ton de sa voix, que la Faucheuse vit bien qu'il l'étranglerait comme il la menaçait si elle hésitait.

— Je me tairai, murmura-t-elle dès qu'elle put respirer.

— Du reste, ta vengeance ne t'échappera pas, lui dit Jacques; tu aimais le Chanteur, n'est-ce pas?

— Oui.

— Tu ne pardonnes pas à son assassin?

— Non.

— Tu veux le voir expirer comme tu as vu expirer ton amant!

— Oui.

— Eh bien, sois satisfaite. Bientôt tu jouiras du spectacle de ma mort!

— Que voulez-vous dire?

— Il ne faut pas que je sorte d'ici vivant.

— Vous voulez vous tuer?

— Je veux échapper à l'échafaud.

— Ce n'est pas la vengeance cela.

— Qu'importe, pourvu que tu sois riche?

La Faucheuse était cupide.

Elle se rappela que le Chanteur mettait souvent à contribution Jacques Vernier.

Il y avait donc quelque secret terrible dans l'existence de cet homme; malgré ses vêtements plus que modestes, il était riche sans doute, puisqu'il avait pu acheter longtemps le silence de son amant.

— Qu'exigez-vous de moi? demanda-t-elle.

— Peu de choses : le silence d'abord, et puis trois objets qui me sont indispensables pour te récompenser.

— Quels sont ces objets?

— Une plume, du papier et de l'encre.

— Le hasard fait que j'ai ce qu'il vous faut; le médecin qui est venu me soigner en a eu besoin pour écrire une ordonnance.

— C'est bien. Je vais m'asseoir à cette table. Mais, avant de m'absorber dans la relation d'un passé que je vais sur ces feuilles blanches confesser à Dieu et aux hommes, dites-moi si vous souffrez et si vous avez besoin de mes services.

— J'ai soif, dit la Faucheuse.

Une potion se trouvait sur la cheminée.

Jacques en versa quelques cuillerées dans un verre, s'approcha de la blessée, lui souleva doucement la tête et lui fit prendre le liquide rafraîchissant qu'il venait de lui préparer.

— Je me sens mieux, fit la Faucheuse avec satisfaction.

— Tâchez de dormir un peu.

— Vous n'êtes donc pas méchant, vous?

— Pourquoi me demandez-vous cela?

— Vous avez voulu me tuer, et voilà maintenant que vous êtes bon pour moi.

— Ah! si tu savais où peuvent nous conduire la fatalité ou nos passions! Le désespoir et la fureur m'aveuglaient. J'aurais assassiné le monde entier pour exterminer les témoins de mon passé... Aujourd'hui, ce passé terrible, je vais l'écrire et en faire l'aveu public.

Voici ce récit, que nous abrégeons pour arriver plus vite au dénoûment de cette histoire :

« Je suis né en 1815, dans un château des environs de Lyon.

« Mon père, le comte de Vitry, possédait une immense fortune. Aussi ma naissance fut-elle fêtée splendidement. L'opulente maison de Vitry avait enfin un héritier... J'étais l'espoir d'une illustre famille dont je devais continuer la grandeur.

« Il serait banal de dire combien je fus choyé, caressé, adulé.

« Mes désirs étaient des ordres, mes fantaisies des lois.

« Toute la domesticité avait ordre d'obéir à mes moindres caprices.

« A dix ans je perdis mon père.

« La funeste éducation qu'on me donnait n'avait pas encore porté ses fruits. Peut-être même mon excellent naturel eût-il triomphé de la déplorable facilité avec laquelle on allait au-devant de mes passions naissantes.

« Mais ce qui d'abord n'avait été que faiblesse de la part de ceux qui dirigeaient ma jeunesse, devint bientôt un calcul infernal.

« Ma mère, jeune encore à la mort de mon père, ne sut pas supporter la dignité de son veuvage.

« Elle se remaria, et de sa tutelle, je tombai dans celle d'un misérable qui avait su exploiter ses sentiments, et qui rêva de s'emparer de toute la fortune dont je devais hériter.

« Trop lâche pour accomplir un meurtre, il entreprit de tuer en moi l'âme et l'esprit.

« N'osant pas de moi faire un cadavre, il tenta d'en faire un scélérat.

« Il fomenta en moi la paresse, qui mène à l'ignorance ; le goût des plaisirs, qui mène à toutes les folies ; la passion du jeu qui mène à tous les crimes.

« A seize ans, je ne savais rien de ce qui élève l'âme et agrandit l'esprit. Mais je maniais les cartes avec une grande dextérité, et j'avais eu d'abord avec une femme de chambre de ma mère, puis avec quelques jolies filles des environs, quelques aventures qui firent scandale.

« Ma mère pleurait ; mais son mari, qui favorisait ces désordres, la consolait en lui disant cette banalité stupide : Il faut que jeunesse se passe.

« On m'envoya à Lyon.

« L'argent ne me manquait pas ; j'avais de l'esprit quoiqu'il fût sans culture ; je poussai l'audace et le courage jusqu'aux plus folles imprudences. Ma vie était comme un torrent débordé de passions. Je perdis dans différents tripots des sommes considérables ; je jetais l'argent à tous les vents furieux de mes caprices.

« On ne me faisait pas la moindre observation.

« La fortune de mon père, dont les revenus avaient eu le temps de s'amasser durant mon enfance, suffisaient amplement à toutes ces dépenses.

« Mais un jour, tout ce débordement s'arrêta.

« J'aimais !

« Était-ce aimer qu'une fantaisie un peu plus durable que les autres ?

« Quoi qu'il en soit, j'eus l'air de me renfermer dans une passion unique.

« Certes l'objet de mon amour en était parfaitement indigne.

« J'avais pris dans la rue, presque dans la misère, une jeune fille que je parais comme une idole.

« Il y a de la dépravation dans certaines passions non justifiées.

« Cette fille faite pour le ruisseau, aux mœurs grossières, sans âme et sans esprit, presque sans beauté, je l'aimai jusqu'au délire.

« Et qu'elle sut bien mettre à profit l'étrange faiblesse qui me retenait près d'elle !

« Elle serait devenue comtesse de Vitry si j'avais été majeur.

« Cet attachement que je manifestai pour cette fille indigne effraya ma mère et inquiéta mon tuteur.

« Peut-être en était-il venu à ses fins.

« Il fit le voyage de Lyon et vint me trouver pour juger de la profondeur du sentiment que j'éprouvais.

« Le degré d'exaltation dans lequel il me trouva dut lui paraître propre pour l'exécution de son projet, car je le vis sourire.

« Il me manifesta donc le désir de ma mère de me voir quitter la femme que j'aimais.

« Je répondis avec indignation. On m'avait appris à parler en maitre. Mais le ton changea aussitôt, et on m'intima l'ordre de quitter Lyon sur le champ.

« — Jamais ! protestai-je.

« Au lieu d'apaiser ma révolte, il me parla de manière à l'irriter.

« Cet homme connaissait à merveille l'art d'irriter les passions, de les exaspérer.

« Il me parla, en l'accablant de sarcasmes, de celle pour qui je vivais, en qui je respirais.

« Chacune de ses paroles me paraissait une profanation, un outrage.

« Tout le mal qu'il en disait ne faisait que me la rendre plus chère.

« Il partit en m'annonçant que désormais on cesserait tout envoi d'argent.

« — Je ferai des dettes ! m'écriai-je.

« — Nous ne les payerons pas, me répondit-il.

« — Eh bien ! lui dis-je, dans un an je serai majeur, je trouverai bien quelque juif qui me prêtera à deux ou trois cents pour cent, à valoir sur l'héritage de mon père.

« — J'en doute.

« — Vraiment !

« — Oui ; car vu les folies dont vous vous rendez coupable, nous allons annoncer notre intention de vous faire pourvoir à votre majorité d'un conseil judiciaire.

« Il sortit sur ces derniers mots.

« Il fit bien, car j'étais tellement exaspéré que je crois que je me serais porté à quelque violence à son égard.

« J'allai me consoler de cette querelle auprès de mon indigne maîtresse.

« Je parvins le jour même à emprunter vingt mille francs.

« Mais ma famille exécuta sa menace ; on prévint tous les prêteurs de Lyon de l'intention où l'on était d'obtenir mon interdiction.

« Toutes les caisses se fermèrent devant moi.

« Hortense c'était le nom de la fille que j'aimais, se montra désormais fort maussade.

« La passion m'aveuglait. Je ne voyais pas l'avarice d'Hortense. J'étais fou ! Je suppliai ma mère ; je la menaçai.

« Je n'obtins rien.

« Le jeu m'offrit quelques ressources. J'étais très-habile. On n'avait opposé aucune digue à mes passions ; on n'avait jamais éveillé en moi la voix du devoir. Je glissai sur une pente dangereuse. Lorsque le hasard ne me favorisait pas, je corrigeais la mauvaise chance par des manipulations coupables.

« Mais ce n'était pas assez pour satisfaire le dévorant appétit d'argent de l'insatiable Hortense.

« Il ne me restait plus qu'une ressource pour ne pas perdre cet objet d'un amour insensé.

« Le crime !

« Je ne croyais pas commettre un crime pourtant.

« J'écrivis des faux. Mais ma majorité approchait, et je croyais pouvoir couvrir les valeurs de mauvais aloi que je mis en circulation.

« Mais, ainsi que celui qui avait juré ma perte me l'avait promis, le jour même où j'atteignis l'âge de vingt et un ans, une demande fut adressée au tribunal de Lyon pour obtenir la réunion d'un conseil de famille.

« J'étais perdu.

« D'un côté, tout crédit m'était désormais refusé.

« De l'autre, mon tuteur refusa de me rendre compte de la fortune qu'il administrait depuis dix ans, sous prétexte qu'il y avait à faire statuer sur la demande formée, et que probablement je ne serais pas mis en possession du capital dont je demandais la remise immédiate.

« Ma fureur fut au comble ; je me livrai à toutes les violences que peut amener l'indignation unie à la crainte de ne pouvoir, à leur échéance, retirer les valeurs fausses que j'avais mises en circulation. Je menaçai, je suppliai ; rien ne put fléchir l'inflexible volonté du misérable qui voulait me précipiter dans l'abime.

« Fou de fureur, je le frappai.

« Pour toute représaille, il se contenta de dévoiler au parquet de Lyon ces violences et les sévices dont je m'étais rendu coupable.

« Cependant les fausses traites avaient été présentées et étaient demeurées impayées, attendu que l'acceptation n'était pas sincère.

« J'échappai par la fuite à une arrestation immédiate.

« On me condamna par contumace à cinq ans de réclusion.

« Mais j'étais libre : que m'importaient les jugements des hommes ! J'étais toujours enchaîné dans cet amour délirant qui m'avait conduit à l'abime.

« Mais avec cette liberté, il me fallait de l'or.

« J'avais connu à Lyon un jeune homme à qui mon caractère aventureux m'avait rendu sympathique. Il savait que j'avais pour une femme, dont il ne connaissait pas l'indignité, une de ces passions que lui seul pouvait comprendre, car il aimait éperdûment une jeune fille de Lyon qu'il épousa plus tard.

« Il se nommait Pierre Cléry.

« En quelques années il fit une assez belle fortune.

« J'étais reçu chez lui comme un ami, comme un frère.

« Il fut le premier à m'excuser après ma condamnation, et il me facilita même les moyens d'échapper durant quelques temps aux recherches de la police.

« C'est un dernier devoir d'ancien ami qu'il remplissait, car il me dit bien que, quoique ma passion excusât jusqu'à un certain point ma faute, je ne devais plus compter sur l'amitié ni sur l'estime des honnêtes gens.

« Je voulais fuir la France et entraîner avec moi celle pour qui je m'étais perdu.

« Mais il me fallait de l'or, beaucoup d'or.

« Ah ! comme on glisse rapidement sur la pente des mauvaises actions. \...

« Dans la nuit, je me levai, lâche et sombre comme un malfaiteur, je me glissai dans la pièce ou était placée la caisse de mon ami : je m'étais armé d'un levier, et je me mis à forcer la porte du coffre-fort.

« Un garçon de magasin couchait non loin de là. Il entendit le bruit de la pince, accourut en criant au voleur. Toute la maison fut sur pied en un clin d'œil. Éperdu, je fuis dans l'ombre et cherche à me cacher. La police avertie arrive. On fouille la maison et l'on me découvre bientôt, blotti sous un comptoir.

« Les fautes, les violences de mon passé, la condamnation précédente que je n'avais pas purgée, tout cela aggrava la situation dans laquelle je me trouvais.

« On réunit les deux causes de faux et de vol avec effraction ; je fus soumis au jury, qui n'eut pas de peine à reconnaître ma culpabilité.

« La cour me condamna en cinq années de travaux forcés.

« On me dirigea sur le bagne de Toulon, et je devins cette chose vile, à jamais flétrie, qu'on appelle un forçat, un *fagot*.

« Celui qui, indirectement, m'avait amené là, put ainsi conserver l'administration de ma fortune.

« Il était riche, honoré, on le plaignait de mon infortune ; et moi, il n'était pas de qualificatif assez violent pour désigner mon infâmie !

« Il avait été si bon, si dévoué pour moi ; j'étais un misérable !

« O dérision ! ô hypocrisie !

« Lui seul était le vrai coupable.

« Il avait fait de moi un bandit.

« Ah ! ma mère ! pourquoi n'avez-vous pas gardé la religion de votre premier mariage ! pourquoi avez-vous donné un étranger pour second père à votre enfant !

« C'est maintenant que commence l'horreur d'une existence impossible.

« Je suis accouplé à un assassin.

« Nous allions deux à deux dans la vie.

« Deux à deux ! N'est-ce pas, jeune fille, que ce mot vous fait rêver !

« Vous figurez-vous marchant côte à côte avec celui que votre cœur a choisi, la main dans la main, échangeant de doux propos et de tendres regards.

« Que vous alliez par les sentiers fleuris ou les routes pénibles, le voyage vous paraît charmant. Vous êtes deux, confondant votre cœur, votre âme, votre avenir, toute votre existence.

« Nous étions deux, lui un meurtrier, moi un voleur. Une chaîne de fer nous rivait l'un à l'autre. Il avait des regards farouches, des mots hideux, des malédictions, des blasphèmes.

« Et le bâton d'un garde-chiourme nous guidait à travers ces terribles étapes du bagne.

« Cette vie était impossible.

« Fuir ou me tuer, telle était la pensée fixe qui me possédait.

« Cependant, comme ma famille était considérable, on se relâche peu à peu des sévérités qui avaient accueilli mon arrivée à Toulon.

« L'influence de mon nom, la sombre doucœur, la résignation apparente que je montrais me firent accueillir dans les bureaux de la comptabilité.

« Je fus ainsi enlevé aux rudes travaux du port.

« Cette position me permit de préparer ma fuite sans trop de chance d'être d'écouvert.

« Il y avait quinze mois que je subissais ma peine lorsque je parvins à m'évader.

« Le canon tira derrière moi.

« Que m'importait! J'étais libre!

« Vous croyez sans doute que j'étais corrigé, amendé, que j'avais horreur du crime que j'avais commis.

« Hélas; non; la vengance s'était allumée dans mon cœur,

« Je brûlais de punir celui qui était cause de mon infortune. Et dans mon aveuglement, je rendais la société tout entière responsable, complice des manœuvres infernales du mari de ma mère.

« Le misérable eut peur. Il avait appris mon évasion. Il se douta que je voudrais un jour ou l'autre lui faire rendre compte de son infâme conduite!

« Pour échapper à ma fureur, il avertit la police de Lyon qu'on m'avait vu rôdant autour du château de ma mère.

« On me traqua comme une bête fauve. Et ce ne fut qu'à grand'peine que je pus trouver une retraite sûre dans les quartiers populeux de la Croix-Rousse.

« Ma mère mourut de chagrin.

« On m'a raconté qu'à son agonie elle s'accusa de m'avoir perdu et demanda pardon à Dieu.

« Que Dieu lui fasse grâce, comme je lui ai pardonné!

« Un autre sentiment vint alors m'assaillir.

« La passion que j'avais conçue pour Hortense n'était pas encore éteinte.

« Je voulus la revoir.

« C'était, après quinze mois de séparation, une des drôlesses les plus élégantes de Lyon.

« Un soir, je me présentai brusquement chez elle.

« Elle ne me reconnut pas d'abord.

« Puis, au son de ma voix, à mes regards ardents, elle se rappela l'infortuné qu'elle avait poussé au crime.

« Elle se recula saisie de terreur.

« Et, sans pitié, sans âme, elle appela au secours, à l'assassin!

« Furieux de désespoir, je la frappais et je m'enfuis!

« Au bout de ma course éperdue, je rencontrai le Rhône.

« C'était le salut dans la mort.

« Je me jetai dans ses flots rapides et sombres.

« Le fleuve ne voulait pas du forçat.

« Des bateliers me rendirent à la vie, à toutes les misères, à l'infamie, au crime!

« Il fallait vivre!

« De mon travail? Allons donc! Est-ce que je ne savais pas voler?...

« Ici se place le plus triste épisode de ma vie.

« Quel était le crime qui m'avait conduit au bagne?

« Une tentative de vol, la nuit, chez un de mes amis.

« O perversité étrange de l'esprit dévoyé!

« Ce fut ce même ami que je choisis de nouveau comme but de mes nouvelles tentatives.

« Il possédait une maison de campagne aux environs.

« Je supposai qu'elle était inhabitée.

« Une nuit je parvins à m'y introduire.

« J'escaladai d'abord les murs du parc, puis les fenêtres extérieures.

« J'arrivai ainsi à une chambre du premier étage.

« Funeste contre-temps; une femme dormait dans ce lieu.

« C'était madame Cléry, la jeune femme de mon ami.

« Je dus fuir à la hâte après avoir fait main basse sur tout ce qui se trouva à ma portée, et je repris le chemin que j'avais suivi.

« Un homme rentrait en ce moment dans la cour de l'habitation.

« C'était Pierre Cléry.

« Fatale coïncidence! des voix malveillantes l'avaient averti que madame Cléry, épouse

DÉPÔT LÉGAL
Seine
1874

La Felicia Gorgozza.

coupable, recevait la nuit, en l'absence de son mari, les visites du duc de Kermaria.

« En voyant un homme s'échapper par la fenêtre de la chambre de sa femme, M. Cléry crut à un adultère.

« Fou de fureur, il se précipita à ma poursuite.

« Je parvins à lui échapper.

« Mais il croyait connaître le fugitif ; il courut jusqu'au château du duc de Kermaria, situé non loin de là. Le duc rentrait par hasard.

« Tout concourait à confirmer ses soupçons.

« Il se crut certain de son déshonneur.

« Ainsi, j'ai causé le tourment éternel de mon ami, la mort prématurée de sa vertueuse femme et le désespoir de son fils, que, cette nuit même, dans un fatal délire, j'ai assassiné, persuadé que j'étais qu'il avait ravi Elisa à mon affection.

« Elisa ! Où es-tu, douce enfant qui depuis quinze ans es ma seule joie sur cette terre.

« Il faut nous quitter, et je ne puis t'appeler ma fille !

« Voilà ma confession tout entière.

« De tous les crimes que j'ai commis j'ai une invincible horreur.

« Je ne puis plus supporter la vie.

« Je le proclame donc de nouveau.

« Elisa n'est pas ma fille.

« Son père et sa mère demeureront inconnus pour elle.

« Jusqu'à ce jour elle m'a appelé son père.

« Quelque douceur que j'eusse éprouvé à
la bénir comme ma fille, à ma dernière heure,
je ne veux pas qu'elle hérite d'un nom couvert
d'infamie.

« Néanmoins je lui lègue toute ma fortune
qui est considérable.

« Ma position irrégulière m'a empêché jusqu'à ce jour d'en demander encore compte à
celui qui en jouit injustement.

« Mais après ma mort, Elisa, elle qui peut
aller libre, le front haut et pur, exercera, je
le désire, les plus rigoureuses répétitions
contre l'infâme qui fut la cause de tous mes
crimes.

« Elle consacrera une certaine somme, je
laisse à son cœur le soin d'en fixer le chiffre,
à faire la joie de quelques malheureux.

« Adieu, Elisa, adieu, toi seule que j'ai
aimée sur cette terre.

« Et il signa :

« Comte DE VITRY, dit *Jacques Vernier*. »

Il était deux heures de relevée.

— Et maintenant, reprit-il, je vais mourir.

La Faucheuse le regardait faire avec un
certain effarement.

Elle vit Jacques Vernier, ou mieux le comte
de Vitry, examiner avec attention le plafond
de sa mansarde.

Au milieu, se trouvait un solide piton qui
servait autrefois à accrocher une lampe.

Jacques prit une chaise et la plaça au-dessous
du clou.

Dans un coin, il avait trouvé un bout de
corde, restant d'une sorte d'étendage.

Le comte de Vitry fixa solidement cette
corde au piton, et fit à l'autre bout un nœud
coulant.

— Ah ça, qu'est-ce que vous voulez faire ?
demanda la Faucheuse qui commençait à
s'effrayer.

— Je vais te venger.

— Êtes-vous fou ?

— Ne désires-tu pas ma mort ?

— Peut-être... mais pas comme ça.

— Ce qu'il importe à ta vengeance, c'est
que je n'existe plus.

— Eh bien ! je vais crier... c'est affreux !...
au secours ! au secours !

Et tout en poussant ces cris de détresse et
d'épouvante, la blessée essaya de se jeter à
bas de son lit.

Vains efforts.

Jacques, d'un brusque mouvement, avait
renversé la chaise sur laquelle il était monté,
la corde se tendit et vibra sous le poids de
son corps, et la Faucheuse vit avec horreur
s'agiter, se convulsionner les membres du
comte. Sa face se gonfla ; les muscles fré-
mirent ; les yeux injectés de sang saillirent de
leur orbite.

C'était un hideux spectacle.

La blessée poussa des cris aigus ; elle parvint à se jeter à bas de son lit. Mais épuisée,
saisie de terreur, elle demeura immobile, la
face contre terre.

Lorsqu'on pénétra dans cette chambre, on
trouva deux cadavres.

Jacques Vernier, rigide, glacé, au bout de
la fatale corde.

La Faucheuse, expirée dans une mare de
sang.

Au milieu des efforts qu'elle avait faits pour
fuir, sa blessure s'était rouverte, et tout son
sang s'était échappé avec la vie.

On trouva sur une petite table le testament
de mort de Jacques Vernier, comte de Vitry.


## XXXIII

### CONFRONTATION.

La plus grande obscurité régna longtemps
sur le crime d'Enghien.

L'instruction avait été conduite, pourtant,
avec beaucoup de soin et avec une rare intelligence.

La seule personne qui pût éclairer la justice, Elisa, était folle !

Le juge, chargé de poursuivre cette affaire était convaincu qu'il y avait connexité entre le meurtre commis à Passy, sur la personne de Paul Cléry, et la tentative qui avait eu lieu sur celle de son frère.

Jacques Vernier aurait pu, par ses aveux, jeter de la clarté sur ces ténèbres; mais on avait constaté son suicide, et dans la relation écrite qu'il avait laissée de sa vie, il n'avait introduit aucune explication sur le dernier crime dont il s'était rendu coupable.

L'accusation retombait donc de tout son poids, faute d'autres renseignements, sur le duc de Kermaria, qui se débattait vainement sous son étreinte de fer.

La confession laissée par Vernier vint même donner une nouvelle apparence de preuves sur la culpabilité du duc.

En effet, on se rappela la longue inimitié qui avait existé entre les Kermaria et les Cléry.

Trois duels successifs n'avaient pas pu éteindre cette haine, dont les fils avaient hérité.

Et les perplexités du magistrat redoublaient à mesure qu'il était obligé d'accueillir les nouvelles charges qui venaient peser sur un homme dont on avait connu jusqu'alors le courage, la loyauté, l'honneur, quoiqu'il se fût précipité dans une vie licencieuse.

On avait parlé dans les prisons de cette affaire mystérieuse.

La Palmyre, détenue depuis le 2 janvier, on le sait, révéla un fait qui changea un peu la direction des recherches.

Elle dit que dans la nuit pendant laquelle le crime de Passy avait été commis, le meurtrier était venu chez elle, à la recherche de Cléry, en compagnie de lord Wigmore.

Celui-ci fut immédiatement impliqué dans l'accusation, d'autant plus qu'on avait trouvé chez lui la fameuse lettre que Sorbier lui avait apportée après la mort du Chanteur, lettre dans laquelle on révélait que Jacques Vernier était un forçat évadé, écroué à Toulon, sous le n° 921.

Lord Wigmore se sentit étrangement compromis par ces circonstances.

L'Anglais chercha immédiatement à détourner sur un autre le coup qui menaçait de l'atteindre.

— Je connaissais, il est vrai, les antécédents de Jacques Vernier. Mais comme depuis quinze à seize ans il s'est très-bien conduit, je le croyais revenu à d'excellents sentiments. Quant au crime de Passy, je n'avais aucun intérêt à le faire commettre. Vernier, du reste, a agi sans préméditation, à ce que je crois. On avait enlevé sa fille. Il accusait de ce rapt l'un des Cléry; il s'est trompé, et il a frappé l'innocent pour celui qu'il croyait coupable. Si je l'ai accompagné chez la Palmyre, c'est que je désirais empêcher un crime. J'ai dû plus tard quitter Vernier vers une heure du matin. Il a causé quelques instants avec Georges Bora; je ne sais ce que ce dernier lui a dit. Mais, certes, Georges Bora avait plus d'intérêt que moi à voir frapper M. Paul Cléry, avec qui il devait se battre le lendemain, et dont il redoutait l'habileté.

Ce fut un trait de lumière pour le juge.

Ce magistrat, en effet, se souvint que Bora avait passé la nuit à Enghien.

— Le sieur Bora, demanda-t-il, avait-il quelque sujet de haine contre M. Octave Cléry ?

Lord Wigmore eut un sourire imperceptible.

Le juge remarqua ce sourire :

— Vous en savez plus que vous ne voulez en dire, dit-il à lord Wigmore; songez que vous avez besoin, pour des faits qui vous sont personnels, de l'indulgence de la cour. Tâchez donc, si vous voulez améliorer votre situation, de guider nos recherches par des aveux sans réticences.

— Je ne sais rien de précis, mais connaissant les vues, les tendances de Georges Bora, il m'est venu certaines idées.

— Expliquez-vous.

— On disait dans le monde que madame veuve Cléry avait eu des bontés excessives pour Bora. C'est ce qui amena même une querelle entre M. Cléry et le prévenu. Georges, qui avait l'intention de se défaire de son adversaire, savait que la mort de celui-ci ruinait la veuve... M. Octave est très-riche... Si le coup qui l'a frappé à Enghien avait été mieux appliqué, madame veuve Cléry aurait, à cette heure, toute la fortune de son beau-frère.

Le juge en savait assez.

Il comprenait l'infernale combinaison ourdie par Georges Bora.

Désormais il était convaincu que celui-ci était le véritable assassin d'Octave Cléry.

Mais ce n'était pas assez d'une conviction, il fallait une certitude.

Octave, surpris par derrière, à l'improviste, n'avait rien vu.

L'évanouissement d'Elisa, sa folie, devaient provenir de quelque commotion terrible.

Sans doute elle avait été témoin du meurtre.

Octave, du reste, se rappela avoir entendu un cri d'effroi au moment où il fut atteint.

Georges Bora ne savait rien encore de la nouvelle accusation qu'on allait faire peser sur lui.

Aussi, lorsqu'on le fit paraître devant le juge, crut-il qu'on allait reprendre son interrogatoire sur les faits de faux et d'escroquerie qui lui étaient reprochés.

Il fut assez surpris, pourtant, de voir sur le bureau du juge un long couteau dont la lame était dévorée par la rouille.

C'était l'arme qui avait servi à poignarder Octave.

Un des bateliers qui conduisent les barques de plaisance du lac d'Enghien l'avait trouvée à peu de distance du bord.

— Prenez ce couteau, dit le magistrat à Georges Bora.

Celui-ci se troubla.

— Prenez, vous dis-je, ordonna le juge.

L'assassin posa une main tremblante sur le manche de ce couteau qu'il avait tenu déjà durant une nuit de crime.

— Connaissez-vous cette arme? lui demanda le magistrat.

— Je la vois pour la première fois.

— On dit pourtant qu'elle vous a appartenu.

— On se trompe. Mais dans quel but me demandez-vous cela ?

— Vous l'apprendrez tout à l'heure. Armez-vous de ce couteau.

— Mais...

— Faites, lorsque je vous l'ordonne ; pressez le manche de cette arme, et levez le bras comme si vous vouliez frapper quelqu'un.

Georges Bora qui ne se doutait nullement où l'on voulait en venir, leva le fer qu'il avait saisi et fit un geste de menace.

Un cri terrible partit soudain du fond du cabinet du juge.

C'était Elisa qu'on venait d'introduire.

L'effet avait été extraordinaire.

Élisa, en revoyant dans cette attitude celui qui avait frappé Octave, avait reçu une commotion terrible.

Nos lecteurs n'ignorent pas, les expériences ont été nombreuses, que les mêmes faits qui ont amené la folie peuvent, par un choc violent, rendre la raison.

C'est ce qui arriva pour la pauvre Pâquerette.

Elisa, étrangement heurtée dans son imagination, qui lui représentait toujours le crime d'Enghien, fut tout à coup ramenée à la réalité par le nouveau spectacle de ce qui d'abord avait bouleversé son esprit.

Elle se souvint.

— L'assassin ! s'écria-t-elle en désignant Georges Bora avec une terrible énergie, voilà l'assassin !

Nous ne raconterons pas les diverses péripéties qui suivirent cette scène.

Georges Bora parut devant la Cour sous la double accusation de complicité de meurtre sur la personne de Paul Cléry et de tentative d'assassinat sur celle d'Octave.

Les autres divers chefs d'accusation, qui d'abord avaient amené son arrestation, ne furent rappelés que pour faire connaître au jury la moralité de l'accusé.

Le verdict fut terrible.

Il fut condamné à la peine de mort.

Le faux lord Wigmore s'en tira avec cinq ans d'emprisonnement.

Palmyre, elle, en fut quitte pour deux ans de réclusion.

Quant à Bob et à Sorbier, qu'on avait successivement arrêtés, ils subirent des peines relativement légères.

Enfin, le duc de Kermaria qui d'abord avait eu à répondre à une accusation capitale, eut la chance d'être acquitté, bien qu'on eût à lui reprocher l'enlèvement d'Élisa.

La cour et le jury pensèrent que le malheureux, après avoir subi une prévention de près de huit mois, après avoir éprouvé toutes les angoisses d'un prévenu faussement accusé de meurtre, avait assez expié ce qui n'était peut-être qu'une faute.

Élisa, rendue à la raison et à la liberté, regagna son domicile du passage de l'Industrie.

Elle trouva là André et Henriette, heureux de leur bonheur, de leur amour, heureux de revoir leur amie après tant d'infortunes.

Hélas ! Jacques Vernier n'était plus là.

On n'osa pas parler de lui.

Élisa avait appelé son père l'ancien forçat ; celui-ci avait toujours été si bon qu'elle ne pouvait pas l'accuser.

Et puis, son cœur avait deviné la délicatesse d'u suicidé.

Elle était persuadée que Vernier était son père, et qu'il n'avait renoncé à sa paternité que pour ne pas projeter sur elle l'infamie de son nom.

Comment exprimer autrement l'affection de Jacques ?

Élisa, du reste, se rappelait sa mère.

Une pauvre fille avait pris en pitié, en affection le fugitif, le bandit.

Elle était le fruit de ce dévouement.

— Te voilà riche, maintenant, dit Henriette en embrassant son amie.

— Riche, puis-je accepter cette fortune ?

— C'est votre devoir, dit André. Il faut accomplir la dernière volonté du mourant. Voudriez-vous, d'ailleurs, laisser ces biens immenses entre les mains de celui qui fut la cause de tous les malheurs de l'homme que nous avons appelé notre père ?

— Vous avez raison, André ; du reste, vous connaissez dans tous ses détails le testament de Jacques. Vous savez qu'il m'impose l'obligation de consacrer une partie de sa fortune à doter des cœurs honnêtes ; André, Henriette, nous partagerons.

— Non, non, dit André.

— Ne sommes-nous pas frère et sœurs ? fit Élisa.

— Et puis, nous avons eu toujours tout en commun, dit Henriette ; que nous allons être heureux !

Et elle sauta de joie en se frappant le front.

Élisa baissa tristement la tête.

Elle songea à Octave Cléry, qu'elle ne reverrait probablement jamais.

— Pardon ! pardon ! s'écria Henriette en sautant au cou de son amie.

Puis elle lui dit quelques mots à l'oreille qui firent rougir Élisa, et qui amenèrent un sourire sur ses lèvres et un éclair de bonheur dans ses yeux.

### XXXIV

LES TROIS RIVALES.

En paraissant chez Octave Cléry, la Gorgozza avait été frappée au cœur par le tableau qui s'était présenté à ses yeux.

Elle avait immédiatement deviné l'affection qu'Octave commençait à ressentir pour sa belle-sœur, et les projets ambitieux de celle-ci.

Charlotte, à son tour, comprit à la physionomie de la cantatrice qu'il lui survenait une ennemie.

Mais c'était une rude joûteuse, une nature hardie et elle se prépara immédiatement au combat.

La puissance de ces deux femmes était égale.

— Je vous demande pardon, dit-elle avec un léger accent d'ironie, de venir ainsi troubler vos tendres épanchements. Je suis indiscrète, je le vois ; mais je n'ai trouvé personne dans l'antichambre pour me faire annoncer, et cette porte était ouverte.

— Vous n'êtes nullement indiscrète, ma chère Gorgozza, lui répondit Octave. Nous n'avons pas à cacher, Charlotte et moi, l'affection qui nous lie. J'espère que tout le monde connaîtra bientôt et son dévouement et mon amour.

— Octave ! supplia Charlotte.

A ce brusque aveu, la Gorgozza pâlit.

Elle aimait Octave avec passion, avec délire, le lecteur se le rappelle, elle l'aimait jusqu'au crime.

N'avait-elle pas essayé d'empoisonner Élisa, ensuite de la précipiter dans la débauche, pour se débarrasser d'une rivale.

Tout à coup elle se trouvait en présence d'une autre rivale, toute-puissante, prête à lui enlever celui qu'elle avait si longtemps désiré attacher à son sort.

Le danger était là imminent, terrible, inévitable.

Il fallait entrer en lutte à l'improviste.

Elle se précipita à l'attaque.

— Laissez, madame, laissez M. Cléry dévoiler son sentiment dont je le félicite ; il ne doit pas moins à la veuve de son frère.

— Oui, Gorgozza, je dois réparer, envers Charlotte, les torts qu'eut mon malheureux frère.

— Certes, il fut coupable ! Eh quoi ! le sort, un sort béni, lui avait donné une femme accomplie, et il l'oubliait pour se lancer dans des spéculations et des désordres dont il a été bien puni. Sa jeune femme aurait eu le droit de se venger. Cela est facile lorsqu'on est belle. Mais M. Paul Cléry qui, du reste, n'était pas jaloux, n'eut jamais à adresser le moindre reproche à celle qu'il dédaignait ; et le monde n'a jamais compris la querelle absurde qu'il chercha la veille de sa mort à un homme qu'il accusait... De quoi l'accusait-il donc, mon cher Octave ?

Et Gorgozza fit cette question avec une ironie tellement cruelle, que Charlotte en frémit.

— Il l'accusait d'avoir insulté Charlotte, répondit Octave avec un commencement d'inquiétude.

En effet, le jeune homme se rappela alors des faits qu'il avait oubliés, attendu qu'il ne leur avait accordé alors qu'une attention légère.

— Il vous avait insultée, madame, le misérable ingrat !

— Ingrat !... que voulez-vous dire ? défia Charlotte... misérable ! ah ! certes... misérable et lâche !

— Oui... Ah ! que vous le connaissez bien !

— Vous devez pourtant le connaître mieux que moi, ricana Charlotte.

— Et pourquoi, je vous prie ?

— Mais une instruction se poursuit contre ce scélérat... et l'instruction n'a-t-elle pas révélé que vous êtes sa femme ! répondit avec triomphe la veuve de Paul.

— Sa femme ! s'écria Octave qui fut saisi d'une grande émotion.

— Oui, la femme de Georges Bora.

— Madame dit vrai, répliqua la chanteuse avec un calme effrayant ; je suis malheureusement la veuve de Georges Bora.

— Sa veuve ! s'écrièrent avec effroi Octave et Charlotte.

— Oui, Georges a été condamné à mort ; vos tendres préoccupations vous ont empêchés de suivre tous les débats d'une affaire dans laquelle il s'agissait de vous, pourtant. Georges Bora a péri sur l'échafaud.

— Grand Dieu !

— Ah ! vous avez, au milieu de votre amour, oublié tous les malheurs, tous les crimes qui vous ont un moment environnés. Vous vous aimez... bientôt une douce union légitimera cet amour... Mais avant d'aller à l'autel, où vous ferez bénir votre hyménée, je vous conseille, madame, de prendre le bras d'Octave et de faire avec lui un double et pieux pèlerinage. Vous irez visiter la tombe de Paul Cléry et l'ignoble fosse où a été jeté Georges. Et là, évoquez ces deux ombres ; dites d'attester votre vertu, votre amour, votre innocence, à celui qui fut votre mari, et qui fut assassiné, à celui qui fut votre amant, l'assassin !

Un double cri d'horreur s'échappa de la poitrine d'Octave et de Charlotte.

— Lui, mon amant, infâmie ! protesta la veuve de Paul, en proie à la fureur, à l'effroi.

— Oui, son amant, imprudente ! Avez-vous donc oublié que j'ai recueilli le triste héritage de ce misérable... et que vos lettres...

— Oh !... hurla Charlotte avec désespoir et qui s'enfuit épouvantée, livide de honte, en présence des preuves qu'on lui jetait à la face.

Octave était tombé sur un siège comme frappé de la foudre.

La Gorgozza s'approcha de lui et lui prit doucement les mains.

— Octave, lui dit-elle d'une voix tendrement tremblante, Octave, revenez à vous... tout bonheur n'est pas perdu... Octave, ignorez-vous combien je vous aime !

— Horreur ! s'écria le jeune homme en repoussant la chanteuse.

— Ciel ! qu'avez-vous ! fit la Gorgozza qui reçut comme un coup de poignard.

— Ce que j'ai, insensée ! Vous ne savez donc pas qui je suis ?

— Vous !

— Tenez, lisez !

Et il tendit une lettre qu'il tira précipitamment d'un meuble où elle était serrée.

— Cette lettre ! fit Gorgozza avec étonnement.

— Cette lettre a été écrite avant sa mort par celui que vous avez trompé à Naples, par votre amant...

— Qu'entends-je !

— Par Pierre Cléry, mon père !

« Ce n'est pas sous ce nom que vous l'avez connu... Un grand malheur l'avait forcé à quitter son nom, sa patrie. Vous le voyez, Madame, de vous à moi, un amour serait un crime. Mais calmez-vous, Madame, c'est un bonheur qui vous arrive aujourd'hui...

— Un bonheur ! murmura Gorgozza avec un geste plein d'amertume.

— N'êtes-vous pas mère ?

— Ah ! que voulez-vous dire ?

— Vous avez donc oublié votre enfant ?

— Oui... son père, le vôtre, me prit mon enfant pour se venger. Qu'en a-t-il fait ? mon Dieu ! mon Dieu ! aurai-je le bonheur de le retrouver.

— Je l'espère, madame.

— Ah ! André, mon André !

En ce moment la porte du salon dans lequel se trouvaient un jeune homme et une jeune fille parurent en hésitant sur le seuil.

— On m'a appelé, nous pouvons entrer, dit le jeune homme.

— Qui êtes-vous ? que voulez-vous ? demanda Octave qui poussa un cri de surprise en reconnaissant Elisa Pâquerette, qu'André conduisait par la main.

— Mademoiselle a à vous parler, reprit le jeune homme ; elle m'a prié de l'accompagner chez vous ; nous étions là à attendre, lorsque j'ai entendu mon nom.

— Je reconnais ce jeune homme et cette jeune fille, dit la Gorgozza avec trouble. Vous vous nommez André ? reprit-elle en s'adressant à celui qui portait ce nom.

— Oui, Madame.

— André ! quel âge avez-vous ?

— Dix-sept ans !

— Ah ! l'âge de mon fils, de mon André, à moi !

— Votre fils ?

— Oui, perdu ! perdu pour moi !

— Il est donc mort ?

— Non ; on me le prit lorsqu'il n'avait que deux ans.

— Mon Dieu ! mon Dieu ! murmura André en proie à un trouble étrange.

— Qu'avez-vous ? demanda anxieusement la Gorgozza, qui prenait un intérêt singulier à tout ce que disait le jeune homme.

— Ah ! c'est que vous ne savez pas... je suis un enfant perdu... et ceux qui m'ont abandonné ont laissé près de moi un portrait... celui de ma mère, sans doute... Et lorsque je vous ai vue chez vous pour la première fois... j'ai cru que je voyais ma mère...

— Juste ciel ! est-ce possible. Mais où fûtes-vous donc abandonné ?

— Sur la route de Rosny.

— C'est lui, mon fils, mon enfant, mon André !

Et la Gorgozza saisit le jeune homme et l'embrassa avec ardeur !

Nous ne dépeindrons pas cette scène de reconnaissance.

Pierre Cléry, avant de mourir, avait raconté tous les faits relatifs à l'abandon de l'enfant de Gorgozza.

C'est ainsi que celle-ci venait de l'apprendre, lorsque André s'offrit à ses regards.

Que venaient faire, chez Octave, André et Élisa ?

Pâquerette venait remplir une mission sacrée.

Dans la confession écrite, laissée par Jacques Vernier, elle avait lu que la mère d'Octave avait été accusée d'une faute qu'elle n'avait pas commise.

La jeune fille venait réhabiliter la mère aux yeux du fils.

Octave versa des larmes de joie.

— Ma mère ! ma sainte mère ! s'écria-t-il. Ah ! je savais bien que tu n'étais pas coupable !

Octave avait connu aussi l'innocence d'Élisa.

Il savait comment elle avait échappé au guet-apens qu'on lui avait tendu.

Son amour revint plus ardent qu'autrefois.

Deux mois après cinq personnes partaient pour l'Italie.

C'étaient : la Gorgozza, heureuse du bonheur d'André et d'Henriette,

Henriette et André, heureux de leur bonheur : l'amour est un peu égoïste.

Octave et Élisa qui allaient chercher loin de Paris un beau soleil moins ardent pourtant que leur cœur.

Une double union avait, la veille, consacré l'amour de ces deux couples.

Avons-nous dit tout ce que coûtent les femmes ?

Hélas ! non.

Mais, interrogez André, questionnez Octave. Ils vous répondront que nous n'avons rien dit des joies, des enchantements, de tout le véritable et profond bonheur qu'une honnête femme apporte à celui qui est digne d'elle.

*P. S.* Nous avons oublié de raconter un petit événement.

Barbenthall s'est marié.

Le petit baron, depuis qu'il a été si rudement mené par Henriette, est convaincu qu'une pauvre petite ouvrière est seule douée de cette farouche vertu qu'on doit rencontrer chez une femme.

Il a épousé la fille de sa concierge.

Elle le trompe avec son cocher.

F I N

---

*Pour faire suite* **AUX JEUNES FILLES DE PARIS**

**EN VENTE CHEZ TOUS LES LIBRAIRES**

# CE QUE COUTENT LES FEMMES

**Par JULES ROUQUETTE**

**PARAISSANT PAR LIVRAISONS ILLUSTRÉES A 10 CENTIMES**

*Les Mardis et les Vendredis*

**ET PAR SÉRIES A 50 CENTIMES TOUS LES VINGT JOURS**

---

Boulogne (Seine). — Imp. JULES BOYER et Cie. — Adm. : rue Neuve-Saint-Augustin, 11, Paris.

www.ingramcontent.com/pod-product-compliance
Lightning Source LLC
LaVergne TN
LVHW012251170726
843503LV00002B/500

*9782329790534*